TEORIAS DA ADMINISTRAÇÃO:
ORIGEM, DESENVOLVIMENTO E IMPLICAÇÕES

TEORIAS DA ADMINISTRAÇÃO:
ORIGEM, DESENVOLVIMENTO E IMPLICAÇÕES

Fabio Vizeu

Rua Clara Vendramin, 58 . Mossunguê . CEP 81200-170 . Curitiba . PR . Brasil
Fone: (41) 2106-4170 . www.intersaberes.com . editora@intersaberes.com

Conselho editorial
Dr. Alexandre Coutinho Pagliarini
Drª Elena Godoy
Dr. Neri dos Santos
Dr. Ulf Gregor Baranow

Editora-chefe
Lindsay Azambuja

Gerente editorial
Ariadne Nunes Wenger

Assistente editorial
Daniela Viroli Pereira Pinto

Preparação de originais
Tiago Krelling Marinaska

Edição de texto
Tiago Krelling Marinaska
Viviane Fernanda Voltolini

Capa e projeto gráfico
Bruno Palma e Silva

Diagramação
Kelly Adriane Hubbe

Equipe de *design*
Sílvio Gabriel Spannenberg
Mayra Yoshizawa

Iconografia
Regina Claudia Cruz Prestes

Dados Internacionais de Catalogação na Publicação (CIP)
(Câmara Brasileira do Livro, SP, Brasil)

Vizeu, Fabio
  Teorias da administração: origem, desenvolvimento e implicações/Fabio Vizeu. Curitiba: InterSaberes, 2019. (Série Tudo Sobre Administração)

  Bibliografia.
  ISBN 978-85-227-0150-6

  1. Administração 2. Administração – Teoria I. Título. II. Série.

19-29732   CDD-658.001

Índices para catálogo sistemático:
1. Administração: Teoria   658.001

Cibele Maria Dias – Bibliotecária – CRB-8/9427

1ª edição, 2019.

Foi feito o depósito legal.

Informamos que é de inteira responsabilidade do autor a emissão de conceitos.

Nenhuma parte desta publicação poderá ser reproduzida por qualquer meio ou forma sem a prévia autorização da Editora InterSaberes.

A violação dos direitos autorais é crime estabelecido na Lei n. 9.610/1998 e punido pelo art. 184 do Código Penal.

SUMÁRIO

Agradecimentos, **11**
Apresentação, **13**
Como aproveitar ao máximo este livro, **21**

PARTE 1 INTRODUÇÃO AO ESTUDO DO PENSAMENTO ADMINISTRATIVO

1 ADMINISTRAÇÃO: DEFINIÇÃO E PRESSUPOSTOS DE ESTUDO, **27**
   1.1 Administração como prática social, **31**
   1.2 Administração como ciência, **33**
   1.3 Estudando a administração com base em sua história, **38**
   1.4 Estudando a administração com base em seus fundamentos gerais, **40**
   1.5 Conceituando a administração com base em quatro processos, **43**
      1.5.1 Processo do planejamento, **44**
      1.5.2 Processo de organização, **45**
      1.5.3 Processo de direção, **46**
      1.5.4 Processo de controle, **46**
   1.6 Eficiência e efetividade como critérios de desempenho da administração, **47**

2 CONDIÇÕES HISTÓRICAS DE EMERGÊNCIA DA ADMINISTRAÇÃO MODERNA, **55**
   2.1 Administração nas sociedades pré-modernas, **57**
   2.2 Constituição da Era Moderna: aspectos preliminares, **59**
   2.3 Desenvolvimento do capitalismo, **62**
      2.3.1 Essência do sistema capitalista, **63**
      2.3.2 Tipos de capitalismo, **66**

2.4 Revolução Industrial, industrialização e o papel da administração, **68**
    2.4.1 Bases históricas da Revolução Industrial, **69**
    2.4.2 Disciplina fabril e divisão do trabalho, **76**

PARTE 2   EMERGÊNCIA DO PENSAMENTO ADMINISTRATIVO:

3   INSTITUCIONALIZAÇÃO DO *MANAGEMENT*, **87**
3.1 *Management* como instituição moderna, **89**
3.2 Engenheiros e a constituição do movimento do *works management*, **92**
3.3 Teoria histórica da grande empresa, **97**
    3.3.1 Integração vertical e ascensão da grande empresa multiunitária, **100**
    3.3.2 Emergência do administrador profissional assalariado, **103**

4   A ADMINISTRAÇÃO CIENTÍFICA DE TAYLOR, **113**
4.1 Breve biografia de Frederick Wislow Taylor, **116**
4.2 Taylor é o pai da administração moderna?, **118**
4.3 A difusão do Taylorismo no mundo, **121**
4.4 Propostas de Taylor e de seus colaboradores, **125**
    4.4.1 A administração deve ser tratada como uma ciência, **126**
    4.4.2 Seleção científica do trabalhador, **127**
    4.4.3 Treinamento científico do trabalhador, **127**
    4.4.4 Cooperação entre trabalhador e gerência, **128**
4.5 Organização racional do trabalho, **128**
4.6 Implicações sociais do taylorismo, **132**
    4.6.1 A tensão entre Taylor e os movimentos sindicais, **133**
    4.6.2 Separação entre o planejamento e a execução do trabalho, **135**

5 TEORIA CLÁSSICA DE FAYOL, **143**
   5.1 Breve biografia de Jules Henri Fayol, **146**
   5.2 Método indutivo de Fayol, **148**
   5.3 Primeiro fundamento da teoria de Fayol: a administração como função básica da empresa, **151**
   5.4 Segundo fundamento da teoria de Fayol: os elementos da administração, **154**
   5.5 Terceiro fundamento da teoria de Fayol: princípios gerais de eficiência administrativa, **157**
      5.5.1 Divisão do trabalho, **157**
      5.5.2 utoridade e responsabilidade, **157**
      5.5.3 Disciplina, **158**
      5.5.4 Unidade de comando, **158**
      5.5.5 Unidade de direção, **159**
      5.5.6 Subordinação do interesse particular ao interesse geral, **159**
      5.5.7 Remuneração do pessoal, **159**
      5.5.8 Centralização, **160**
      5.5.9 Hierarquia, **160**
      5.5.10 Ordem material e ordem social, **161**
      5.5.11 Equidade, **162**
      5.5.12 Estabilidade do pessoal, **162**
      5.5.13 Iniciativa, **162**
      5.5.14 União do pessoal, **163**
   5.6 Outros princípios da teoria de Fayol: conceito de linha e *staff* e conceito de amplitude de comando, **163**
   5.7 Taylor e Fayol, **165**

PARTE 3 DESENVOLVIMENTO DO PENSAMENTO ADMINISTRATIVO:

6 ESCOLA DE RELAÇÕES HUMANAS E A ABORDAGEM COMPORTAMENTALISTA, **175**
   6.1 Introdução ao movimento de relações humanas, **177**
   6.2 Origem do movimento de relações humanas: o experimento de Hawthorne, **181**

  6.2.1 Início do experimento: a fase dos testes de iluminação, **181**
  6.2.2 Segunda fase do experimento: a sala de montagem de relés, **183**
  6.2.3 Terceira fase do experimento: o novo programa de entrevistas, **184**
  6.2.4 Quarta fase do experimento: estudo dos pequenos grupos, **187**
 6.3 Teorias comportamentalistas, **190**
  6.3.1 Teoria X e teoria Y, de Douglas McGregor, **191**
  6.3.2 Abraham Maslow e a hierarquia de necessidades, **193**
  6.3.3 Herzberg e a teoria dos dois fatores, **195**
  6.3.4 Chester Barnard e as funções do executivo, **197**
  6.3.5 Mary Parker Follett e a lei da situação, **199**

7 TEORIA DA BUROCRACIA E A RACIONALIDADE ADMINISTRATIVA, 205

 7.1 Introdução à sociologia de Weber, **208**
 7.2 Emergência da burocracia na história, **210**
 7.3 A racionalidade da Burocracia, **213**
 7.4 A racionalidade no pensamento administrativo, **216**
 7.5 Crítica à racionalidade administrativa, **221**

PARTE 4 ABORDAGEM SISTÊMICA

8 PETER DRUCKER E O PENSAMENTO CLÁSSICO RENOVADO, 233

 8.1 Processo administrativo redefinido, **236**
 8.2 Conceito de eficiência: possibilidades e limitações, **238**
 8.3 O gestor efetivo (*effective executive*), **243**
 8.4 Complementariedade da eficiência e efetividade, **248**
 8.5 O processo administrativo como um sistema dinâmico, **250**

9 TEORIAS SISTÊMICAS NA ADMINISTRAÇÃO, 257
  9.1 O contexto social no pós-guerra, 260
    9.1.1 Contexto político: a Guerra Fria, 260
    9.1.2 Contexto econômico: o desenvolvimento industrial no pós-guerra, 263
  9.2 Fundamentos do pensamento sistêmico, 265
  9.3 Conceitos centrais da TGS, 268
    9.3.1 Sistemas abertos, 269
    9.3.2 Entropia e não linearidade, 271
  9.4 Pensamento sistêmico na administração: as organizações e seu ambiente, 273
  9.5 Teoria contingencial, 277
    9.5.1 A pesquisa de Burns e Stalker sobre organizações mecanicistas orgânicas, 278
    9.5.2 A pesquisa de Lawrence e Lorsch sobre o ambiente organizacional, 279
    9.5.3 A pesquisa de Joan Woodward sobre sistemas tecnológicos, 280
    9.5.4 A história de negócios de Chandler e a ideia de que a "estrutura segue a estratégia", 281
  9.6 Consequências da teoria contingencial, 282
    9.6.1 Abordagem das configurações, 283
    9.6.2 Abordagem da estratégia organizacional, 287

Considerações finais, 295
Referências, 297

AGRADECIMENTOS

À Editora InterSaberes, que apostou no projeto em que se enquadra o livro que ora se concretiza.

APRESENTAÇÃO

Quando você ouve a expressão *pensamento administrativo*, o que vem a sua mente? A figura de administradores ou a forma específica de raciocínio de quem exerce alguma atividade administrativa?

Na verdade, o pensamento administrativo é a sistematização de ideias, conceitos, teorias, princípios e modelos que compõem o conhecimento da área de administração. Esse conjunto de elementos do campo administrativo surgiu ainda na Modernidade, processo sociocultural e histórico que, a partir do século XVIII, caracterizou-se pela predominância de um pensamento racional que teve implicações para a vida social, econômica e política da época (Habermas, 2000). Assim, podemos afirmar que o pensamento administrativo moderno é aquele que nasceu e se desenvolveu na Era Moderna. Essa questão é fundamental para diferenciarmos a administração contemporânea daquela praticada em outros períodos históricos, como a Antiguidade e a Idade Média.

Portanto, a história da administração contemporânea está intrinsecamente relacionada à emergência e à consolidação da modernidade. É fácil compreender, então, que o pensamento administrativo corresponde aos modelos de pensamento praticados nas organizações modernas (Etzioni, 1964). Na verdade, a ideia de organização como a conhecemos na atualidade nasceu na modernidade. Compreender a natureza do pensamento administrativo moderno é fundamental, pois ajuda a estimar sua utilidade para as organizações e para a sociedade contemporânea.

E por que estudar a natureza do pensamento administrativo? Para responder a essa pergunta, é necessário, antes de mais nada, ter noção da importância da administração moderna para a história da Modernidade. Para aqueles que se prontificam a fazer investigações em campos específicos da prática de gestão, pode parecer óbvio que a administração seja um campo profissional de grande relevância, mas há dois aspectos que podem justificar para qualquer pessoa tal importância para as sociedades industriais. Primeiramente, tudo que é feito no mundo – nas esferas econômica, política e social – está relacionado em alguma medida com a administração moderna, ou seja, com os fundamentos, modelos e técnicas que compõem o pensamento administrativo vigente. Em segundo lugar, vivemos em uma sociedade organizacional (Presthus, 1965), ou seja, uma sociedade que é organizada em suas diferentes níveis institucionais. Mas o que é uma organização? A cada resposta, uma nova pergunta.

Note, então, esse processo dialético, de reflexão com respostas que levam a novas perguntas e que já revela por si só a necessidade do estudo do pensamento administrativo. Um fenômeno tão presente em nossa sociedade precisa ser devidamente compreendido. Além disso, é preciso ter sempre uma postura crítica sobre o pensamento teórico.

Por essa razão, na Parte 1 deste livro, mais especificamente nos Capítulos 1 e 2, nos propomos a discutir fundamentos básicos do pensamento administrativo, temas preliminares para o estudo da administração moderna e momentos históricos fundamentais para a emergência da administração na contemporaneidade. Esperamos que, ao término do estudo da primeira parte da obra, você entenda a importância de estudar a administração, as diferentes dimensões teóricas desse campo, a relevância prática do estudo histórico do pensamento administrativo e os fundamentos da administração moderna.

A ideia de pensamento administrativo também pressupõe diferentes maneiras de sistematização. Uma forma comum de organizar as distintas teorias e conceitos administrativos e organizacionais consiste no uso dos termos *modelos*, *escolas* e *abordagens*. Contudo, tais palavras apresentam implicações conceituais não pertinentes a esta obra.

O essencial é você compreender como diferentes autores podem ser compreendidos com base em um mesmo movimento intelectual, a despeito de toda aproximação ser problemática: os autores do pensamento administrativo não são convergentes, tampouco são exclusivos da área de administração. É por isso que muitos deles são considerados seminais para a administração ao mesmo tempo que o são para outros campos de conhecimento. Esse é o caso de Alfred Chandler Jr., um historiador basilar para seu campo de origem (história), assim como é inspirador para os estudos da administração, especialmente para a teoria das organizações e para a estratégia (Vizeu; Costa, 2010).

Isso posto, defendemos que toda classificação é um arbítrio por parte do autor. Alguns definem o pensamento administrativo com base em escolas, outros em abordagens, e em diferentes proporções (dez escolas, quatro abordagens etc.). Neste livro, tomamos o pensamento administrativo tendo como parâmetro três diferentes momentos: a abordagem da eficiência, a abordagem comportamental e a abordagem sistêmica.

A abordagem da eficiência, tratada detalhadamente na Parte 2 desta obra, nos Capítulos 3, 4 e 5, surgiu como o primeiro esforço de articulação teórica do *management*. Na verdade, é o reflexo do movimento de institucionalização do *management*, bem como pela articulação profissional dos primeiros administradores modernos, ou seja, os engenheiros da Segunda Revolução Industrial.

Eficiência é um dos fundamentos da administração moderna. Esse fundamento consiste em uma medida para o resultado esperado pela administração – fazer mais com menos, incrementar a produtividade de um sistema de produção de um bem ou um serviço. Não seria exagero afirmar que é o princípio mais importante – pelo menos, sob a perspectiva histórica: foi a partir desse princípio que a administração moderna se articulou como instituição em torno de um corpo teórico próprio, pela prescrição de conceitos e princípios gerais que orientam a prática profissional do administrador. É esse o princípio fundamental na proposta dos primeiros autores reconhecidos como os "pais" da administração, tais como Taylor, Fayol, Ford, Gilbreth, Ulrwick etc. Entendemos a contribuição dos dois primeiros como complementar, mais do que isso, suas propostas estão alinhadas ao contexto de sua época; por isso, refletem um esforço pela sistematização de um conhecimento técnico e conceitual que já se disseminava entre as organizações do final do século XIX. Contudo, para fins didáticos, seguimos com a apresentação do pensamento de cada autor em separado.

O *management* é o pressuposto articulador das atividades produtivas relacionadas à emergência da administração como uma instituição. A preocupação com a eficiência produtiva das fábricas e outros empreendimentos econômicos da modernidade ensejou a criação da função do administrador profissional – na sua versão mais rudimentar, o supervisor da linha de produção das primeiras fábricas na Revolução Industrial, que evoluiu para o administrador profissional de primeira e segunda linha da grande empresa multidivisional do início do século XX (Pollard, 1965; Chandler, 1977).

É com base nesse contexto histórico que podemos esclarecer por que alguns autores se tornaram ícones do pensamento administrativo. Taylor, por exemplo, é citado em muitos livros como o pai da administração (Wrege; Greenwood, 1991). Na verdade, o pensamento de Taylor é fruto de um movimento amplo de debate sobre princípios de organização da produção que se estabeleceu entre os engenheiros de seu tempo (Jenks, 1960), e teve por mérito ser um autor que sistematizou tais premissas em torno de um sistema voltado para a maximização da eficiência (Braverman, 1981). Na esteira dos grandes pensadores da administração do início do século XX, destacamos a contribuição do engenheiro francês Henri Fayol, que baseou sua proposta teórica na ideia de organização como um sistema integrado, no qual as atividades administrativas se sobressaem às atividades técnicas porque garantem o ganho em eficiência (Souza; Aguiar, 2011; Voxted, 2017; Fayol, 1978).

A perspectiva da eficiência foi confrontada diretamente por uma abordagem que surgiu na década de 1920 graças ao experimento de Hawthorne, talvez o primeiro grande esforço de desenvolvimento de pesquisa acadêmico-científica no campo. Após esse advento, surgiu a abordagem de relações humanas, o movimento que marcou o início da perspectiva social da administração, também denominada **abordagem comportamentalista**, analisada com profundidade no Capítulo 6.

A integração das visões clássica e social da administração também pode ser dada pela valorização de outros autores do pensamento social, como demonstramos no Capítulo 7. No ramo da administração, destacou-se o sociólogo Max Weber e a relação que o estudioso estabeleceu entre a premissa da eficiência e o sistema de organização conhecido como *burocracia*. Um dos objetivos deste livro é desmistificar a ideia popularmente defendida de que a estrutura burocrática é negativa e indesejável; na verdade, é graças a esse sistema que existe uma sociedade organizada e produtiva. Para você compreender essa dimensão da administração, é imprescindível analisá-la tendo em vista seu princípio, a racionalidade instrumental.

Após a perspectiva mecanicista centrada na eficiência administrativa e a abordagem social da organização, outro grande marco no pensamento administrativo moderno é a **visão sistêmica** e sua implicação na análise organizacional. Dela, surgiram as mais importantes abordagens de gestão, vigentes até os dias atuais. Nessa perspectiva, destacamos no Capítulo 8 a contribuição de Peter Drucker, que, mesmo sem se referir diretamente ao pensamento sistêmico, já tratava intuitivamente de suas premissas em sua abordagem da efetividade organizacional.

O pensamento sistêmico em sua forma mais sistematizada, cujo panorama é exposto no Capítulo 9, chegou à administração por diferentes abordagens, sendo a mais lembrada a da **teoria da contingência**. Também apresentamos outras perspectivas sistêmicas, como a célebre **abordagem da estratégia organizacional**.

A partir desta estruturação de temas, pretendemos fornecer ao estudante do pensamento administrativo os conceitos basilares para compreender a dimensão histórica e teórica desse campo de conhecimento.

Acreditamos que esta obra se revela interessante por duas razões.

Primeiramente, este livro é uma síntese que destaca os princípios e movimentos teóricos que, de fato, marcaram e continuam presentes na prática administrativa e gerencial. Portanto, ao apresentar a história do pensamento administrativo destacando seus elementos mais significativos e evitando ser excessivo em conteúdos teóricos, reconhecemos o que realmente é importante para o campo teórico da administração.

Outro ponto relevante deste livro é o fato de ele apresentar uma abordagem original, que propõe inovações em relação aos manuais da antiga teoria geral da administração (TGA). Essa nomenclatura – tão utilizada pelas escolas de Administração para tratar dos conteúdos do pensamento administrativo – expressa um ponto de renovação necessário, já que entendemos que não existe uma teoria geral nesse campo, caracterizado pela diversidade de correntes de pensamento. Assim, negar designar este livro como TGA já é por si só a primeira inovação.

Contudo, existem outros aspectos que sugerem a originalidade desta obra. Analisando seus conteúdos e a maneira como são apresentados, percebemos que os manuais de TGA são escritos de maneira pouco rigorosa, sem a consulta dos textos clássicos originais ou mesmo sem a devida análise dos conceitos e de suas implicações. Como consequência, tais manuais cristalizam interpretações equivocadas sobre conceitos elementares como o de efetividade, traduzido erroneamente por esses manuais como "eficácia" (conforme explicaremos no Capítulo 8).

Por fim, esperamos que a leitura desta obra seja agradável e proveitosa. Que seja leve, mas sem deixar de apresentar profundidade e instigar a reflexão. Que você a tome como uma ferramenta útil e poderosa, capaz de torná-lo um estudioso da administração.

Boa leitura!

COMO APROVEITAR AO MÁXIMO ESTE LIVRO

Este livro traz alguns recursos que visam enriquecer o seu aprendizado, facilitar a compreensão dos conteúdos e tornar a leitura mais dinâmica. São ferramentas projetadas de acordo com a natureza dos temas que vamos examinar. Veja a seguir como esses recursos se encontram distribuídos no decorrer desta obra.

CONTEÚDOS DO CAPÍTULO
Logo na abertura do capítulo, você fica conhecendo os conteúdos que nele serão abordados.

APÓS O ESTUDO DESTE CAPÍTULO, VOCÊ SERÁ CAPAZ DE:
Antes de iniciarmos nossa abordagem, listamos as habilidades trabalhadas no capítulo e os conhecimentos que você assimilará no decorrer do texto.

PENSE A RESPEITO

Aqui você encontra reflexões que fazem um convite à leitura, acompanhadas de uma análise sobre o assunto.

SÍNTESE

Você dispõe, ao final do capítulo, de uma síntese que traz os principais conceitos nele abordados.

PARTE

1

INTRODUÇÃO AO ESTUDO DO PENSAMENTO ADMINISTRATIVO

ADMINISTRAÇÃO: DEFINIÇÃO E PRESSUPOSTOS DE ESTUDO

CONTEÚDOS DO CAPÍTULO:

- Conceito de administração.
- Fundamentos do pensamento administrativo.
- Os quatro processos da administração.
- Conceitos de eficiência e efetividade como critérios de desempenho da administração.

APÓS O ESTUDO DESTE CAPÍTULO, VOCÊ SERÁ CAPAZ DE:

1. identificar a administração como uma prática social;
2. reconhecer a administração como uma ciência;
3. listar os fundamentos gerais da administração;
4. elencar e conceituar os quatro processos da educação;
5. distinguir eficácia e efetividade e descrever esses conceitos como critérios de desempenho da administração.

A administração é um campo de estudos controverso. Na condição de disciplina sistematizada e formalmente desenvolvida como uma profissão, emergiu há pouco mais de 250 anos, a partir de esforços de praticantes interessados em otimizar o processo produtivo (Pollard, 1965). Apesar disso, há um pouco mais de um século, não existiam cursos de Administração em escolas profissionais e universidades.

Por isso, é correto afirmar que a administração como instituição é um campo novo (Drucker, 1963). Mesmo assim, essa prática vem se desenvolvendo de forma intensiva e com a colaboração de profissionais e acadêmicos das mais diferentes áreas. É, em essência, um campo de conhecimento multidisciplinar, de forte base científica. Entretanto, seu conhecimento não é exclusivamente sistematizado pela prática científica – ele também se desenvolve com base na prática profissional.

Por ser uma área multidisciplinar e por haver uma relação sinérgica entre o campo acadêmico-científico e a atuação profissional, existe muita polêmica acerca da administração moderna. Afinal, ela é ou não uma ciência no sentido moderno de conhecimento científico? Qual é a diferença entre as dimensões científica e prática do pensamento administrativo?

Em certo sentido, essas perguntas levam a uma contenda inútil, alimentada por uma desvalorização da formação profissional de cunho acadêmico, algo muito comum no Brasil. Essa discussão é comumente manifestada em mitos de que existe um distanciamento entre o conhecimento teórico da administração e o conhecimento prático, como se ambos tratassem de coisas distintas. Ainda é comum os estudantes da área de gestão escutarem em seus estágios e primeiras oportunidades de emprego que "uma coisa é a teoria, outra coisa é a prática". A esse respeito, recuperamos a frase atribuída a Kurt Lewin, um importante pesquisador de psicologia organizacional: "não há nada mais prático do que uma boa teoria" (McCain, 2015). Isso equivale a dizer que profissionais e acadêmicos devem colaborar mutuamente para desenvolver cada vez mais o

> "Não há nada mais prático do que uma boa teoria." Kurt Lewin

pensamento administrativo e suas diferentes formas de aplicação. Academia e profissão não são opostos; são complementares.

É um erro pensar que o conhecimento teórico-científico não é necessário para o exercício da administração. Na verdade, o conhecimento construído cientificamente é fundamental para a vida contemporânea: se atualmente experimentamos tanto desenvolvimento tecnológico, social, político e econômico, isso somente foi possível graças a esse cabedal de saberes (Hobsbawm, 1996; Landes, 1994).

Portanto, a administração, é a um só tempo, uma ciência e um conhecimento intuitivo, constituído por um conjunto de competências cognitivas desenvolvidas pela prática profissional. Motta (1996) corrobora essa ideia ao defender que a administração é uma ciência e uma arte, um conhecimento sistematizado cientificamente e também desenvolvido intuitivamente pela experiência. Assim, um verdadeiro administrador se desenvolve pelo estudo sistemático – adquirido na formação acadêmica – e pela experiência prática do exercício da atividade administrativa.

Ainda assim, a identidade e a consistência da administração como área é constantemente questionada, pelo fato de o campo ser constituído por uma pluralidade de conhecimentos nem sempre convergentes, que, muitas vezes, competem entre si em busca de legitimação. São pesquisadores, professores, executivos, consultores e gurus desse campo do conhecimento brigando por espaço para impor suas ideias e modelos de gestão. Muitos desses diferentes produtores do pensamento administrativo se valem de modismos e promessas de soluções miraculosas (Abrahamson, 1991). Todavia, esses aspectos não tornam o pensamento administrativo menos importante, sendo a administração uma das áreas em ciências sociais que mais produziu conhecimento especializado nas últimas décadas.

Para que você compreenda melhor esse campo de conhecimento e essa prática profissional, precisamos esclarecer no que a administração de fato consiste. Como mostraremos neste capítulo, ela é multifacetada. Por isso, devemos delimitar todos os aspectos e dimensões que implicam este nosso objeto de estudo.

QUADRO 1.1 – DEFINIÇÃO DE ESCOPO E ABRANGÊNCIA DO PENSAMENTO ADMINISTRATIVO

Administração como prática social	Atividade exercida por pessoas, de natureza coletiva e colaborativa.
Administração como ciência	Atividade exercida com base em um amplo corpo de conhecimento científico ou academicamente constituído.

A seguir, trataremos mais detalhadamente desses dois aspectos centrais na administração: sua qualidade de prática social e sua condição de ciência. Mesmo representando perspectivas distintas, ambas as definições estão diretamente ligadas, sendo formas complementares de explicar o fenômeno. Por isso, são úteis para definir o escopo e a abrangência do pensamento administrativo.

1.1 ADMINISTRAÇÃO COMO PRÁTICA SOCIAL

O conceito de administração tem um **caráter social**. Em outras palavras, a administração é uma atividade exercida por pessoas, coletiva e colaborativamente. Na verdade, a razão de ser dessa área são as coletividades, tendo em conta que seu objetivo maior está relacionado à solução de problemas sociais, principalmente os relacionados ao trabalho coletivo (Vizeu, 2010).

É em virtude desse caráter social que afirmamos que a administração existe desde as primeiras sociedades humanas. A Figura 1.1 ilustra um grupo de neandertais caçando, ou seja, praticando uma atividade coletiva e colaborativa. Nesse momento, mesmo sem ter consciência disso, esses homens que viveram há cerca de 400 mil anos já praticavam a administração. Existe ali divisão de tarefas, planejamento de atividades, liderança, coordenação de atividades, controle de mantimentos etc. O único ponto de diferença dessa forma de administração em sociedades primitivas é que aquelas pessoas praticavam a administração sem estarem cientes disso. Seria o que hoje em dia chamaríamos *de intuição da prática de gestão* (Motta, 1996).

FIGURA 1.1 – ATIVIDADE COLETIVA E COLABORATIVA EM SOCIEDADES PRÉ-HISTÓRICAS

Nicolas Primola/Shutterstock

Outro ponto que acreditamos ser digno de destaque na dimensão social da administração é sua **condição histórica**, haja vista que se trata uma atividade situada em determinado contexto espaciotemporal (Vizeu, 2010b). Se considerarmos todo esse conjunto de conhecimentos e práticas, podemos concluir que essa prática social está particularmente enquadrada no contexto histórico moderno, no qual a administração assume um papel central. É por esse motivo que muitos autores atestam que estamos vivendo a era da administração e das organizações (Chandler, 1977; Drucker, 2017; Presthus, 1965).

Nesse sentido, vale definir as bases de legitimação da administração nas sociedades modernas. Para isso, é necessário tomar a administração como uma ciência, nos moldes do cientificismo moderno. Sob uma perspectiva histórica, o cientificismo é um movimento ideológico sustentado pela emergência do sistema capitalista e pelos interesses da classe burguesa (Hobsbawm, 1996). Por isso mesmo, é importante considerar que a conotação científica do pensamento administrativo lhe garante legitimidade na modernidade.

1.2 ADMINISTRAÇÃO COMO CIÊNCIA

Como explicamos anteriormente, mesmo que gerando muitas controvérsias, a administração deve ser vista como uma ciência (Motta, 1976; Mattos, 2009). Na verdade, aqui devemos levar em consideração uma acepção mais frouxa do termo, pois existem ressalvas quanto à cientificidade no processo de construção do pensamento administrativo.

Nesse sentido, nem toda forma de conhecimento administrativo é construída sobre bases científicas. Na verdade, boa parte dos modelos, conceitos e ferramentas gerenciais são criadas por praticantes que pouco entendem de método e rigor científico. Esse é o caso de muitos consultores e administradores que se utilizam de seu prestígio e credibilidade profissional para prescrever suas próprias fórmulas e modelagens (Kipping, 2002; Wood Jr.; Paula, 2008; Abrahamson, 1991).

Contudo, isso não significa que não existam bases científicas no processo de constituição do conhecimento na área de administração. Há um grande número de pesquisadores desenvolvendo conhecimento dessa natureza com base em uma rigorosa formação científica. No Brasil, essa prática científica da administração é desenvolvida em programas de mestrado e doutorado e em outros institutos de pesquisa (Mattos, 2009).

Sendo assim, quando afirmamos que a administração é uma ciência estamos declarando que essa prática é exercida por um amplo corpo de conhecimento que é sistematizado em termos disciplinares, tendo como alicerce teorias, conceitos e princípios que, por sua vez, são científica ou academicamente constituídos. Portanto, boa parte do corpo de conhecimento administrativo é fundamentado por métodos científicos. Na Figura 1.2, esquematizamos essa dinâmica.

FIGURA 1.2 – PROCESSO CIENTÍFICO DE CONSTRUÇÃO DO CONHECIMENTO ADMINISTRATIVO

A Figura 1.2 mostra como o conhecimento científico é constituído e como os pesquisadores e acadêmicos da área de administração produzem conhecimento.

Basicamente, a produção do pensamento administrativo ocorre de duas formas. Trata-se de dois critérios do método científico que revelam a relação entre o conhecimento teórico e a realidade social, representados pela área de descoberta e a área de justificação implícitas no método científico (Nascimento Junior, 1998). Primeiramente, tem-se a **observação da realidade social**, em que se busca levantar questões ainda não compreendidas ou mesmo questionar aspectos tidos como verdadeiros pelo senso comum; consiste em um processo em que se revelam pontos novos sem explicação prévia (área de descoberta). Esse é o **método indutivo**, que se apresenta como o movimento do plano da realidade social para o plano teórico.

Outra maneira científica de se construir o conhecimento administrativo é o método **hipotético-dedutivo**. A maioria dos estudos da área são construídos com base nesse critério, que consiste em partir de uma ou mais hipóteses (afirmações, definições ou explicações de ordem teórica sobre algum aspecto da realidade social) para se verificar se a realidade concreta confirma esse entendimento (área de justificação).

Também é possível aplicar o critério hipotético-dedutivo para inferir ou estimar prováveis acontecimentos na realidade futura. Por exemplo, ao conduzir uma entrevista com um candidato a uma vaga em seu departamento, o administrador pode aplicar os princípios de teorias motivacionais (hipóteses) para identificar traços no comportamento do candidato à vaga (realidade social) que permita ao gestor deduzir se o pretendente à função será um bom subordinado ou não (futuro).

Considerando esses dois critérios científicos de construção do conhecimento, torna-se mais simples entender por que a administração está inserida no campo das ciências sociais aplicadas. Por isso, devemos sempre ter em mente a estreita relação entre teoria e prática da administração. Uma complementa a outra, uma depende da outra. Da mesma forma, é possível construir conhecimento científico sobre administração com base em outras ciências sociais: a administração, como ciência, utiliza teorias, conceitos e explicações da sociologia, da psicologia, da economia, da filosofia e da antropologia. Também existe forte vínculo entre a administração e outros campos de conhecimento aplicado, como a engenharia de produção, o direito e as ciências contábeis.

FIGURA 1.3 – ADMINISTRAÇÃO E ÁREAS AFINS

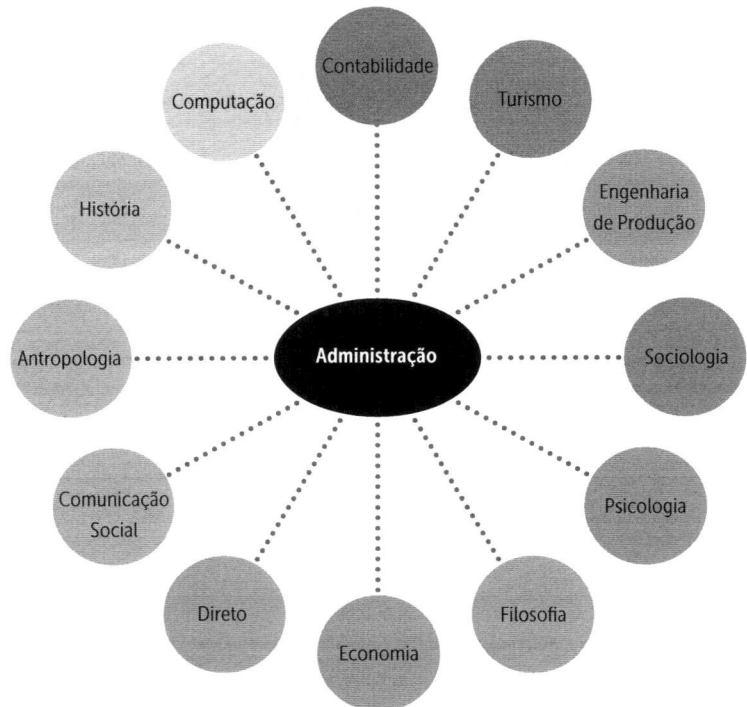

Na qualidade de conhecimento cientificamente embasado, de prática social e situada no contexto econômico capitalista, o estudo da administração exige certos cuidados. Entender a condição histórica da administração moderna como área que emergiu do sistema capitalista, e que por meio dele se desenvolveu, é importante para delimitar a especificidade da área, pois essa conduta garante a efetividade do conhecimento teórico e técnico desenvolvido no campo. Sobre isso, destacamos três aspectos orientadores do estudo da administração em particular.

1. O estudo da administração exige a compreensão de sua emergência e seu desenvolvimento histórico e, para tanto, necessita de conhecimento historiográfico específico.
2. Da mesma forma, é preciso considerar que a administração é um conhecimento sistematicamente

organizado e determinado por princípios gerais desenvolvidos com base em práticas acadêmico-científicas. Assim sendo, é necessário verificar quais são seus princípios, bem como quais são os conceitos-chave que dão sentido às teorias e aos modelos que orientam a prática administrativa e que explicam a realidade organizacional.

3. Finalmente, todo o conhecimento da ciência da administração deve ser pensado criticamente e aplicado ao contexto prático atual, considerando a velocidade das mudanças no cenário competitivo e social no qual as organizações estão inseridas.

Apresentamos a seguir alguns pontos sobre essas três dimensões do estudo da administração: a perspectiva histórica do pensamento administrativo, a fundamentação conceitual geral desse corpo disciplinar e a reflexão para a aplicação prática no contexto contemporâneo de gestão.

FIGURA 1.4 – DIMENSÕES DO ESTUDO DA ADMINISTRAÇÃO

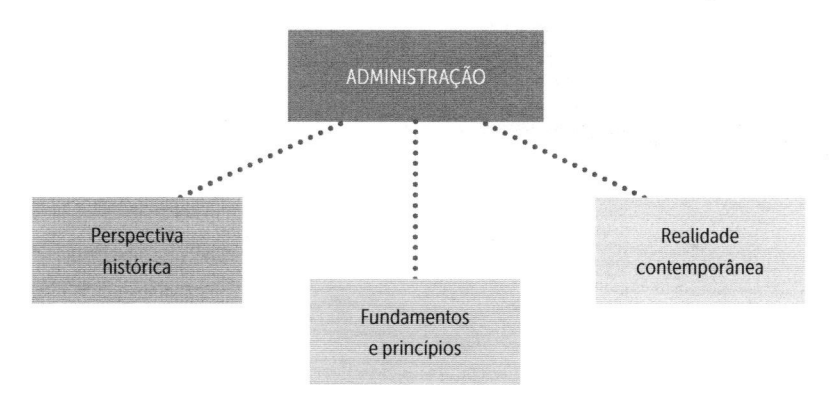

Apresentamos de modo pormenorizado cada um desses pontos nas seções a seguir.

1.3 ESTUDANDO A ADMINISTRAÇÃO COM BASE EM SUA HISTÓRIA

O conhecimento histórico sobre o pensamento administrativo revela como este se constitui no seu contexto de criação e aplicação. Todavia, qual é a verdadeira contribuição da história no estudo da administração? A pergunta pode ser analisada partindo-se de duas perspectivas. Na primeira, podemos tomar a história como método para produzir conhecimento, em que estudos historiográficos sobre a realidade social e organizacional podem contribuir para a compreensão de teorias e modelos administrativos (Booth; Rowlinson, 2006; Vizeu, 2010b). Na segunda, é possível entendermos a história como um tipo específico de conhecimento do campo, que trata da origem e do desenvolvimento no tempo do pensamento administrativo (Jacques, 2006). Apesar de ambas as abordagens serem importantes, quase sempre são subutilizadas pelos pesquisadores e praticantes da área de administração (Vizeu, 2010a; Jacques, 2006).

FIGURA 1.5 – DIRETRIZES PARA O ESTUDO HISTÓRICO DO PENSAMENTO ADMINISTRATIVO

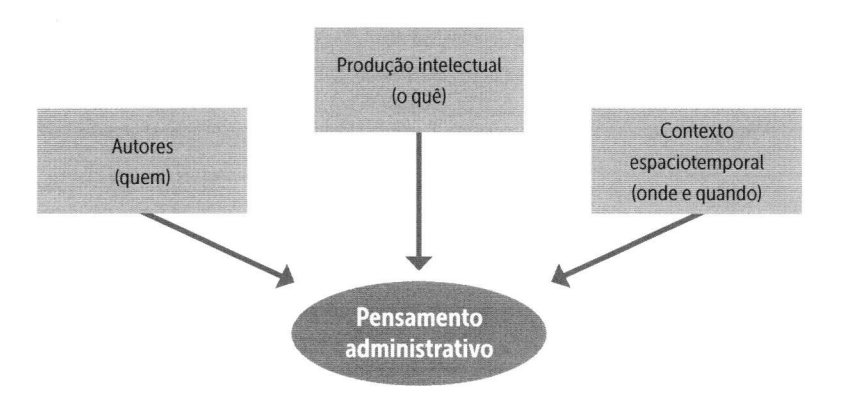

Ao situar no tempo e no espaço as proposições de autores da administração, desenvolvemos não somente o

conhecimento dos objetos teóricos concebidos por esses estudiosos, mas também a capacidade de compreensão da relação desses objetos com seu contexto de aplicação. Considerando-se a administração uma ciência social aplicada, a competência da compreensão é imprescindível para uma adequada formação profissional.

PENSE A RESPEITO

Em grande medida, o estudo da administração envolve o estudo da história do pensamento administrativo moderno, no qual se procura verificar o contexto social, econômico, político e cultural que criou campo fértil para autores e pesquisadores consagrados no meio acadêmico e prático a proporem seus modelos, conceitos, princípios e teorias.

Isso significa que nenhuma teoria surge ao acaso. Todas as ideias são sistematizadas em um contexto histórico específico, que estimula os estudiosos a pensarem em novas formas e/ou novas aplicações das técnicas administrativas. Além disso, é importante considerarmos que os conceitos apresentam uma diacronia, ou seja, uma inter-relação no tempo e no espaço com outras formas sistemáticas de conhecimento (Matitz; Vizeu, 2012).

QUADRO 1.2 – EXEMPLO DE ANÁLISE DO PENSAMENTO ADMINISTRATIVO EM PERSPECTIVA HISTÓRICA

Autor	Produção intelectual	Contexto espaciotemporal
Frederick W. Taylor	Administração científica	Virada do século XIX para o XX
Henry Ford	Linha de montagem	Primeira década do século XX
Elton Mayo	Conceito de organização informal	Década de 1920
Douglas McGregor	Teoria X e teoria Y	Década de 1920
Peter Drucker	Conceito de efetividade	Década de 1950
Frederick Herzberg	Teoria dos dois fatores	Década de 1960
Burns e Stalker	Modelo de organizações mecânicas e orgânicas	Década de 1960

Reunimos no Quadro 1.2 os nomes de alguns dos autores do pensamento administrativo tendo em vista sua produção intelectual (conceitos, teorias e modelos) e seu contexto de aplicação. Compreender conjuntamente esses três elementos da apreciação histórica – quem; o quê; quando e onde – é desenvolver um olhar crítico sobre as ferramentas teóricas da administração (teorias, modelos, conceitos e esquemas analíticos), ato que capacita a utilizá-los da melhor maneira.

1.4 ESTUDANDO A ADMINISTRAÇÃO COM BASE EM SEUS FUNDAMENTOS GERAIS

Com relação à segunda dimensão orientadora do estudo da administração – ou seja, a de que o corpo de conhecimento administrativo de base acadêmico-científica se sustenta em princípios gerais –, um ponto essencial para o estudo nesse campo diz respeito ao conhecimento e à reflexão sobre esses fundamentos. Portanto, exploraremos na sequência as proposições teórico-conceituais de base desse campo, que sustentam todo o corpo teórico desenvolvido na área.

Essa ideia pode parecer pretensiosa, mas corresponde ao elemento que dá unicidade à área, permitindo que esta seja compreendida como um campo independente de estudo e prática. É claro que isso não significa que tudo o que se produz no âmbito teórico siga uma mesma orientação basilar – um dos grandes problemas da heterogeneidade é justamente a maneira difusa como o *corpus* é desenvolvido (Abrahamson, 1991; Whetten; Felin; King, 2009). Contudo, o que se pretende afirmar ao se utilizar a expressão *fundamentos da administração* é que essa área se constitui sobre uma base comum de princípios norteadores da prática necessariamente considerados pelos acadêmicos e pesquisadores desse campo.

PENSE A RESPEITO

O pensamento administrativo se alicerça em abstrações generalizáveis. Isso significa que a administração deve ser entendida como uma ciência na medida em que se desenvolve um corpo teórico-conceitual próprio, capaz de aprimorar a prática dos profissionais da gestão e da área de estudos organizacionais. Em outra publicação, chamamos isso de *léxico especializado* (Matitz; Vizeu, 2012), que representa a semântica própria de um campo acadêmico-científico.

Como já sinalizamos, muito se discute se a administração seria ciência ou arte (Motta, 1996; Mattos, 2009), ou se esse campo deteria cânone próprio e bem-desenvolvido. Todavia, é indiscutível que se desenvolveram, especialmente no decorrer dos últimos 110 anos, teorias, princípios, conceitos, modelos e esquemas analíticos – entre outros produtos intelectuais – que trataram especificamente de atividades ligadas à administração e às organizações.

Finalmente, por se tratar de uma área relativamente nova, as questões fundamentais do campo da administração ainda estão em desenvolvimento. A dinâmica de construção dessa base conceitual de fundamentação do conhecimento administrativo tem sido particularmente determinada pela própria dinâmica das organizações. Nesse sentido, a reflexão sobre os fundamentos de administração acompanha a reflexão sobre as mudanças na realidade organizacional.

Assim, o estudo da administração como prática social engloba importantes eixos, apresentados no Quadro 1.3.

QUADRO 1.3 – EIXOS DE ESTUDOS DA CIÊNCIA DA ADMINISTRAÇÃO

Eixo	Foco	Objetos de estudo
História	A origem do pensamento administrativo e seu desenvolvimento no tempo.	• Autores importantes. • Modelos e teorias. • Correntes e escolas de pensamento.
Fundamentos	A prescrição/definição de princípios e fundamentos gerais da ciência administrativa.	• Conceitos. • Princípios. • Modelos.

Nesse quadro relacionamos o desenvolvimento do conhecimento administrativo em dois eixos: i) a história do pensamento administrativo; e ii) o estudo de fundamentos teórico-conceituais da prática administrativa. No primeiro eixo, o elemento central é a trajetória histórica, verificando-se a origem, a autoria e o progresso das teorias e abordagens que compõem todo o corpo teórico do pensamento administrativo. No segundo eixo, tem-se a preocupação com os principais conceitos e princípios orientadores da prática administrativa, de forma a demarcar os postulados gerais da ciência da administração.

Esses paradigmas correspondem ao grande foco de estudo da área de administração, seja no que se convencionou chamar de *administração geral*, seja nas áreas denominadas *funcionais*, que representam os campos de conhecimento específico da administração, como as áreas de administração de recursos humanos, *marketing*, logística, finanças etc.

A administração geral, por sua vez, representa, como o nome já diz, o campo de estudos dos aspectos gerais dessa atividade, que podem ser aplicados em qualquer nível organizacional. Um dos mais importantes conceitos da administração geral é justamente a definição de administração considerando-se quatro grandes processos. Vejamos, a seguir, essa definição.

1.5 CONCEITUANDO A ADMINISTRAÇÃO COM BASE EM QUATRO PROCESSOS

Quando procuramos definir o que é a administração no início deste capítulo, apresentamos uma definição ampla, que pudesse fornecer uma noção mais geral dessa atividade. Assim, afirmamos que administração é uma ciência e uma prática social, que conta com algumas premissas em seu estudo sistematizado, tais como a integração com outras disciplinas, a perspectiva histórica e a definição de princípios e fundamentos gerais.

Entretanto, carecemos de uma definição mais bem delimitada dessa prática. Na verdade, afirmar que a administração é uma ciência e uma prática social não diz muito, tendo em vista que existem várias outras atividades que também o são. Por isso, apresentamos uma definição geral dessa área do saber, de modo a circunscrever sua abrangência e campo de atuação.

Entre diferentes definições, uma que tem perdurado no decorrer dos anos é a **definição de Henri Fayol**, um dos primeiros teóricos da administração. Fayol (1978) propõe que a administração é uma atividade composta de cinco processos (prever, organizar, comandar, coordenar e controlar). Mais tarde, outro teórico de relevo redefiniu os processos do estudioso francês em **quatro processos**, unindo dois deles em um só. Esse autor é **Peter Drucker**.

A divisão da administração em quatro processos não é unanimidade. Por exemplo: Mintzberg (1973) se pergunta se o trabalho gerencial se resume, de fato, aos quatro processos citados por Drucker e propõe uma nova forma de explicar o que é esse trabalho, definindo dez papéis gerenciais, divididos em três categorias (papéis interpessoais, papéis informacionais e papéis decisórios). Entretanto, consideramos aqui os quatro processos uma forma didática de explicar a prática administrativa, pois permite reconhecer algumas especificidades do trabalho do gestor, bem como do papel da área administrativa nas organizações. Assim sendo, optamos por evitar a controvérsia e decidimos adotar o modelo defendido por Drucker. Isso posto, podemos defini-la da seguinte maneira:

> Administração é o conjunto de atividades de **planejamento, organização, direção** e **controle** efetuados em um negócio ou outro empreendimento humano, visando atingir efetivamente os objetivos esperados, com o uso eficiente de recursos.

1.5.1 PROCESSO DO PLANEJAMENTO

Planejar é certamente uma tarefa fundamental para os profissionais da administração. Da mesma maneira, é um dos processos administrativos mais controversos, pois envolve uma premissa que não é válida no contexto organizacional atual: a ideia de que o futuro é previsível e que o ambiente organizacional é estável; na verdade, a crença exagerada na alta capacidade de previsão é uma das maiores falácias do planejamento nas organizações (Clegg; Carter; Komberger, 2004). De todo modo, não é razoável ignorarmos a importância da prática social do planejamento futuro. Reconhecer que vivemos em um mundo ambíguo, incerto e, em grande medida, imprevisível, não impede que façamos uso do planejamento como um processo útil. Por exemplo, muito do que fazemos ou sentimos é previsível: viajamos em férias, sentimos calor no verão e frio no inverno, precisamos de dinheiro para abrir um novo negócio. Neste último caso, por exemplo, a chance de êxito do empreendimento é muito maior quando sua concepção e desenvolvimento são previamente planejados.

E em que consiste o planejamento? De forma muito simples, é o processo de ajuste entre o futuro esperado e o futuro desejado. O futuro esperado diz respeito fatos vindouros que não controlamos ou que supomos que sucederão caso o curso de acontecimentos não se altere. O futuro desejado representa as intenções da organização, os objetivos de desempenho ou realizações associados aos objetivos que dão sentido à empresa.

Para que o planejamento seja executado, é preciso efetuar uma tarefa prévia de análise de fatores relacionados a esses dois tipos de futuro (esperado e desejado): analisar o contexto e verificar as tendências e probabilidades de acontecimentos futuros que se espera. Igualmente, é preciso ter em conta quais são as características e os propósitos da empresa, para se visualizar uma situação futura desejável, compatível com esses objetivos essenciais.

1.5.2 PROCESSO DE ORGANIZAÇÃO

Organizar é criar uma estrutura. Por isso, quando utilizamos o termo *organização*, estamos nos referindo à estrutura de relações e recursos organizados para se atingir a determinado fim. Logo, o processo de criação de uma efetiva estrutura organizacional é fundamental para que a empresa alcance seus objetivos. Esta corresponde ao arranjo de relações e à adequada definição de tarefas e procedimentos. Por isso, afirmamos que o ato de estruturar a organização corresponde a uma espécie de *design* organizacional.

A estruturação da organização é um processo que envolve um conjunto de procedimentos para se chegar ao modelo ideal. Também implica a contínua análise de fatores internos e aspectos contextuais, na qual se dimensiona os melhores parâmetros para se delinear uma estrutura organizacional adequada ao atingimento dos objetivos desejados.

Nesse sentido, devemos considerar diferentes dimensões de uma estrutura, tais como os aspectos de formalidade-informalidade, centralização-descentralização, agrupamento-diferenciação, departamentalização etc. (Mintzberg, 1995). Da mesma forma, precisamos entender a relação entre tipos de estruturas e os diferentes contextos ambientais, que, cada vez mais, exigem flexibilidade e fluidez nos processos organizacionais.

1.5.3 PROCESSO DE DIREÇÃO

Direção é o processo que resume o que Fayol (1978) originalmente concebeu em dois momentos: o **comando** e a **coordenação**. Peter Drucker propôs que essas duas instâncias fossem reunidas na ideia de direção. Na verdade, comandar e coordenar são ações que envolvem mobilização de pessoas para que atuem de forma sinérgica com os objetivos organizacionais e as atividades estruturadas, bem como entre si.

Já na prática administrativa, direção é a aplicação direta das habilidades interpessoais – em outras palavras, ser líder, negociar, comunicar, convencer, interceder, traduzir, orientar, entre outras ações voltadas para os problemas de articulação dos esforços das pessoas em um objetivo comum. Em certo sentido, o processo de direção é fundamental à medida que a complexidade organizacional é determinada pela complexidade das relações humanas. O ser humano e a coletividade humana estão envolvidos em diversos problemas de ordem psicológica, cultural, sociológica, política, e mesmo moral e ética. Essas questões tornam um desafio garantir que as pessoas façam aquilo que se espera delas para que as organizações atinjam seus objetivos.

1.5.4 PROCESSO DE CONTROLE

Há diferentes acepções para o termo *controle*. Na visão dos doutrinadores da ciência jurídica, existem diversas formas de controle da atividade administrativa do Estado, como controle interno, externo, jurisdicional, administrativo, político, parlamentar, legislativo, *a priori* e *a posteriori*. Já na visão da teoria social contemporânea, o controle é denominado de *controle social* (Martins, 2013). Na visão dos analistas organizacionais, o controle é denominado *controle gerencial e organizacional*, ou *controle de gestão*.

Os sistemas de controle ocorrem em diferentes níveis dentro da organização, podendo ser estratégicos, táticos e operacionais.

O **controle estratégico** se caracteriza pela visão geral da organização que essa atividade oferece, apresentando, de forma genérica e sintética, os aspectos globais que possibilitam à cúpula acompanhar o desempenho e os resultados das operações efetuadas. Assim, é possível analisar a organização em sua totalidade: as estratégias de negócios, as políticas gerais de gestão, os demonstrativos financeiros e contábeis, os orçamentos, os relatórios de lucros e perdas, a análise de retorno sobre investimento e a efetividade organizacional (Oliveira, 1993).

O **controle tático** permite analisar cada unidade organizacional como um departamento em particular – ou cada conjunto de recursos isoladamente –, o que proporciona o detalhamento das áreas, direcionando-o para o médio prazo. Esse sistema engloba definições de padrões, acompanhamento de resultados e sua comparação com os padrões estabelecidos, a fim de localizar os desvios e identificar as ações corretivas.

O **controle operacional** é mais analítico e detalhado. Está focado na atividade ou em determinada operação. Os padrões básicos utilizados geralmente são os relativos à quantidade, à qualidade, ao tempo e aos custos. Por exemplo: a linha de montagem (máquinas e equipamentos), os quadros de produtividade, a automação e o controle de qualidade, de estoques e de pessoal.

1.6 EFICIÊNCIA E EFETIVIDADE COMO CRITÉRIOS DE DESEMPENHO DA ADMINISTRAÇÃO

Finalmente, para compreender os fundamentos da administração e os aspectos centrais do estudo do pensamento administrativo, vale apontarmos os dois principais critérios de desempenho desse campo de prática profissional. Esses critérios estão diretamente relacionados à emergência da administração moderna e às principais transformações no pensamento administrativo nos últimos 60 anos. Todavia, como eles são centrais, trataremos disso nos próximos capítulos com mais detalhes.

O primeiro critério de desempenho da administração moderna é o da **eficiência**. Portanto, a administração moderna surgiu atrelada ao objetivo de promover a eficiência produtiva. Mas o que é isso? De forma simples, eficiência pressupõe a otimização do uso de recursos. Assim, ser eficiente é garantir o melhor uso dos recursos em determinada atividade ou processo, sob uma perspectiva econômica. Como explicaremos nos capítulos seguintes, a emergência da administração está diretamente associada ao problema de eficiência produtiva nas fábricas do nascente capitalismo industrial. Por isso, esse critério é tão importante, e situa o pensamento administrativo e as práticas e técnicas dele derivadas como questões centrais nas sociedades contemporâneas, nas quais a economia capitalista é o pilar principal.

Apesar de o critério da eficiência ser fundamental no contexto do capitalismo, a competitividade das organizações e as constantes mudanças sociais deram vias à proposição de um novo princípio para orientar o bom desempenho da administração. Esse critério foi definido por Drucker (1954) como o da **efetividade**. Este difere do critério da eficiência por se referir à organização na qual a administração está estruturada (Zahra, 2003). Em outras palavras, se a eficiência se aplica ao uso de recursos, a efetividade diz respeito ao atingimento dos objetivos organizacionais.

> Entre aqueles leitores que já tiveram algum contato com a literatura de administração, pode surgir a dúvida sobre a correção do uso do termo que aqui empregamos, pois outros livros editados no Brasil costumam denominar de *eficácia* o que Drucker chamou de *efetividade*. Todavia, isso é um erro de tradução, que perdura há décadas na literatura brasileira de administração (mesmo nas obras estrangeiras traduzidas) e que nunca antes foi questionado por nenhum autor. Pretendemos nesta obra corrigir esse erro de quase meio século. Contudo, apresentaremos o problema da tradução do termo proposto por Drucker e da correção deste no Capítulo 8, onde expomos de modo mais aprofundado a proposta desse autor. Por ora, basta apontar as linhas gerais do que se trata a efetividade.

A questão central do critério de efetividade é que é possível ser eficiente, mesmo sem ser efetivo, ou seja, a administração pode garantir a otimização no uso de recursos e ainda assim não atingir os objetivos que importam para a organização (Drucker, 1963). Valendo-nos de um jargão popular, seria o mesmo que "nadar e morrer na praia". Na verdade, o correto seria afirmar "nadar da melhor maneira, mas na direção errada". Ser efetivo é garantir que se atinja o principal objetivo da organização. No caso das empresas capitalistas, a efetividade diz respeito aos objetivos dos acionistas, ao retorno adequado considerando o investimento feito por eles (Drucker, 1963). Nesse sentido, um interessante dilema relacionado ao problema eficiência-efetividade é: nada adianta a empresa ter altos índices de produtividade no processo produtivo (ser eficiente) se não conseguir vender os produtos (ou seja, não ser efetivo no principal objetivo de uma empresa, que é o de dar retorno ao acionista).

Como explicamos anteriormente, não é nosso objetivo esgotar essa discussão neste capítulo. Entendemos ser pertinente apresentar esses critérios, pois eles devem estar na mente do leitor durante a leitura dos outros capítulos. Nos capítulos seguintes e nos da Parte 2 deste livro, enfatizaremos a questão da eficiência; nos capítulos da Parte 4, trataremos de aspectos relacionados à efetividade.

SÍNTESE

O estudo do pensamento administrativo consiste em um passo inicial na formação dos profissionais de administração e negócios, haja vista que existem diferentes formas de compreender a administração moderna, seja pela lente da história, dos fundamentos administrativos ou mesmo dos diferentes contextos de aplicação desse campo. Por isso mesmo, faz-se necessário que uma postura reflexiva seja aplicada nesse processo de aprendizado, tendo em vista um horizonte complexo e nem sempre concordante entre os diferentes autores dedicados a esse assunto.

Neste livro, propomo-nos a refletir sobre a relação entre o conteúdo histórico e os princípios teórico-conceituais de sustentação do pensamento administrativo moderno. Contudo, é preciso que você tenha o cuidado de não se deixar confundir pelo enorme número de terminologias e modismos que se reproduzem no campo. Na verdade, como já foi mencionado por um autor de administração, o modismo faz parte da lógica de legitimação da administração (Abrahamson, 1991). Por essa razão, é necessário ter o cuidado de distinguir os princípios que sustentam a lógica da prática administrativa moderna.

Neste capítulo, delineamos o conjunto de fundamentos centrais. Nos próximos capítulos, retomaremos esses conceitos e refletiremos sobre sua condição histórica, dimensionando de maneira mais precisa suas formas de aplicação na prática administrativa.

EXERCÍCIOS RESOLVIDOS

1. O que é pensamento administrativo? Qual a relação desta questão com a prática de administração?

Trata-se da sistematização de ideias, conceitos, teorias, princípios e modelos relacionados ao conhecimento da área administrativa. Esse cabedal de saberes teve origem na Modernidade, processo sociocultural e histórico que, a partir do século XVIII, foi marcado acentuadamente por um pensamento racional que teve implicações para a vida social, econômica e política do período. Pelo fato de corresponder aos modelos de pensamento praticados nas organizações modernas, o pensamento administrativo é fundamental para o exercício dos trabalhos do campo da administração.

2. O que significa dizer que a administração é uma ciência e uma prática social?

Como explica Motta (1996), a administração é um conhecimento sistematizado cientificamente, consolidado no âmbito acadêmico, com corpo teórico-conceitual próprio, e também desenvolvido intuitivamente, pela experiência, muitas vezes por profissionais não afeitos ao rigor dos métodos científicos.

3. O que são fundamentos de administração?

Base comum de princípios norteadores da prática necessariamente considerados pelos acadêmicos e pesquisadores desse campo.

4. Qual a importância de se estudar a história do pensamento administrativo?

O estudo do pensamento administrativo permite que o estudante ou profissional da área compreenda que todo tipo de pensamento ou ideia é desenvolvido em um contexto histórico específico, os estudiosos à pensarem em novas formas e/ou novas aplicações das técnicas administrativas. Além disso, é importante considerarmos que os conceitos apresentam uma diacronia, ou seja, uma inter-relação no tempo e no espaço com outras formas sistemáticas de conhecimento.

5. Como é a definição de administração com base em quatro processos fundamentais? Quem a propôs?

Peter Drucker atualizou a definição da administração como uma atividade em cinco processos (prever, organizar, comandar, coordenar e controlar), para uma atividade de quatro processos (planejar, organizar, dirigir e controlar).

QUESTÕES PARA DISCUSSÃO EM GRUPO

1. Apresente alguma situação do seu cotidiano na qual você consegue reconhecer a prática da Administração. Identifique os aspectos que revelem os processos administrativos propostos por Fayol e revisados por Drucker. Discuta com sua equipe se estes processos estão sendo bem desempenhados.

2. Relacione com sua equipe os grandes acontecimentos históricos de nosso tempo. Você consegue reconhecer a relação entre tais acontecimentos e a Administração? Discute e aponte com seu grupo elementos que revelem a importância desta comparação para o estudo da Administração.

2

CONDIÇÕES HISTÓRICAS DE EMERGÊNCIA DA ADMINISTRAÇÃO MODERNA[1]

---

1   Trechos deste capítulo foram elaborados com base em Vizeu (2010a).

CONTEÚDOS DO CAPÍTULO:

- Formação histórica do pensamento administrativo: das sociedades pré-modernas ao contexto moderno, marcado pelo capitalismo, pela racionalização e a industrialização.
- Sistema capitalista e o pensamento social como cenário da formação do pensamento administrativo moderno.
- Revolução Industrial como evento de base da administração moderna.

APÓS O ESTUDO DESTE CAPÍTULO, VOCÊ SERÁ CAPAZ DE:

1. relatar a constituição do pensamento administrativo moderno;
2. relacionar os contextos históricos aos princípios teórico-conceituais do pensamento administrativo moderno;
3. associar o pensamento administrativo moderno ao processo de industrialização e ao capitalismo.

Neste capítulo, versamos sobre aspectos históricos que deram ensejo à emergência da administração moderna. Para isso, buscamos retratar os principais eventos históricos preliminares à emergência da administração como disciplina sistemática (Wren, 2005), instituída por profissionais do setor industrial na virada do século XIX para o século XX, e difundida pelos chamados *autores clássicos*.

Conforme explicamos no capítulo anterior, *administração moderna* é uma denominação que deve ser compreendida em seu sentido histórico. Ordinariamente, referimo-nos à qualidade de *moderno* como algo atual ou de vanguarda, mas esquecemos que, na verdade, se trata da especificação do período histórico que se inicia com o fim da Idade Média. Assim, não podemos entender a administração moderna como algo novo; na verdade, ela começou a ser delineada conjuntamente ao estabelecimento dos pilares da sociedade moderna.

Para que você entenda essa dimensão histórica, a seguir, discutiremos brevemente aspectos da administração nas sociedades pré-modernas. A ideia é destacar como era pensada a administração na Antiguidade (período histórico clássico) e na Idade Média, bem como esclarecer sua relação com o contexto social.

2.1 ADMINISTRAÇÃO NAS SOCIEDADES PRÉ-MODERNAS

Para delimitarmos os fundamentos históricos da administração moderna, temos, primeiramente, de reconhecer o lugar desses conceitos na Antiguidade. Na verdade, é correto afirmar que os primeiros escritos sobre esse campo do conhecimento foram feitos por civilizações antigas, especialmente as da tradição grega, romana e judaica. Nesse sentido, muitos autores reconhecem princípios da racionalidade administrativa na cultura hebraica antiga (Ritchie et al., 2012) e na Mesopotâmia (Sterba, 1976); mas foi na tradição greco-romana que surgiram os primeiros contornos sistemáticos de administração.

É na civilização greco-romana também que está a origem etimológica do termo: *administração* vem do latim *administratio*, cujo significado remete à ideia de "ajuda, execução, gestão e direção" (Houaiss; Villar, 2009). A ideia central na origem latina do termo é a relação de **subordinação que representantes do poder público ou religioso** tinham perante à instituição que representavam. Assim, tanto na Grécia quanto na Roma Antiga, os administradores eram os sacerdotes (representantes do poder religioso e mítico) e os políticos (representantes da *polis* grega e da República Romana). Seguindo esse raciocínio, textos clássicos da filosofia e da política – como as obras clássicas de Aristóteles e Platão – devem ser considerados importantes escritos de administração.

TABELA 2.1 – ORIGEM ETIMOLÓGICA DO TERMO *ADMINISTRAÇÃO*

Administratio	Em latim, significa "governo", "gestão", "direção". Relaciona-se com o verbo *"administrare"* (administrar) e é composto pela conjugação do sufixo *"ad"* e da palavra *"minister"*.
Ad-	Prefixo do latim que se documenta em vocábulos eruditos e semieruditos, que denotam aproximação no tempo e no espaço, direção.
Ministrator	Significado em latim derivado do sufixo *"-minor"* (relativo a menor) e utilizado em referência ao *"magister"*: "aquele a quem incumbe um cargo ou uma função auxiliar ou executor".

Fonte: Cunha, 2010, p. 11, 13, 428.

Outro importante campo de estudo e prática da administração na Antiguidade é o da **estratégia militar** (Vizeu; Gonçalves, 2010). Também desenvolvida na Grécia e na Roma Antiga, essa área do saber se notabilizou pelo desenvolvimento de importantes técnicas de gestão e organização, tais como o conhecimento sobre logística, princípios de contabilidade e saberes sobre liderança.

Na Idade Média, a administração esteve sempre associada a uma cultura tradicional (Weber, 1974, 2004) e, por isso, não houve uma preocupação maior com a sua sistematização como campo de conhecimento. Na verdade, em razão da nova ordem social estabelecida com a decadência do Império

Romano, a falta de organização da esfera pública e a administração da atividade econômica tornaram-se caóticas e rudimentares (Wren, 2005). Contudo, com a emergência do poder advindo do controle ideológico da **Igreja Católica**, essa instituição tornou-se a primeira a adotar princípios de racionalidade administrativa mais elaborados: a hierarquia do comando dos bispos em diferentes regiões e o desenvolvimento de uma estrutura de apoio para essa autoridade, não somente foram os rudimentos daquilo que seria mais tarde estabelecido com o processo de industrialização, mas também os princípios que garantiram a longevidade da Sé (Wren, 2005). Outro tipo de organização notável que emergiu na Idade Média foram as **guildas de artesãos**. Segundo Kieser (1989), essas organizações instituíram os fundamentos do que viria a ser a estrutura das empresas modernas. O autor destaca princípios como a gênese do sentido de *atores corporativos*, noção tão cara para a ideia moderna de "pessoa jurídica" ou "personalidade jurídica".

Apesar de ter sido significativo na Antiguidade, definitivamente foi na Modernidade que o conhecimento sobre administração tornou-se um campo de prática e estudos plenamente desenvolvido. Isso porque a emergência da administração moderna está intimamente relacionada ao estabelecimento de dois importantes pilares da Era Moderna: o capitalismo e a industrialização.

2.2 CONSTITUIÇÃO DA ERA MODERNA: ASPECTOS PRELIMINARES

O entendimento dos processos sociais contemporâneos somente é possível com a devida análise histórica de constituição da realidade social. As ciências sociais se preocupam especialmente com aqueles processos considerados fatores constitutivos da modernidade: o capitalismo, a industrialização e a racionalização da vida social (Quintaneiro; Barbosa; Oliveira, 2002). Foi justamente com base nesses três grandes processos históricos que a organização administrativa moderna se constituiu como modelo de gestão fundamental do período histórico moderno. Mais do que isso, a administração moderna foi peça-chave para que esses processos se consolidassem.

FIGURA 2.1 – OS PILARES DA ADMINISTRAÇÃO MODERNA

Capitalismo — Administração moderna — Racionalização — Industrialização

Apesar de existirem distintas explicações no seio das ciências sociais sobre os aspectos centrais característicos da modernidade, não há desacordo quanto à preponderância desses três aspectos, especialmente porque são os temas históricos basilares da interpretação sobre a contemporaneidade realizada pelos autores clássicos da sociologia (Giddens, 2000). Na verdade, a compreensão sobre a natureza das sociedades modernas somente é obtida quando se observa a totalidade do processo histórico, no qual se faz necessário identificar o teor complementar das transformações mencionadas.

Como sugere a ilustração da Figura 2.1, os três processos estão interligados e se complementam. Todavia, neste livro, abordaremos o processo de racionalização no Capítulo 5, pelo fato de ele ser um importante fundamento da prática administrativa. Neste capítulo, dedicado às condições históricas de emergência da administração moderna, trataremos mais detidamente do capitalismo e da industrialização.

CLÁSSICOS DO PENSAMENTO SOCIAL

De acordo com Quintaneiro, Barbosa e Oliveira (2002), os três clássicos do pensamento social que melhor retrataram os pilares da Modernidade foram Durkheim, Marx e Weber.

ÉMILE DURKHEIM (1858-1917)

Considerado o pai da sociologia, Durkheim foi uma importante figura na explicação do fenômeno da **divisão do trabalho**, a base do processo de industrialização, destacando a divisão do trabalho e suas implicações na estrutura social. Sua principal contribuição consistiu na **sistematização do método sociológico**, bem como na elaboração dos princípios que delimitam o objeto do campo sociológico. Preocupou-se particularmente com os aspectos sociológicos da sociedade industrial.

KARL MARX (1818-1883)

Apesar de controverso, é um dos mais relevantes pensadores de nosso tempo. Foi intérprete do capitalismo, sistema que teve repercussões nas estruturas sociais que conhecemos hoje. Há muitas interpretações sobre a natureza de sua obra, que pode ser dividida em diferentes fases. Nesta parte do texto, trataremos da interpretação de Marx sobre a emergência e a natureza do sistema capitalista de produção.

MAX WEBER (1864-1920)

É de Weber a noção da **racionalização do mundo**, a mudança de uma sociedade baseada no mito para uma sociedade fundamentada no conhecimento racional. Esse teórico teve um papel central na sociologia como disciplina. Sua contribuição se deu na sistematização do método sociológico e na interpretação da modernidade. Aqui, concentraremos nossa atenção em sua explicação sobre o processo de racionalização do mundo e a formação das instituições modernas, com especial destaque para a burocracia.

Fonte: Elaborado com base em Quintaneiro; Barbosa; Oliveira, 2002.

Nesse sentido, o desenvolvimento do capitalismo foi possível graças à industrialização econômica e social e ao processo de racionalização das instituições que se deu com a transformação da mentalidade impressa na atividade econômica. Por sua vez, o desenvolvimento da atividade industrial gerou um novo modo de gestão do trabalho, aquilo que posteriormente se tornou um saber sistemático exclusivo, constituindo a instituição que denominamos *administração moderna*. Por esse motivo, assumimos a perspectiva de que essa abordagem administrativa nada mais é do que uma consequência do processo de modernização da sociedade.

De todos os processos e eventos que têm sido lembrados pela historiografia como ponto de partida da Era Moderna, o advento e a proliferação do sistema capitalista figura como aquele de maior consenso nas ciências sociais (Dobb, 1980; Giddens, 2000). O desenvolvimento do sistema capitalista deu via às técnicas e os princípios da administração moderna (Chandler, 1977; Braverman, 1981).

2.3 DESENVOLVIMENTO DO CAPITALISMO

De maneira geral, o capitalismo é um sistema social, econômico e político cuja característica principal são os modos de produção e de transação econômica. Por outro lado, é também uma instituição que organiza as relações políticas e sociais. Nesse ponto, é em Marx que reside a interpretação de maior consistência sobre o capitalismo.

DESMISTIFICANDO MARX

Sobre os pensadores clássicos, Giddens (2000) lembra que, no célebre rol de autores que interpretaram os fundamentos de constituição da modernidade, certamente Marx figura como o de maior influência dentro das ciências sociais. Contudo, é comum associar a esse autor posicionamentos equivocados de natureza político-partidária e com viés ou preconceito ideológico. Por isso, é preciso saber separar o Marx intelectual do Marx ativista.

Constituindo uma teoria de amplo escopo, Karl Marx apresenta o capitalismo como o sistema que define as estruturas de base do período histórico atual. Para ele, o capitalismo é um sistema econômico com implicações sociais e políticas que marca a transição da Idade Média para a Era Moderna (Dobb, 1980).

O capitalismo também pode ser entendido como um modo de produção específico, dimensionado tanto em um patamar técnico – um sistema de produção voltado para o mercado, no qual a produção da mercadoria é o principal resultado – quanto em sua dimensão social, em que, por meio da concentração de propriedade em pequenos grupos, nasceu uma classe social de não possuidores de bens de produção, que se obrigaram a comercializar sua força de trabalho. Ambas as dimensões se estabelecem em razão da emergência da lógica de mercado como princípio organizador da vida social. Essa é a essência do capitalismo.

2.3.1 ESSÊNCIA DO SISTEMA CAPITALISTA

Conforme afirmamos, a essência do capitalismo reside na organização da vida social com base na lógica da economia de mercado, na qual o processo de trabalho se reconfigura por meio de uma nova relação polarizada de classes, que ensejou o surgimento de uma ordem social não vista nas sociedades precedentes.

Portanto, o surgimento do capitalismo moderno pode ser demarcado no momento em que os setores produtivos passaram a ser subordinados a uma nova ordem econômica, centrada no interesse de remuneração de um ativo, denominado *capital* (Giddens, 2000; Dobb, 1980). Essa subordinação se deu especialmente pela perda do controle da produção sofrida pelo produtor direto.

Marx argumenta que a grande diferença entre o trabalho no sistema capitalista e aquele executado nos períodos históricos anteriores é que, no primeiro, o trabalhador perde o controle do processo produtivo. Em outras palavras, havia uma espécie de exploração do trabalho na Idade Média (trabalho servil) e na Antiguidade (trabalho escravo), mas os trabalhadores das sociedades pré-capitalistas tinham um relativo controle do seu ofício. No caso da força produtiva da Idade Média – representada pelo artesão e pelo lavrador – estes ainda eram possuidores dos meios de produção, além de deter todo o saber necessário para a produção e o controle das condições necessárias ao processo produtivo.

FIGURA 2.2 – DIFERENÇA ENTRE O TRABALHO SERVIL E O TRABALHO MODERNO

Trabalho na Idade Média
- Baseado no ofício.
- Trabalhador executa e controla todo o processo.

Akg-images/Album/Fotoarena

Trabalho no sistema capitalista
- Descaraterização do ofício e simplificação pela especialização.
- Trabalhador não controla o processo produtivo.

Everett Historical/Shutterstock

No sistema capitalista, há uma diferença fundamental: **o trabalho é fragmentado** e, por isso, o trabalhador deixa de controlar o processo de produção em sua totalidade. É por isso que Marx viu na descaracterização dos ofícios o fundamento da lógica do sistema capitalista, e considerou que foi a partir desse processo que o capitalismo se tornou um mecanismo de exploração do trabalho mais tenaz que aqueles característicos dos períodos históricos anteriores. O autor cita as seguintes bases em que se processa a lógica do trabalho no capitalismo:

> Em todo ofício que se apossa, a manufatura [capitalista] cria uma classe de trabalhadores sem qualquer destreza especial, os quais o artesanato punha totalmente de lado. Depois de desenvolver, até atingir a virtuosidade, uma única especialidade limitada, sacrificando a capacidade total de trabalho do ser humano, põe-se a manufatura a transformar numa especialidade a ausência de qualquer formação. Ao lado da graduação hierárquica, surge a classificação dos trabalhadores em hábeis e inábeis. Para os últimos, não há custo de aprendizagem, e, para os primeiros, esses custos se reduzem em relação às despesas necessárias para formar um artesão, pois a função deles foi simplificada. (Marx, 2002, p. 405)

Logo, foi na desagregação do ofício com a fragmentação do processo de trabalho que residiu o princípio político fundamental do capitalismo (Marx, 2002; Dobb, 1980; Braverman, 1981). Foi dele que derivaram as transformações na estrutura de classes da sociedade feudal, alterando as bases que sustentavam a preponderância da classe dominante e o equilíbrio de poder característico desse período. Portanto, de acordo com Marx, o advento do sistema de produção capitalista representou a transição para um novo sistema de classes, sustentado por uma nova base econômica e política.

Nesse sentido, também o feudalismo deve ser observado com base no modo de produção característico da Era Medieval, ou, dito de outra maneira, deve ser caracterizado pela "relação entre o produtor direto (seja ele artesão em alguma oficina ou camponês cultivador da terra) e seu superior imediato, ou senhor, e no teor socioeconômico da obrigação que os liga entre si" (Dobb, 1980, p. 44). Essa obrigação residia no prêmio (em trabalho, espécie ou mesmo dinheiro) exigido pelo senhor para que este último atendesse a suas necessidades econômicas. Essa exigência era garantida pela força militar controlada pelo senhor ou pela coerção da tradição, denominada por Weber (2000) como *dominação tradicional*.

Todavia, devemos ressaltar que a relação de servidão só representava uma forma de dominação sobre o servo por se tratar o prêmio de uma obrigação que lhe era imposta. Contudo, o sistema feudal-servil não deve ser encarado como uma constrição das condições de trabalho, já que o servo, como produtor direto, era livre no controle do processo e nas condições de trabalho, bem como na produção dos recursos de sua subsistência.

QUADRO 2.1 – OS SISTEMAS ESCRAVOCRATA, FEUDAL-SERVIL E CAPITALISTA DE PRODUÇÃO

Sistema escravocrata	Sistema feudal-servil	Sistema capitalista
O controle é dado pela privação de liberdade.	Autonomia do produtor em relação ao processo de trabalho.	O trabalhador não controla o processo de produção.
O trabalho é mais simples, e sua execução é controlada de forma coercitiva.	O trabalho é executado em todo o processo (lógica do ofício).	Divisão das etapas e descaraterização do ofício.

Esse aspecto diferencia o sistema feudal da escravidão – no qual o escravo não tem liberdade civil, nem controla o processo de trabalho – da produção capitalista – em que o trabalhador, apesar de deter liberdade jurídico-civil, não controla mais o processo de trabalho e o resultado deste.

2.3.2 TIPOS DE CAPITALISMO

A dimensão política do capitalismo também pode ser medida pela forte composição ideológica presente no desenvolvimento histórico desse sistema. Nesse sentido, as teorias liberais sobre as políticas econômicas, mesmo aquelas constituídas com o auxílio dos métodos característicos dos cânones científicos (como a matemática), são representações que reforçam ou justificam as estratégias adotadas no âmbito político para atender aos interesses capitalistas (Hobsbawm, 1996).

FIGURA 2.3 – FASES DO CAPITALISMO

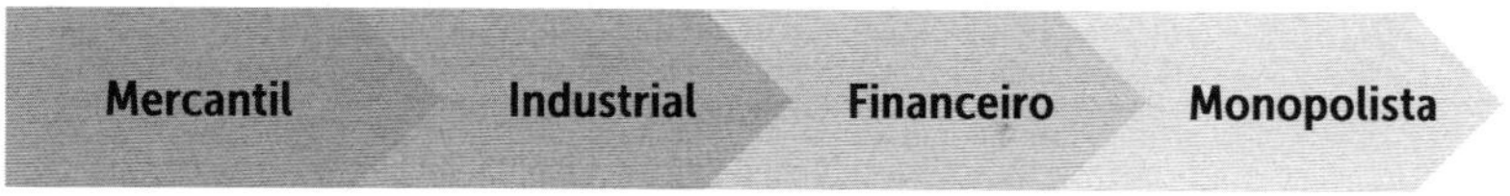

| Mercantil | Industrial | Financeiro | Monopolista |

É necessário definir os tipos de capitalismo, que podem ser representados como fases. Inicialmente, o capitalismo se sustentou na atividade mercantil em expansão, possibilitada especialmente pela ampliação geográfica viabilizada pela aquisição e venda de mercadorias e pela consequente monetarização dos mercados de trocas. Em outras palavras, a primeira fase esteve associada à dinâmica do **mercantilismo**, caracterizado pela expansão ultramarina que visava principalmente às transações comerciais com a Índia. Nesse período do sistema capitalista, produtos de valor mais baixo de determinado mercado eram vendidos em mercados de valor mais elevado, com o objetivo de se auferir lucro. É nesse sentido que Marx (2002) considera ser o capitalismo um sistema de produção de mercadorias.

Entretanto, o vínculo que o mercantilismo estabelecia com a produção era indireto, pois o aumento dos lucros e o atendimento das demandas do capitalista exigiam um controle mais elevado do processo produtivo em seu interior, especialmente no que diz respeito a bens manufaturados. Foi nesse momento que surgiu o capitalismo industrial. Marx traça dois caminhos para a transição do mercantilismo ao capitalismo industrial: o **refinamento do domínio do capital mercantil sobre a produção manufaturada** (expresso no controle dos burgueses mercantis sobre os artesãos e as guildas), e o **emburguesamento da classe manufatureira**, nitidamente processado na Inglaterra do século XVII (Hobsbawm, 2000).

O predomínio do capitalismo como sistema econômico mundial se deu na segunda metade do século XIX. Nesse período, o ideal burguês já havia se imiscuído a todos os segmentos da sociedade. Também nessa época o mundo testemunhou o surgimento do capitalismo financeiro – uma evolução do capitalismo industrial engendrada pelo desenvolvimento do sistema financeiro de fluxo de capitais – e do capitalismo monopolista – ensejado pelo desenvolvimento das empresas de grande porte e por sua influência no mercado (Braverman, 1981; Hobsbawm, 1996). No entanto, não devemos entender que a industrialização foi a causa dos sistemas de capitalismo moderno ou vice-versa, mas que esses processos se constituíram de forma recorrente e que representam elementos essenciais e indissociáveis do sistema institucional que caracteriza as sociedades modernas.

> O que importa nesse raciocínio é a ideia de que a administração moderna emergiu do capitalismo industrial. Por isso, é importante destacarmos o processo de industrialização em seus diferentes aspectos, especialmente no que diz respeito à ordem tecnológica e à influência da administração nesse processo histórico.

2.4 REVOLUÇÃO INDUSTRIAL, INDUSTRIALIZAÇÃO E O PAPEL DA ADMINISTRAÇÃO

A industrialização teve tanta importância na definição da modernidade que se costuma retratar esse processo como uma **revolução social**. Sobre isso, Landes (1994) chama a atenção para a diferença entre a ideia de revoluções industriais – o impacto de invenções e o surgimento de tecnologias na vida social moderna – e o evento histórico bem-delimitado que ficou conhecido como *Revolução Industrial*. Assim sendo, a Revolução Industrial deve ser compreendida como um acontecimento com lugar e data bem-definidos – Inglaterra, no final do século XVIII (Hobsbawm, 2000). Já as revoluções industriais (com letras minúsculas) indicam processos que aconteceram no decorrer de toda a história (e continuam a acontecer) e que sinalizam uma renovação específica em determinado sistema manufatureiro (Landes, 1994). Ainda existe um terceiro entendimento: o da industrialização, que diz respeito à crescente expansão (quantitativa e qualitativa) da atividade industrial em determinada região, mas também se refere ao processo histórico que se efetuou em escala global nos séculos seguintes ao século XVIII, em diferentes graus e condições para cada país.

QUADRO 2.2 – REVOLUÇÕES INDUSTRIAIS, REVOLUÇÃO INDUSTRIAL E INDUSTRIALIZAÇÃO

Revoluções industriais	Revolução Industrial	Industrialização
Diferentes inovações tecnológicas que contribuíram para o processo de produção manufatureira. Exemplos: o tear mecânico de força hidráulica ou a vapor, a locomotiva e o aço.	Evento histórico que demarcou a ruptura com o sistema produtivo típico da sociedade agrícola. Ocorrido na Inglaterra entre 1850 e 1870 (Hobsbawm, 2000).	Processo contínuo e crescente de implementação e aprimoramento da atividade industrial. Também é associado às condições políticas que permitem tal desenvolvimento.

Foi nesse processo contínuo de industrialização que a modernidade se estabeleceu: por um lado, pela renovação e pela amplificação constantes do capitalismo; por outro, em razão de as transformações políticas e sociais que esse processo ensejou demonstrarem de forma latente os principais traços institucionais modernos.

2.4.1 BASES HISTÓRICAS DA REVOLUÇÃO INDUSTRIAL

A história moderna teve na Revolução Industrial seu divisor de águas. O trabalho agrícola cedeu lugar ao trabalho industrial, fenômeno que criou bases para todas as condições necessárias para o desenvolvimento e o fortalecimento do sistema capitalista. Em uma análise preliminar, seria aceitável afirmar que a Revolução Industrial foi possibilitada pelas inovações e criações tecnológicas destinadas à produção de artigos manufaturados (atividade cujo maior suporte veio da implementação de máquinas), pelas novas possibilidades de obtenção de energia (como o vapor) e por uma atividade extrativista que vinha se tornando cada vez mais eficiente (o qual evoluiu em paralelo com melhorias em trabalhos metalúrgicos e na indústria química), conforme cita Landes (1994).

No entanto, o vínculo entre a atividade industrial e os melhoramentos tecnológicos da época podem conduzir a um equívoco histórico. As circunstâncias básicas para que as transformações nos processos de produção ocorressem não tiveram nessa relação sua única origem. Landes (1994) cita uma inclinação da sociedade inglesa para a elaboração de novas tecnologias e recursos industriais motivada muito mais por um foco na atividade produtiva que nas inovações científicas dos séculos XVI e XVII, ainda que essas duas dinâmicas tenham em comum uma abordagem empírica de fenômenos naturais.

Nesse sentido, a resposta dada por Hobsbawm (2000) para explicar as razões pelas quais a Revolução Industrial ocorreu naquele país e período específicos ilumina significativamente o entendimento sobre a relação entre o capitalismo e a industrialização. Adotando um maior rigor na busca por evidências históricas, o autor contesta o entendimento que sugere ter sido a causa desse processo essencialmente o advento de máquinas específicas, ou de que a industrialização é uma resultante direta do desenvolvimento científico. Além disso, o estudioso ainda sugere que o interesse pela atividade industrial não adveio de um reconhecimento da superioridade dessa atividade em prover margens maiores em relação aos setores primários, como frequentemente se considera.

PENSE A RESPEITO

Ainda conforme Hobsbawm (2000), a ideia que se tinha sobre a rentabilidade da atividade manufatureira na época era justamente o contrário. De acordo com sua investigação histórica, o fator decisivo para a aguda proliferação das unidades fabris pela Inglaterra ao final do século XVIII foi o contexto político e econômico favorável para esse tipo de empreendimento. O autor salienta ainda que é fundamental a compreensão dos motivos profundos que associam o interesse capitalista e a inovação fabril em momento e local bem-delimitados.

O capitalismo industrial se estabeleceu na Inglaterra no final do século XVIII porque foi somente naquele país e período que se estabeleceram condições específicas para que a atividade industrial se tornasse atrativa o suficiente para despertar interesse dos capitalistas. Analisando as condições técnicas e de mercado das atividades manufatureiras da época, não é óbvio supor a transição do capitalismo mercantil e dos empreendimentos capitalistas relacionados ao extrativismo e à agricultura para o capitalismo industrial. Quanto a esse ponto, Hobsbawm (2000) lembra que, antes da Revolução industrial, o interesse capitalista pela manufatura era voltado para a produção em pequena escala de artigos de luxo, fato que contraria a transição espontânea para a produção massificada em larga escala. Como afirma o autor:

> Supõe-se com frequência que uma economia de iniciativa privada tende automaticamente para a inovação, mas isso é uma inverdade. Ela só tende para o lucro. Ela só revolucionará as atividades econômicas no caso de esperar maiores lucros com a revolução do que sem ela. Contudo, nas sociedades pré-industriais, este jamais é o caso. O mercado disponível e em perspectiva – e é o mercado que determina aquilo que um homem de negócios produzirá – é formado pelos ricos, que exigem bens de luxo em pequenas quantidades, mas com uma alta margem de lucros por venda [...]. O empresário sensato, se puder

escolher, preferirá produzir caríssimos relógios cravejados de pedras preciosas para aristocratas a fabricar relógios de pulso baratos, e quanto mais caro for o processo de lançar revolucionários artigos baratos, mais ele hesitará em arriscar seu dinheiro nele. (Hobsbawm, 2000, p. 39)

O motivo dado por Hobsbawm (2000) para a Revolução Industrial ter acontecido na Inglaterra do século XVIII é o fato de este ser o único país europeu que detinha uma economia realmente sólida, constituída ao longo dos dois séculos precedentes de desenvolvimento contínuo. Nesse período, a Europa implementou um sistema econômico integrado, suportado pela dicotomia entre os os países mais ricos e desenvolvidos da época e colônias e regiões dominadas comercialmente pelas nações expoentes na exploração marítima da época que forneciam certos produtos aos países mais adiantados. Em razão de seu desenvolvimento interno – apoiado por fortes segmentos capitalistas e seus aportes de capital – e externo – política externa proativa e sustentada militarmente, a Inglaterra pôde alcançar a posição de ponto focal desta "economia mundial dos Estados marítimos europeus" (Hobsbawm, 2000, p. 34).

MAPA 2.1 – LOCALIZAÇÃO TEMPORAL E ESPACIAL DA REVOLUÇÃO INDUSTRIAL

Região de Manchester, Inglaterra, 1750-1770.

Assim, o ímpeto de industrialização na Inglaterra – que teve uma significativa concentração na região de Manchester – se deve mais às condições econômicas favoráveis para o empreendimento fabril do que às inovações tecnológicas que impulsionaram a revolução no modo de produção manufatureiro. Portanto, a já citada ampliação das inovações tecnológicas de natureza mecânica (tais como as máquinas de tear) somente foi possível graças ao crescente interesse econômico capitalista, que, devido a fatores estruturais da economia mundial, do contexto interno da Inglaterra e da política externa do governo inglês, tornaram necessário o drástico aumento da produção de produtos manufaturados.

Logo, o tipo de industrialização que se processou na Inglaterra no período descrito era barato e tecnicamente simples, dando condições ao crescimento contínuo e autossustentado (ou seja, financiado pelo acúmulo de lucro gerado no próprio empreendimento), isso porque os setores que impulsionaram a explosão manufatureira da Revolução Industrial – a indústria têxtil e a de alimentos – exigiam pouca complexidade manufatureira e grande demanda em qualquer mercado, por se tratarem de produtos de primeira necessidade (Landes, 1994; Hobsbawm, 2000).

Logo após o primeiro ímpeto, o grande fator para o impulso de uma revolução no sistema manufatureiro foi o **crescimento extraordinário da demanda por produtos** industrializados, aliado ao interesse capitalista, que via nessa expansão a grande oportunidade de maximizar seus lucros. No caso inglês, apesar da importância do crescimento regular e constante do mercado interno, foi a expansão do mercado externo que proporcionou um volume avassalador da produção em um curto período de tempo.

> **QUANDO OCORREU A REVOLUÇÃO INDUSTRIAL?**
> Para precisarmos quando ocorreu a Revolução Industrial na Inglaterra, devemos considerar os aspectos objetivos que revelam esse processo. Nesse sentido, Hobsbawm (2000) sinaliza um crescimento da produção manufatureira de exportação no período entre 1750 e 1770 em 76%, o que é significativamente maior do que o crescimento do mercado interno no mesmo período, que foi da ordem de 7%.

De acordo com Hobsbawm (2000), a importância do mercado externo para o capitalista inglês relaciona-se ao fato de esse mercado se caracterizar por momentos de abruptas flutuações – que estimularam o interesse na capacidade do empreendimento fabril a gerar altos lucros a curto prazo – e à possibilidade de rápida expansão desse mercado em razão da política internacional da coroa inglesa:

> A razão para esse extraordinário potencial de expansão estava no fato de que as atividades de exportação não dependiam da modesta taxa de crescimento "natural" da procura interna de qualquer país. Tais atividades podiam criar a ilusão de crescimento rápido através de dois meios principais: a conquista de mercados de exportação a uma série de outros países e a destruição da concorrência interna dentro de determinados países, ou seja, pelos meios políticos ou semipolíticos da guerra e da colonização. (Hobsbawm, 2000, p. 46)

Além de terem se beneficiado de uma demanda exponencialmente crescente (externa em sua maior parte) por manufaturas, os industriais emergentes conceberam uma consciência de classe, que se tornou mais forte à medida que ansiava por mudanças radicais na política econômica inglesa do século XVII, que ainda se prendia a conceitos pré-industriais considerados ultrapassados para a época. Como toda classe emergente, os primeiros empreendedores industriais enfrentaram resistência de alguns grupos da sociedade tradicional, como os artesãos e agricultores. As pressões contra os primeiros industriais vinham de outros grupos que, a despeito de terem se consolidado no mesmo período histórico, se sentiram prejudicados com as reivindicações de proteção à indústria nacional inglesa. Esse certamente é o caso das empresas capitalistas de comércio marítimo que importavam produtos manufaturados (Bendix, 1974).

Todavia, à medida que a atividade rural se tornava mais capitalista, a atividade manufatureira ficava mais expressiva economicamente, fazendo seu respectivo setor da economia ter maior destaque na esfera política. Nesse sentido, o revés da resistência política contra os industriais teve um marco importante no ano de 1700, quando o governo inglês decidiu proteger a indústria têxtil nacional dos produtos indianos (Hobsbawm, 2000). Foi nesse momento que o Estado apontou objetivamente para uma nova orientação de sua política econômica. É interessante notarmos que essa preocupação governamental com a atividade industrial se constituiu – na medida do possível – sem que acarretasse grande prejuízo para outros grupos econômicos de destaque (por exemplo, os que investiam no comércio marítimo, que passou a ter um papel fundamental no fluxo de produtos industrializados).

Tendo sido a política imperialista da Coroa inglesa fundamental para o sucesso da atividade industrial crescente e tendo em vista o sistema de economias dependentes da época, podemos entender que o setor produtivo que mais se destacou (e que é aquele lembrado como o berço da industrialização) foi o têxtil. A indústria do algodão representava não somente um importante setor porque seu produto é de primeira necessidade, mas também porque este setor integrava os múltiplos interesses em jogo no cenário econômico e político da Inglaterra dos séculos XVIII e XIX. Nesse sentido, Hobsbawm (2000) lembra que as máquinas do setor de fiação se proliferaram durante o século XVIII pela necessidade de se ajustar o ciclo produtivo da indústria do algodão, tendo em vista que, na época, a produtividade dos equipamentos do setor de tecelagem era significativamente maior.

> **O ALGODÃO NA REVOLUÇÃO INDUSTRIAL**
>
> Sobre a manufatura do algodão na Inglaterra do século XVIII, Hobsbawm (2000, p. 64-65) considera:
>
> Em termos gerais, nos decênios pós-napoleônicos, cerca de metade do valor do total das exportações britânicas compunha-se de artigos de algodão, e quando estas chegaram ao auge (meados da década de 1830), o algodão cru perfazia 20% do total das importações líquidas. Num sentido real, o balanço de pagamentos da Grã-Bretanha dependia do comportamento dessa única atividade, como também dependiam de navegação e do comércio ultramarino em geral.

Certamente, a estrutura fabril foi o grande marco para a consolidação da Revolução Industrial. Essa reviravolta não se deve somente à estrutura física e arquitetônica que a fábrica propôs, possibilitando o acúmulo de muitos trabalhadores em um mesmo ambiente. Essa estrutura ultrapassou suas próprias paredes, alterando a conformação das cidades, haja vista que, no arranjo de trabalho anterior ao fabril, o espaço de trabalho e o provado se imiscuíam. Como se não bastassem essas mudanças estruturais no mundo do trabalho, o ambiente fabril também modificou as relações trabalhistas gerando uma estrutura hierárquica totalmente diferenciada.

2.4.2 DISCIPLINA FABRIL E DIVISÃO DO TRABALHO

A disciplina fabril também foi um ponto essencial para a concretização da Revolução Industrial: no mundo agrário, os tempos e os ritmos eram ditados pela natureza e pelo próprio trabalhador, que decidia suas prioridades de acordo com suas demandas de sobrevivência, tempo de descanso e lazer, entre outras. Essa dinâmica, na realidade, já foi modificada pela lógica do mercado na figura do intermediário na manufatura: o tempo de trabalho já não era mais fator de decisão do trabalhador, mas sim de seu empregador (Gorz, 1980; Landes, 1994).

O processo de manufatura também é um dos pilares da dinâmica industrial e do sistema capitalista: de acordo com Braverman (1981), a divisão do trabalho industrial enfatiza o processo de trabalho propriamente dito, com vistas a uma maior eficiência e, portanto, um maior lucro. Logo, a relação entre reprodução do capital e maximização de ganho econômico é inequívoca.

PENSE A RESPEITO

A maximização do lucro ocorre especificamente pelo controle do trabalhador como principal premissa de obtenção de eficiência no processo produtivo. Por isso, a função gerencial emergiu na Revolução Industrial por ter um papel fundamental na articulação desse sistema de fragmentação do trabalho. Contudo, também é essa premissa que produz a tensão na relação entre o capitalista e o trabalhador: se na perspectiva do capitalista a fragmentação do processo produtivo promove maior produtividade, na perspectiva do trabalhador reduz a autonomia (Gorz, 1980). Assim sendo, sob a égide da divisão interna de tarefas que é processada no modelo fabril de produção, a própria lógica de dominação social do processo de trabalho se insere em um novo patamar. Como afirma Braverman (1981, p. 72): "A divisão social do trabalho divide a sociedade entre ocupações, cada qual apropriada a certo ramo de produção; a divisão pormenorizada do trabalho destrói ocupações consideradas neste sentido, e torna o trabalhador inapto a acompanhar qualquer processo de produção".

Dessa maneira, o trabalho profissional de gerência se associa historicamente ao controle do processo de produção capitalista. No que se refere a isso, Marx inscreveu a figura do **trabalhador coletivo**, imerso em um ambiente cujo objetivo é a melhoria da produtividade, que, por sua vez, leva à alienação do trabalho:

> O mecanismo específico do período manufatureiro é o trabalhador coletivo, constituído de muitos trabalhadores parciais. As diferentes operações executadas sucessivamente pelo produtor de uma mercadoria e que se entrelaçam no conjunto de seu processo de trabalho apresentam-lhe exigências diversas. Numa, tem ele de desenvolver mais força; noutra, mais destreza; numa terceira, atenção mais concentrada etc.; e o mesmo indivíduo não possui, no mesmo grau, essas qualidades. Depois de separar, tornar independentes e isolar essas diversas operações, são os trabalhadores separados, classificados e grupados [sic] segundo suas qualidades dominantes. Se suas peculiaridades naturais constituem a base em que se implanta a divisão do trabalho, desenvolve a manufatura, uma vez introduzida, forças de trabalho que, por natureza, só são aptas para funções especiais, limitadas. O trabalhador coletivo passa a possuir, então, todas as qualidades produtivas no mesmo grau elevado de virtuosidade e as despende ao mesmo tempo, da maneira mais econômica, individualizando todos os seus órgãos em trabalhadores especiais ou em grupos de trabalho aplicados exclusivamente em suas funções específicas. (Marx, 2002, p. 403-404, v. 1)

No conceito de Marx de trabalhador coletivo, fica clara a necessidade de uma nova função no processo de trabalho: **a coordenação entre as diferentes partes isoladas**, garantindo o sincronismo entre as tarefas específicas e mantendo o fluxo do trabalho. É nesse aspecto que a gerência emergiu como uma função essencial para a indústria capitalista, que, além de viabilizar a precisão mecânica do complexo sistema fabril, permitiu que o capitalista obtivesse um ganho extra, fundamentado em uma perda que o trabalhador sofreu com o advento do sistema capitalista industrial: uma importante fonte de poder de barganha denominada *autonomia no ato de* *produzir*. Essa privação fez surgirem novas formas de confronto entre trabalhadores e elites, entre as quais se destacam os movimentos sindicais e as greves (Gorz, 1980).

O impacto econômico da divisão de trabalho no sistema produtivo capitalista foi reconhecido pelo economista Charles Babage, o primeiro que percebeu que a fragmentação do processo de trabalho baseada na especialização do trabalhador permite remunerar a força de trabalho de maneira mais racional, pagando pouco a muitos trabalhadores que executam tarefas simples e muito a um número reduzido de trabalhadores que se dedicam a tarefas mais complexas. Sobre esse aspecto, Braverman (1981, p. 79) comenta:

> O princípio de Babage é fundamental para a evolução da divisão do trabalho na sociedade capitalista. Ele exprime não um aspecto técnico da divisão do trabalho, mas seu aspecto social. Tanto quanto o trabalho pode ser dissociado, pode ser separado em elementos, alguns dos quais são mais simples que outros e cada qual mais simples que o todo. Traduzido em termos de mercado, isto significa que a força de trabalho capaz de executar o processo pode ser comprada mais barato como elementos dissociados do que como capacidade integrada num só trabalhador.

Encaminhando o processo histórico descrito neste capítulo, inferimos que a industrialização foi um evento que teve repercussões tecnológicas e trabalhistas que mudaram o Ocidente definitivamente. No escopo pretendido para esta obra, convém ressaltarmos que a dinâmica da fábrica é imprescindível para a compreensão dos fundamentos do *management*.

SÍNTESE

De forma simplificada, a relação entre a administração, o capitalismo e a industrialização se explica da seguinte maneira:

- a demanda por autorreprodução característica do capitalismo fez os processos de produção e seus recursos de manutenção serem aprimorados com o passar dos séculos; essa forma de controle incide diretamente sobre a produção de bens e é condicionada diretamente pelos interesses dos detentores de capital;
- a nova lógica advinda desse processo deu origem à industrialização, cujas reverberações econômicas, culturais e política são eminentemente negativas;
- essa nova forma de produzir tem na figura do administrador especializado e profissional o condutor de toda a dinâmica industrial.

Todavia, devemos ter cuidado com o suposto caráter sequencial desses processos. Giddens (1991) nos lembra do perigo das diversas tradições sociológicas de interpretarem a Modernidade em linhas diferentes, com base nas leituras dos três autores clássicos (Durkheim, Weber e Marx). Assim, tendo em conta ser a modernidade "multidimensional no âmbito das instituições" (Giddens, 1991, p. 21), não devemos compreender a constituição histórica desses processos de forma causal e linear; a relação entre eles é complexa e recorrente, e a análise separada dos processos deve ser tomada apenas para fins didáticos.

EXERCÍCIOS RESOLVIDOS

1. O que deve ser entendido pela denominação administração moderna?

   Trata-se dos fundamentos, modelos e técnicas que compõem o pensamento administrativo ora vigente. É o corpo teórico de conceitos e princípios em torno do qual a prática profissional do administrador se apoia, tendo como objetivo promover a eficiência produtiva.

2. A administração existia na Antiguidade? Em que civilizações?

   De fato, as primeiras produções escritas da área administrativa datam da Antiguidade, e deitam suas origens principalmente nas civilizações mesopotâmica, judaica, grega e romana.

3. O que é capitalismo? Como este se desenvolveu historicamente?

   De maneira geral, o capitalismo é um sistema social, econômico e político cuja característica principal são os modos de produção e de transação econômica. Por outro lado, é também uma instituição que organiza as relações políticas e sociais. O capitalismo também pode ser entendido como um modo de produção específico, dimensionado tanto em um patamar técnico – um sistema de produção voltado para o mercado, no qual a produção da mercadoria é o principal resultado – quanto em sua dimensão social, em que, por meio da concentração de propriedade em pequenos grupos, nasceu uma classe social de não possuidores de bens de produção, que se obrigaram a comercializar sua força de trabalho. Desenvolveu-se a partir do momento em que os setores produtivos passaram a ser subordinados a uma nova ordem econômica, centrada no interesse de remuneração de um ativo, denominado *capital* (Giddens, 2000; Dobb, 1980). Essa subordinação se deu especialmente pela perda do controle da produção sofrida pelo produtor direto.

4. O que foi a Revolução Industrial?

   Evento histórico que demarcou a ruptura com o sistema produtivo típico da sociedade agrícola. Ocorrido na Inglaterra entre 1850 e 1870 (Hobsbawm, 2000). O trabalho agrícola cedeu lugar ao trabalho industrial, fenômeno que criou bases para todas as condições necessárias para o desenvolvimento e o fortalecimento do sistema capitalista. Evento possibilitado pelas inovações e criações tecnológicas destinadas à produção de artigos manufaturados (atividade cujo maior suporte veio da implementação de máquinas), pelas novas possibilidades de obtenção de energia (como o vapor) e por uma atividade extrativista que vinha se tornando cada vez mais eficiente (o qual evoluiu em paralelo com melhorias em trabalhos metalúrgicos e na indústria química), conforme cita Landes (1994).

5. Qual a relação entre o capitalismo industrial, a divisão do trabalho e o controle gerencial?

   A divisão do trabalho industrial enfatiza o processo de trabalho propriamente dito, com vistas a uma maior eficiência e, portanto, um maior lucro. Logo, a relação entre reprodução do capital e maximização de ganho econômico é inequívoca. Tendo-se a maximização do lucro especificamente pelo controle do trabalhador como principal premissa de obtenção de eficiência no processo produtivo, a função gerencial emergiu na Revolução Industrial por ter um papel fundamental na articulação desse sistema de fragmentação do trabalho.

QUESTÕES PARA DISCUSSÃO EM GRUPO

1. Considerando a análise histórica apresentada no capítulo sobre a constituição da era moderna a partir dos processos

de emergência do capitalismo e da Revolução Industrial, avalie a importância da administração na construção da sociedade contemporânea.

2. Que tipo de crítica social pode ser feita as práticas administrativas atuais quando se colocam tais práticas sob a perspectiva histórica? Discuta em seu grupo aspectos que sustentem tal crítica.

PARTE

2

EMERGÊNCIA DO PENSAMENTO ADMINISTRATIVO:

ABORDAGEM DA EFICIÊNCIA

3

INSTITUCIONALIZAÇÃO DO *MANAGEMENT*[1]

---

1 Trechos deste capítulo foram elaborados com base em Vizeu (2010a) e Vizeu (2008).

CONTEÚDOS DO CAPÍTULO:

- Conceito de *management* como instituição moderna.
- Movimento do *works management*.
- Teoria da grande empresa.

APÓS O ESTUDO DESTE CAPÍTULO, VOCÊ SERÁ CAPAZ DE:

1. identificar o contexto de constituição de um sistema produtivo mais complexo engendrado pelo surgimento de grandes organizações industriais na transição do século XIX para o XX nos Estados Unidos como o berço do management;
2. relacionar a aprimoramento das formas de *management* ao capitalismo financeiro e à criação de grandes indústrias norte-americanas;
3. avaliar se o *management* é uma forma de controle social capitalista que incide especialmente sobre as relações de trabalho;
4. relatar o surgimento da figura do administrador profissional assalariado.

Talvez, ao ler o título deste capítulo, você tenha algum estranhamento perante o fato de, em um livro editado em português, utilizarmos um termo em inglês para designar nosso objeto de análise: *management*. Fazemos essa escolha porque se deve ao fato de que as palavras em determinada língua apresentam um sentido que nem sempre pode ser traduzido para termos equivalentes em outro idioma. Assim, entendemos que aquilo que chamamos de *administração moderna*, ou *pensamento administrativo moderno*, pode ser expresso mais acentuadamente pelo vocábulo inglês **management**.

Se perguntarmos para qualquer pessoa no mundo lusófono o que é *administração*, provavelmente obteremos várias respostas – elas irão expressar múltiplos sentidos, às vezes relacionados ao uso de princípios ou práticas de atividades cotidianas. Entretanto, se perguntarmos o que é *management*, o sentido será mais ou menos convergente: atribuído às atividades de direção e controle de empresas, de produção econômica, e de prática profissional de pessoas que exercem funções de comando nessas organizações. Portanto, provavelmente a associação será a um campo de conhecimento específico, desenvolvido a partir da segunda metade do século XIX, endereçado às organizações produtivas modernas.

Por isso, preferimos nos referir ao pensamento administrativo moderno e à prática profissional a ele associada como *management*, de modo a ressaltar seu sentido como devidamente delimitado pelos processos históricos do capitalismo, da industrialização e da racionalização do mundo.

3.1 *MANAGEMENT* COMO INSTITUIÇÃO MODERNA

Dizer que o *management* é uma instituição que foi constituída historicamente com o capitalismo industrial no Ocidente não revela muito sobre o momento exato de sua emergência. Apesar de ser correto considerar os princípios do pensamento administrativo moderno surgiram gradativamente e ao longo do desenvolvimento do modo capitalista de produção industrial, alguns historiadores especializados entendem que o marco histórico de nascimento dessa instituição é o momento em que a gestão do processo industrial se torna sistemática e determinada por uma estrutura social específica. Essa estrutura pode ser ilustrada pela Figura 3.1

FIGURA 3.1 – ESTRUTURA INSTITUCIONAL DO *MANAGEMENT*

Assim, muitos foram os fatores que se estabeleceram para a criação do *management*:

- o surgimento de escolas profissionalizantes;
- a emergência de associações e institutos para difusão de conhecimento e fortalecimento desses profissionais;
- o desenvolvimento de pesquisas e atividades acadêmica exclusivas;
- o aparecimento do setor de consultorias.

Esses são os pontos que representam o que chamamos *sistematização do management*, processo que ocorreu na virada do século XIX para o século XX. Assim sendo, o termo refere-se a uma instituição que existe há cerca de 150 anos.

O *management* também pode ser tratado como uma doutrina profissionalizante caracterizada por estágios desarticulados e desenvolvidos por diferentes segmentos de profissionais de nichos distintos, que estabeleceram um arranjo coeso em momentos diferentes. Tal doutrina se diferenciava do conhecimento puramente empírico da gestão – ou seja, aquele saber prático desenvolvido pela experiência e pelo método "tentativa e erro" – justamente porque representava um saber com alguma elaboração teórica (mesmo que nem sempre fundamentada por conhecimento de base científica).

Jenks (1960) distingue três estágios da transformação do conhecimento gerencial fundamentado na prática para um saber mais sistematizado:

1. Inicialmente, a resolução de demandas organizacionais era efetuada pelos próprios gestores de determinado processo. Esses profissionais já eram imbuídos de uma postura racional e uma tentativa de consolidação de padrões.
2. Na sequência, as demandas organizacionais eram alvo de experimentações práticas, bem como de estudos teóricos. Entretanto, essa dinâmica ainda ocorria estritamente nas organizações onde os problemas ocorriam.
3. O último estágio diz respeito a uma gestão já sistematizada. Em outras palavras, trata-se de um estágio em que certos procedimentos administrativos já contavam com um repertório de referências de procedimentos realizados por outras empresas. Esse cabedal de processos saiu das empresas para dar origem a um âmbito institucional.

A despeito de a Inglaterra ter sido o berço da Revolução Industrial, foram os Estados Unidos os responsáveis por inserir a gestão em um sistema empírico e racional no âmbito da indústria. (Hobsbawm, 2000). Essa sistematização surgiu de uma demanda americana por trabalhadores qualificados para atuar no âmbito industrial no contexto posterior à

Guerra da Secessão (Jacques, 1996). Essa dinâmica também foi executada por engenheiros participantes de um movimento denominado works management (gerenciamento de trabalho). No contexto europeu, foi só em 1900 que a administração foi revestida de uma sistematização mais consolidada (Jenks, 1960; Mckinlay; Zeitlin, 1989).

Todavia, os pilares do movimento do *works management* se estabeleceram ainda em decorrência da atividade fabril manchesteriana, a partir dos primeiros esforços para a formação de um saber específico sobre a organização e controle do trabalho nas fábricas. Assim sendo, o conhecimento do *management* começou a ser esboçado ainda na Inglaterra do século XVIII, dentro das escolas de formação técnica – as chamadas *escolas politécnicas*. Estas surgiram sob o patrocínio dos industriais para formar pessoas aptas a resolver os problemas práticos da organização do trabalho em chão de fábrica. Na verdade, as engenharias, tais como as conhecemos hoje, surgiram desse esforço. Por esse motivo, entendemos que o *management* é um desdobramento de uma ação encabeçada por engenheiros.

3.2 ENGENHEIROS E A CONSTITUIÇÃO DO MOVIMENTO DO *WORKS MANAGEMENT*

De acordo com Pollard (1965), a função de gerência moderna surgiu com a Revolução Industrial. Isso porque, no momento em que o controle dos trabalhadores envolvidos nas atividades fabris se torna mais difícil em razão do maior número de pessoas e da complexidade do maquinário utilizado, a supervisão direta e informal não era mais suficiente.

Uma forma encontrada para garantir o controle foi desenvolver um conjunto de técnicas e princípios novos para a organização do trabalho fabril. Um desses princípios é a amplitude do comando, ideia de limitar o número de subordinados por supervisor e criar níveis de supervisão (a supervisão da supervisão). Em consequência dessa escolha, foi necessário desenvolver um processo de comunicação eficiente para o controle da produção. Por esse motivo, esses supervisores deveriam ter competências mínimas para exercer seus cargos. Em outras palavras, eles deveriam ser minimamente versados no uso mais formal da língua nativa (inglês) e em operações matemáticas para atender esse fluxo de comunicação e controle. Pollard (1965) lembra que as competências citadas, além de um conhecimento básico de contabilidade, tornaram-se requisitos para os supervisores de produção.

É por isso que, com o advento do sistema fabril, a função de controle do trabalho foi deixando de se configurar exclusivamente pela mera supervisão (figura do capataz) para gradualmente delinear-se como uma atividade mais sofisticada, que exige uma série de habilidades complementares. No início, essa atividade se desenvolveu de forma prática, à medida que os problemas de controle e da operacionalização do sistema fabril foram induzindo ao desenvolvimento de novas atividades.

Assim, na Revolução Industrial que aconteceu em Manchester, a função de supervisão do trabalho nas fábricas incorporou atribuições que surgiram para resolver problemas práticos de coordenação dos problemas operacionais. Pollard (1965) considera que a administração fabril nessas indústrias estava restritamente focada na alocação eficiente de recursos internos para o processo manufatureiro, processo que era determinado pelo empreendedor ou empreiteiro, cabendo a este último a responsabilidade pela gestão geral do empreendimento. Tendo em conta que os problemas de gestão e organização empiricamente tratados se confundiam com as exigências técnicas específicas ao tipo de manufatura a que a indústria se dedicava, era natural que o profissional que se responsabilizasse por essa nova atribuição (organização e coordenação do processo de trabalho) fosse responsável também pelo desenvolvimento do novo aparato tecnológico da empresa: o **engenheiro**.

O estudo de Pollard (1965) sobre a Revolução Industrial inglesa revela que os primeiros esforços de sistematização de um conhecimento sobre a gestão eficiente do processo de trabalho na empresa moderna surgiram nas escolas profissionais da Inglaterra do século XVIII, nos currículos da formação técnica específica a cada campo de atuação. Por exemplo: o autor aponta que o currículo do curso de Engenharia de Metais contemplava a matéria de organização da oficina mecânica; o curso de Engenharia Civil continha a disciplina, organização do trabalho no canteiro de obras etc.

A origem das escolas politécnicas também deita raízes na Revolução Industrial, tendo em conta que o ensino profissional na Inglaterra do século XVIII se ampliou drasticamente com a explosão econômica gerada pelos centros industriais e pela mercantilização do ensino: principalmente voltadas para a classe média e trabalhadora, as escolas profissionais eram financiadas pelos capitães da indústria inglesa. Além disso, essas instituições eram exploradas como um novo empreendimento capitalista, haja vista o potencial econômico desse novo nicho de consumo, ou seja, a procura das classes menos privilegiadas pelo ensino profissionalizante, visado como uma oportunidade de ascensão social (Pollard, 1965).

Contudo, foi apenas nos Estados Unidos, já quase no século XX, graças à Segunda Revolução Industrial (Landes, 1994), que a organização do trabalho se tornou um assunto de relevo. Após a Guerra da Secessão, profissionais da área de engenharia se reuniram para tratar do tema, que se tornava a tônica da dinâmica econômica americana, que passava por um período de desenvolvimento industrial sem precedentes, que demandava grande contingente de mão de obra qualificada (Jacques, 1996; Jenks, 1960).

> **O QUE FOI A SEGUNDA REVOLUÇÃO INDUSTRIAL?**
> Período em que o mundo testemunhou o aperfeiçoamento de equipamentos e processos produtivos e viu aparecerem inovações como produção de motores movidos a petróleo, uso da eletricidade como nova fonte de energia e produção do aço (Landes, 1994; Chandler, 1977).

A questão do labor surgiu dessa dinâmica desarmônica entre capital e trabalho (Jacques, 1996). Esse tema se tornou motivo de discussões acaloradas em associações profissionais de engenheiros estadunidenses.

O desenvolvimento tecnológico anteriormente descrito criou condições para que não só engenheiros, mas também suas associações profissionais ganhassem notável projeção como grupos em que a interação e a sistematização disciplinar eram facilitadas. Essas entidades possibilitaram discussões não só sobre a tecnologia emergente da época, como também debates a respeito de problemas de ordem gerencial relacionados a recursos e processos que surgiram com o implemento que a indústria do período vinha experimentando (Landes, 1994). Os temas mais ventilados nessas ocasiões diziam respeito ao operariado, aos insumos, à formação de profissionais e ao gerenciamento da logística (Jenks, 1960).

Como afirmamos anteriormente, foi nos Estados Unidos do final do século XIX que essas associações de engenheiros se tornaram o berço da sistematização do *management*. Esse evento ocorreu graças a um processo interessante de difusão e debate sobre o conhecimento técnico de organização do trabalho fabril e industrial denominado *works management*. Esse movimento começou quando as associações profissionais de engenharia passaram a ser patrocinadas por empreendedores de jornais especializados, que viam nessa medida uma importante oportunidade de negócio, tendo em vista os ganhos com uma publicidade direcionada. Sobre o interesse por esse público, Jenks (1960) informa que a publicidade direcionada aos engenheiros dos setores industriais era referente a produtos nos quais a opinião dos profissionais era relevante para a compra, tais como maquinário e outros equipamentos da manufatura.

De acordo com Jenks (1960), além de oferecerem patrocínio, os periódicos anteriormente citados também foram importantes repositórios de debates sobre o gerenciamento de oficinas. Sobre alguns desses veículos, Jenks (1960, p. 431) comenta:

> O primeiro entre outros a se tornar um veículo para a discussão foi o *American Machinist* (Nova York), um jornal semanal com um correspondente internacional, que, sob o comando de John A. Hill se tornou um dos mais destacados jornais comerciais no país. Um de seus editores, F. A. Halsey, inventou um amplo plano de incentivo. O jornal era um fórum ativo de calorosa controvérsia sobre sistemas de salários e matérias relacionadas, mas também se dava considerável atenção a outras mudanças nas oficinas mecânicas. O principal jornal britânico semanal *Engineering*, publicou longas séries de artigos sobre salários e sistemas de custo de forma tão competente quanto os simpósios sobre os métodos americanos de trabalho em oficinas.

Jenks (1960) elenca vários periódicos que difundiram conceitos do *works management*. O periódico de maior projeção nas discussões administrativas da época foi o jornal da Associação Americana dos Engenheiros Mecânicos (American Society of Mechanical Engineers – Asme) intitulado *Transations*. O periódico teve a participação de grandes expoentes do *works management*, como Henry Gantt e Frederick Taylor. Em 1890, este último entrou em discussões relacionadas à gestão de oficinas, tais como a remuneração dos operários (Wrege; Greenwood, 1991). As discussões desse grupo em particular fizeram nascer a ideia de que o saber sobre a organização e a gestão da empresa fabril deveria corresponder a um campo exclusivo de formação, denominado *Engenharia Industrial*. Esse tópico será tratado no capítulo seguinte.

Podemos inferir, portanto, que o taylorismo ganhou força justamente porque a dinâmica industrial da época conferiu ao gerente um papel de destaque. Em um cenário hierárquico em que já tinha maior projeção que outros trabalhadores, como o advento do *management*, o abismo entre gestor e operários foi se tornando cada vez maior (Chandler, 1990). Esse aprofundamento de diferenças foi motivado pelo crescente tecnicismo da função administrativa e do poder inerente a essa função. Alfred Chandler explica esse processo em sua teoria da grande empresa.

3.3 TEORIA HISTÓRICA DA GRANDE EMPRESA

A teoria histórica da grande empresa foi cunhada por Alfred Dupont Chandler Jr., um importante historiador norte-americano que se dedicou a um conjunto de investigações que permitiram o entendimento sobre a emergência de dois fundamentais elementos do *management*, as grandes empresas multiunitárias e burocratizadas e a classe de administradores profissionais assalariados que gerenciavam tais organizações. Chandler trabalhou no Centro de Pesquisa em História Empresarial, fundado em Harvard na década de 1950 por Arthur Cole e Joseph Schumpeter, e foi nessa instituição que o pesquisador desenvolveu sua teoria sobre a institucionalização do *management*.

CURIOSIDADE SOBRE ALFRED CHANDLER JR. (1918-2007)

Uma grande confusão que se faz a respeito do sobrenome "Dupont" de Chandler é sobre o suposto vínculo desse historiador com a família fundadora do grande grupo empresarial que leva o mesmo nome (que foi objeto de estudo do autor [Chandler, 1962]). De acordo com McCraw (1998), Chandler não tinha nenhum laço consanguíneo com a família da conhecida indústria química; a coincidência se deve ao fato de a bisavó de Chandler ter sido acolhida pela família Dupont e ter homenageado seu benfeitor dando o nome dele a seu filho, um costume que se manteve até a terceira geração.

De acordo com McCraw (1998), Chandler foi inovador por romper com uma tradição historiográfica fundamentada em monografias focadas em aspectos particulares dos fenômenos administrativos e de indivíduos envolvidos, transitando para uma abordagem histórica alinhada com Parsons e Weber, estudiosos concentrados em grandes eventos históricos. Chandler publicou uma obra que tratou das realizações de um de seus antepassados na criação da malha ferroviária americana no século XIX:

> Esse primeiro livro, que à primeira vista parecia uma simples biografia de Henry Varnum Poor, era na verdade uma obra de "vida e época" no melhor sentido, dando ênfase à época. É nada menos que uma história comparada das grandes empresas ferroviárias norte-americanas em seus primórdios ou ainda, se quisermos, uma história da evolução das finanças e da administração empresariais, que, nos Estados Unidos, teve início com as ferrovias. (McCraw, 1998, p. 15)

Ao se utilizar desse recorte, Chandler alinhou-se à renovação histórica de sua época, conferindo às suas pesquisas historiográficas empresariais uma abordagem analítica fundamentada nas ciências sociais aliada ao rigor dos estudos historiográficos, no que diz respeito à metodologia e ao apego aos fatos. Justamente por esse motivo, a importância de Chandler pode ser medida pelo fato de que a influência da sua obra na história empresarial extrapolou as fronteiras dos Estados Unidos, chegando mesmo a atingir outros campos de estudo, tais como a administração e a economia.

A OBRA DE CHANDLER NA ÁREA DE NEGÓCIOS

A administração foi marcada especialmente pelo livro de Chandler sobre a trajetória gerencial de quatro grandes companhias norte-americanas (General Motors, Dupont, Jersey Standard e Sears). Em seu livro, o historiador propõe que a estrutura multidivisionada dessas corporações foi constituída pelas grandes mudanças estratégicas da gerência de cúpula (Chandler, 1962). Esse texto influenciou o nascimento do campo da estratégia empresarial, que foi lançado em Harvard pelo grupo de professores da disciplina Política de Negócios. Na economia, o subcampo que sofreu influência direta da obra de Chandler foi o da organização industrial, no qual foi cunhada a teoria de custos de transação.

Chandler esboçou seu arcabouço teórico graças a registros de trabalho de seu avô, Henry Varnum Poor, referentes ao desenvolvimento do setor ferroviário estadunidense e as repercussões desse empreendimento na criação de grandes empresas multiunitárias no século XIX.

FIGURA 3.4 – PRIMEIRA FERROVIA TRANSNACIONAL DOS EUA

HENRY VARNUM POOR

Henry Varnum Poor se envolveu na criação da malha ferroviária estadunidense, realizando trabalhos relacionados a investimentos nesse ramo. Além de ter sido editor do *American Railroad Journal*, Henry Poor elaborou um texto acadêmico sobre as ferrovias norte-americanas. Suas produções textuais representam hoje um grande cabedal teórico do setor.

3.3.1 INTEGRAÇÃO VERTICAL E ASCENSÃO DA GRANDE EMPRESA MULTIUNITÁRIA

De acordo com Chandler (1998), as grandes corporações e estruturas empresarias de grande projeção nos Estados Unidos no século XIX tiveram origem em cinco acontecimentos históricos correlacionados:

1. O deslocamento populacional estadunidense para o oeste.
2. A construção da malha ferroviária nacional.
3. O surgimento de um grupo de consumidores nacional de maior volume.
4. A criação de formas de produção, especialmente fundamentadas nas fontes de energia emergentes à época (eletricidade e petróleo).
5. A consolidação das iniciativas de pesquisa e desenvolvimento no contexto produtivo.

Após o oeste americano receber um enorme contingente de pessoas por volta de 1815, viu-se a necessidade de um recrudescimento da malha ferroviária estadunidense, haja vista ser um modal eficiente para o transporte de pessoas e produtos. Por ser um país eminentemente agrícola até meados do século XIX, "a construção das ferrovias norte-americanas foi impulsionada quase inteiramente pela necessidade de transportar melhor as colheitas, abastecer os agricultores e abrir novas áreas à agricultura comercial" (Chandler, 1998, p. 39). O maior fluxo de pessoas e bens agrícolas proporcionou uma rápida urbanização em regiões que se tornaram centros comerciais e onde surgiram importantes indústrias para o beneficiamento dos produtos agrícolas.

Num ciclo virtuoso, o desenvolvimento da malha ferroviária nos Estados Unidos aumentou a demanda por bens de consumo e, assim, estimulou indústrias relacionadas à produção de maquinário e extração de ferro. Esse incremento na produção beneficiou as indústrias, entre elas a têxtil e a alimentícia, pois adquiriram maquinário produzido em solo americano. Para Chandler, foi o setor ferroviário o berço no qual foi gestada a gestão empresarial burocrática, haja vista que os primeiros conglomerados advieram das estradas de ferro. Como informa o autor:

> As estradas de ferro tiveram que ser inovadoras em vários aspectos da moderna administração de empresas. [...]. Os administradores das estradas de ferro viram-se forçados a desenvolver os métodos básicos de comunicação e controle indispensáveis ao funcionamento da moderna empresa comercial. Eles foram inovadores não por serem necessariamente mais perspicazes, dinâmicos ou criativos do que outros empresários contemporâneos, mas por terem sido os primeiros a enfrentar o desafio de lidar eficientemente com uma grande quantidade de recursos humanos, financeiros e materiais numa única empresa comercial. (Chandler, 1998, p. 143)

A complexidade da gerência das linhas férreas invadiu as indústrias de bens de consumo. Entre os exemplos citados por Chandler constam o da Swift, que percebeu a possibilidade de explorar a crescente produção de carne no oeste e a grande demanda do produto no leste. Por ser uma empresa de abrangência nacional, a organização teve de departamentalizar, centralizar e verticalizar seu arranjo organizacional. O modelo da Swift funcionou tão bem que seus concorrentes tiveram de copiar a organização. Essa reprodução gerou um grande monopólio frigorífico no país.

Chandler (1977) considera ainda ter sido a **integração vertical** um movimento característico em diversas outras indústrias de bens de consumo de base agrícola, tais como a de tabaco, farinha e frutas, mas também nas de bens de consumo duráveis. Esse fenômeno também ocorreu nas nascentes indústrias de bens de produção, porém a partir da década de 1890, tendo-se em conta que, antes desse período, o grande consumidor desses produtos era o setor ferroviário. Quando o capital direcionado às ferrovias foi interrompido, a indústria metalmecânica teve de mudar seu nicho de atuação para a construção civil e para as empresas produtoras de bens de consumo duráveis.

Assim sendo, a evolução da indústria americana não só trouxe em seu bojo a integração vertical, mas também foi responsável pelo incremento dos portfólios de produtos das empresas. Essa transformação empresarial motivou as organizações a procurarem nichos diferenciados, bem como foi acompanhada de um desenvolvimento do setor logístico (distribuição) das empresas. Essa dinâmica possibilitou que as indústrias passassem de um sistema de produção de um item só para a produção de "linhas completas" (Chandler, 1977). Essa realidade se consolidou graças ao surgimento do setor de Pesquisa e Desenvolvimento (P&D) nas organizações.

As indústrias com viés científico (eminentemente nas linhas física e química) foram as primeiras a direcionarem seus investimentos ao setor de P&D – fabricantes de maquinários de grande porte, empresas ligadas à siderurgia, entre outras. A aplicação de capital no setor de desenvolvimento tecnológico só aumentou com o decorrer dos anos, principalmente com o advento de novas fontes de energia e força motriz, fato que fez a produtividade alcançar níveis nunca antes sonhados. A criação do setor de P&D também demandou um novo arranjo das divisões produtivas. Dessa nova estruturação organizacional surgiu a figura do **administrador profissional assalariado**.

3.3.2 EMERGÊNCIA DO ADMINISTRADOR PROFISSIONAL ASSALARIADO

Além da grande empresa multiunitária, Chandler (1977) aponta que o crescimento da indústria estadunidense também testemunhou o nascimento da função de administrador assalariado, que poderia tanto gerenciar setores específicos quanto dirigir a empresa como um todo. A influência do profissionalismo desses gestores foi tão grande no século XX que, de acordo com Chandler (1977), a repercussão de sua existência deu origem ao capitalismo gerencial:

> Em muitos setores da economia, a mão invisível da gerência substituiu o que Adam Smith chamou de a mão invisível das forças de mercado. O mercado continuou a ser o gerador da demanda de bens e serviços, mas a moderna empresa de negócios assumiu as funções de coordenar os fluxos de bens por meio dos processos existentes de produção e distribuição, e de alocar fundos e pessoal para a futura produção e distribuição. Tendo a moderna empresa de negócios assumido funções até então exercidas pelo mercado, ela se tornou a mais poderosa instituição na economia norte-americana, e seus administradores, o grupo de decisores mais influente nesta área. (Chandler, 1977, p. 1)

Assim, em razão de os processos de integração vertical ocorrerem em vários setores industriais, surgiu a necessidade de maior coordenação entre as atividades produtivas básicas (produção ou compra de matéria-prima, manufatura, distribuição e comercialização). Além disso, o nicho dos bens industrializados adquiriu maior variedade – pois os espaços urbanos passaram a demandar maior quantidade de bens de consumo, ao passo que as fábricas precisavam de bens semiacabados –, evento que fez os setores de logística e vendas ganharem maior preponderância.

Gestores foram contratados especificamente para lidar com essa nova dinâmica. Esses profissionais contavam com formação adequada para lidar com parâmetros estatísticos e contábeis mais rigorosos de produção, bem como para utilizar métodos produtivos inovadores e fundamentos da área de gestão que surgiram graças a novas abordagens administrativas emanadas dos movimentos de que anteriormente tratamos. Esse novo arranjo de setores de gestão especializados, a despeito de contar com grande contingente de profissionais e do capital necessário para mantê-los, superava em muito os esquemas logísticos associados à representação comercial, pois podiam lidar de forma eficiente com produção e comercialização em grande escala.

Nesse novo modelo integrado de gestão da distribuição e comercialização, que também se estabelece na função de compra de insumos (Chandler, 1977), o cargo de gerência caracteriza-se por uma influência fundamental sobre toda a cadeia de produção. Essa autoridade sobre os processos tem sua chancela na burocracia, e, por sua vez, na natureza técnica da atividade de gestão, que é delimitada e orientada pelo racionalismo. Essa dinâmica deu origem a uma estrutura empresarial mecânica e integrada, na qual cada componente tem uma atribuição específica que faz o todo funcionar de maneira precisa e eficiente.

Vale ressaltarmos que o ambiente empresarial descrito, o da nova empresa multiunitária, viu duas figuras ganharem preponderância: a do gestor especializado de setores intermediários como compras, distribuição, logística, e a do gestor profissional assalariado dos níveis de direção da organização, detentor de um poder cada vez mais centralizado. Pelo fato de a gestão de alta cúpula pressupor atividades de coordenação, o direcionamento de capital para os setores da organização multidivisionada e o atendimento das demandas de investidores e acionistas, os empreendimentos capitalistas demandavam cada vez mais a especialização de gestores de alta hierarquia, cujas atribuições eram anteriormente efetuadas pelo dono da organização. Como indica Chandler (1977, p. 8-9):

Nestas novas burocracias, assim como em outras hierarquias administrativas que requeriam habilidades especializadas, a seleção e a promoção tornaram-se crescentemente baseadas no treinamento, na experiência e no desempenho, antes do que nas relações familiares e no dinheiro. Com a emergência da moderna empresa de negócios, o homem de negócios pela primeira vez pode conceber uma carreira vitalícia e envolvendo ascensão hierárquica. Em tais empresas, o treinamento gerencial tornou-se cada vez mais longo e mais formalizado. Os administradores que exerciam funções semelhantes em diferentes empresas geralmente tiveram o mesmo tipo de treinamento e estudado no mesmo tipo de escola. Eles liam o mesmo tipo de publicações especializadas e pertenciam às mesmas associações.

Para o estabelecimento desse novo quadro na administração de cúpula das empresas, o **mercado de ações** teve um papel importante. Especialmente quando a expansão da empresa passou a exigir uma grande soma de investimento externo – por exemplo, quando a expansão era horizontal e dependia de investimento em pesquisa e desenvolvimento de produtos e mercados – as instituições financeiras e os representantes dos grandes fundos da bolsa de valores passaram a ter maior ascendência na direção da empresa. Nesse sentido, Chandler (1977) informa que era comum que essas organizações do mercado financeiro indicassem administradores profissionais para que as representassem nos conselhos de diretoria das corporações. Por isso, a demanda pela aplicação constante de investimentos na produção fez a visão do empreendedor ser superada pelos conhecimentos técnico-administrativos dos gestores burocratas.

> **O QUE É O CAPITALISMO GERENCIAL?**
> Estrutura capitalista caracterizada por uma busca por lucros progressivos e pela manutenção das organizações, ao contrário do paradigma capitalista que o antecedeu, fundamentado em criações de empresas cuja duração era condicionada pelos ventos do mercado e pela composição de investidores, indicadores até hoje muito usados no mercado especulativo.

Convém enfatizarmos que o advento da empresa multiunitária e sua estrutura burocrática tem ligação inextricável com o surgimento de administradores profissionais assalariados (Chandler, 1977), tendo em conta que a "empresa multiunitária que não possua esse quadro de administradores continua sendo um pouco mais que uma associação de escritórios autônomos" (Chandler, 1977, p. 7).

Conforme observamos anteriormente, a teoria da grande empresa de Chandler (1962, 1977, 1990) se sustentou nos eventos históricos que caracterizaram o peculiar avanço da industrialização nos Estados Unidos. De fato, o avanço do processo de industrialização está diretamente relacionado à formação institucional do *management* pelo fato de essa instituição ter se constituído historicamente em virtude das exigências práticas da atividade industrial, seja com o advento da nova organização do processo produtivo em si (o modo fabril), seja pelos desejos individuais e coletivos advindos desse novo arranjo da economia. Convém enfatizarmos que a ciência administrativa contém um fator ideológico relacionado ao surgimento de um tipo de autoridade fundamentada tanto na demanda por controle do espaço fabril quanto na burocracia que passou a caracterizar o âmbito organizacional (Bendix, 1974). Trataremos da burocracia em um capítulo especialmente dedicado a esse modelo.

SÍNTESE

O surgimento das grandes organizações industriais no fim do século XIX e início do XX nos Estados Unidos trouxe consigo tanto um novo sistema produtivo, mais complexo e integrado, quanto uma nova forma de gerenciar o trabalho fabril e administrativo. Assim, o advento do *management* em terras estadunidenses se deveu ao fato de a dinâmica industrial dos Estados Unidos ter se tornado muito mais complexa à época, graças ao surgimento de corporações industriais enormes originados da concentração setorial das indústrias norte-americanas (Chandler, 1962, 1977, 1990; Bendix, 1974). Nesse sentido, a demanda pela burocratização na empresa industrial se explica pela variável *tamanho* (em escala produtiva e em escopo de mercado), na medida em que a lógica impessoal e hierarquizada da dominação racional-legal permite o controle social em grande amplitude (Chandler, 1990).

O *management* também trouxe consigo uma distinção entre a propriedade e a direção dos rumos das organizações capitalistas. As organizações de propriedade anônima cresceram em grande quantidade nessa época, graças ao capitalismo financeiro que emergiu no fim do século XIX. A gradual sofisticação do *management* como sistema de controle e maximização do ganho capitalista coincide com a aguda complexidade operacional alcançada nas organizações produtivas (que, como observado, teve importante ímpeto em razão do extensivo processo de integração vertical na indústria norte-americana). Esse conjunto de fatores e acontecimentos permitiram a rápida ascensão do administrador profissional assalariado como uma classe de elevado *status* naquela sociedade. É assim que, legitimado pelo interesse capitalista, o administrador profissional moderno se fortaleceu em um grupo social por assumir gradativamente o controle geral da empresa, antes exercido pelo empreendedor.

Este último aspecto destaca um importante ponto sobre a emergência histórica do *management*. Em nossa discussão, intentamos demonstrar que as forças que estabeleceram a ascensão da categoria dos administradores profissionais na sociedade contemporânea foram primeiramente condicionadas pelo interesse capitalista, já que, desde a Revolução Industrial inglesa, esse interesse foi o principal combustível do célere desenvolvimento dessa importante instituição da modernidade. Nesse sentido, dentro de contextos de intensa competitividade capitalista, cada vez mais se verifica a hegemonia do *management*, um campo que expande seu domínio nos mais diversos enclaves da vida cotidiana, mas que, à medida que se observa seu conteúdo teleológico, verifica-se que é vazio de conteúdo ético, pois, como observado pela análise da formação histórica desta instituição, a verdadeira ética do *management* é a capitalista.

É por essa razão que o *management* é interpretado críticos do fenômeno como mais uma forma do controle complexo do capitalismo, principalmente no que se refere às relações de trabalho (Braverman, 1981; Tragtenberg, 1989, 1992). Por outro lado, o advento dessa instituição também pode ser visto como um momento de grande transição dos processos gerenciais das indústrias, que, em virtude de um redesenho administrativo, criaram um elo entre sociedade e ganho econômico das organizações capitalistas.

EXERCÍCIOS RESOLVIDOS

1. Por que, para o autor, a palavra *management* expressa melhor o sentido histórico da administração moderna? O que significa dizer que o *management* é uma instituição?

A preferência se deve ao fato de que se referir ao pensamento administrativo moderno e à prática profissional a ele associada como *management* ressalta seu sentido como devidamente delimitado pelos processos históricos do capitalismo, da industrialização e da racionalização do mundo. O *management* trata-se de uma instituição pelo fato de que ela consiste na sistematização da gestão do processo industrial, que, por sua vez, é determinada por uma estrutura social específica. O *management* é visto como instituição em virtude das exigências práticas da atividade industrial, seja com o advento da nova organização do processo produtivo em si (o modo fabril), seja pelos desejos individuais e coletivos advindos desse novo arranjo da economia.

2. Em que consistiu o movimento do works management?

Com origem no fim do século XIX, trata-se de um processo de difusão e debate sobre o conhecimento técnico de organização do trabalho fabril e industrial. Esse movimento começou quando as associações profissionais de engenharia passaram a ser patrocinadas por empreendedores de jornais especializados, que viam nessa medida uma importante oportunidade de negócio, tendo em vista os ganhos com uma publicidade direcionada.

3. Quais os fundamentos da teoria da grande empresa, de Chandler?

- Integração vertical e ascensão da grande empresa multiunitária, advento que ocorreu no Estados Unidos e que teve origem nos seguintes processos:
- deslocamento populacional estadunidense para o oeste;
- construção da malha ferroviária nacional;
- surgimento de um grupo de consumidores nacional de maior volume;
- criação de formas de produção, especialmente fundamentadas nas fontes de energia emergentes à época (eletricidade e petróleo);
- consolidação das iniciativas de pesquisa e desenvolvimento no contexto produtivo.

Emergência do administrador profissional assalariado: em razão de os processos de integração vertical ocorrerem em vários setores industriais, surgiu a necessidade de maior coordenação entre as atividades produtivas básicas (produção ou compra de matéria-prima, manufatura, distribuição e comercialização). Esses profissionais contavam com formação adequada para lidar com parâmetros estatísticos e contábeis mais rigorosos de produção, bem como para utilizar métodos produtivos inovadores e fundamentos da área de gestão que surgiram graças a novas abordagens administrativas

QUESTÕES PARA DISCUSSÃO EM GRUPO

1. Até a atualidade, é comum vermos em empresas industriais engenheiros em cargos de gestão. Com base no aspecto histórico que esclarece a relação entre a engenharia e a administração, discuta com sua equipe se faz se esse fenômeno se justifica ou não.

4

A ADMINISTRAÇÃO CIENTÍFICA DE TAYLOR[1]

---

1 Trechos deste capítulo foram elaborados com base em Vizeu (2010a) e Vizeu (2008).

CONTEÚDOS DO CAPÍTULO:

- Contribuição de Frederick Wislow Taylor para o campo da administração.
- Taylorismo e suas influências pelo mundo.
- Administração científica de Taylor.

APÓS O ESTUDO DESTE CAPÍTULO, VOCÊ SERÁ CAPAZ DE:

1. relacionar o pensamento de Taylor à sistematização do espaço fabril e ao movimento works management;
2. especificar a contribuição do taylorismo para o campo empresarial e para o acadêmico;
3. reconhecer a importância do método taylorista ao inscrever nesse campo práticas e princípios que formaram um novo sistema de controle.

Nenhum autor é mais lembrado do que Frederick Taylor quando se trata de apresentar o início da administração moderna (Silva, 1960; Braverman, 1981; Wrege; Greenwood, 1991). Na verdade, afirmar que existiu um ponto específico de surgimento dessa disciplina é subestimar a história, que se constitui a partir de processos complexos e de longa duração. Conforme observamos nos capítulos anteriores, desde o início da primeira Revolução Industrial, é possível verificar um gradual processo de construção da administração moderna durante todo o século XIX, contando com a contribuição de diferentes pensadores e homens de empresa. Portanto, não é correto atestarmos que Taylor inventou a administração moderna; entretanto, ele certamente foi um dos primeiros a sistematizar um conhecimento exclusivo para esse campo, bem como foi responsável pelos primeiros esforços de disseminação e popularização dos princípios da eficiência gerencial, vigentes até hoje.

O grande mérito de Taylor está em ter apresentado uma doutrina sistemática sobre a administração das empresas baseada em princípios e soluções para a organização do trabalho fabril debatidos em fóruns especializados. Influenciado pela tradição da comunidade *quaker*, que doutrinava sobre o combate ao desperdício (Wrege; Greenwood, 1991), Taylor se deparou com uma realidade de empresas norte-americanas totalmente ineficientes. O seu método, denominado *administração científica* (Taylor, 1911), foi uma proposta em certa medida revolucionária para sua época e país, não por ter apresentado conceitos e ideias completamente novas, mas sim por ter sido organizado de forma sintética e clara, ressaltando princípios de racionalização do trabalho fundamentais para o desenvolvimento do capitalismo industrial. Nesse sentido, como afirmou Braverman (1981), Taylor somente foi esquecido por parte de autores contemporâneos pelo fato de que seu discurso no início do século XX foi plenamente incorporado na prática de administração. É por essa razão que devemos considerá-lo um dos autores mais influentes do pensamento administrativo.

4.1 BREVE BIOGRAFIA DE FREDERICK WISLOW TAYLOR

Não é objetivo deste livro dedicar muito espaço para dados biográficos que não agregam à compreensão do pensamento administrativo moderno. Há momentos em que há uma sensação de que alguns autores se esforçam para reproduzir informações sobre a vida dos autores que pouco contribuem para esse propósito. Todavia, em relação a Taylor, não é esse o caso.

Frederick Wislow Taylor nasceu na Filadélfia, em 20 de março de 1856, em uma família *quaker* de classe média. Tendo um pai advogado, Taylor chegou a se preparar para a carreira no Direito, mas, em virtude de problemas de visão que dificultaram seus estudos, desistiu desse intento e começou a trabalhar em 1874 como aprendiz de torneiro mecânico.

Em 1878, começou a trabalhar como operário na Midvale Steel Company, uma siderúrgica da Pensilvânia na qual permaneceu por 12 anos. Nessa companhia, rapidamente foi promovido, passando pelos cargos de operário, apontador, chefe de turma, assistente de contramestre, mecânico-chefe, desenhista-chefe e engenheiro-chefe (Silva, 1960).

De acordo com as biografias de Taylor, a rápida ascensão na profissão de engenharia se deveu à grande iniciativa desse personagem histórico em desenvolver métodos e medidas de melhoria da produtividade. Em certo sentido, alguns biógrafos atribuem esse "espírito" de combate ao desperdício à sua formação na comunidade *quaker* (Wrege; Greenwood, 1991). No entanto, foi justamente essa iniciativa para o combate ao desperdício e a busca por melhorias no processo produtivo que tornaram Taylor alguém obcecado pela eficiência e produtividade – o estudioso contava com mais de 100 patentes relacionadas a processos produtivos de engenharia e organização (Silva, 1960).

Foi na função de supervisão de operários (chefe de turma) que Taylor começou a desenvolver suas primeiras ideias para combater o desperdício. Após tornar-se engenheiro, continuou sua atividade na siderúrgica e desenvolveu empiricamente muitas das propostas que iria apresentar nos jornais especializados e, particularmente, na Sociedade Americana de Engenheiros Mecânicos, a Asme (em inglês, American Society of Mechanical Engineers). Em seus últimos anos de vida, Taylor se tornou presidente da instituição, fato importante para a disseminação do taylorismo nos Estados Unidos (Wrege; Greenwood, 1991).

Em 1890, Taylor saiu da Midvale para trabalhar como gerente-geral de uma empresa ligada à indústria do papel, a Manufacturing Investment Company, cargo em que permaneceu por três anos. Insatisfeito com as políticas dos proprietários da empresa e já figura notória pela difusão de suas ideias no movimento de *works management*, Taylor decidiu iniciar sua carreira de consultor, sob a denominação de *systematizer*. Esse termo representava o papel que cabia aos consultores no processo de implementação dos princípios de administração científica: desenvolver um estudo detalhado sobre os processos produtivos e a estrutura de gestão da produção e propor um novo conjunto de padrões de organização e execução de tarefas.

QUADRO 4.1 – CRONOLOGIA PROFISSIONAL DE FREDERICK W. TAYLOR

1874	Começa a trabalhar como aprendiz de torneiro mecânico na Enterprise Hydraulic Works.
1878	Entra para a Midvale Steel Company, como operário.
1883	Forma-se engenheiro mecânico.
1890	É contratado pela Manufacturing Investment Company para o cargo de diretor-geral.
1893	Inicia sua carreira como consultor, na função de *systematizer*.
1898	É contratado com exclusividade pela Bethlehem Steel Company para implementar seu sistema.
1901	É dispensado pela Bethlehem, e inicia sua atividade de difusão de suas ideias junto a vários outros colaboradores.
1903	Publica seu primeiro livro, *Shop Management*.
1906	Recebe título de doutor *honoris causa* pela Universidade da Pensilvânia.
1906/1907	Torna-se presidente da American Society of Mechanical Engineers.
1911	Publica seu livro *The Principles of Scientific Management*.
1915	Morre após contrair pneumonia, decorrente de uma viagem que faz a Cleveland para proferir uma palestra.

Fonte: Elaborado com base em Wrege; Greewood, 1991; Silva, 1960.

No entanto, não é correto afirmarmos que Taylor viveu de forma abastada graças à sua atividade como consultor. Na verdade, seu trabalho remunerado como *systematizer* foi muito breve. Após ter sido dispensado em 1901 da Bethlehem Steel Company, por desentendimentos com os chefes de chão de fábrica e alguns dirigentes, Taylor dedicou-se às atividades de consultor e palestrante sem receber retorno financeiro por isso, já que ele detinha uma boa reserva por conta de suas patentes – Silva (1960) aponta que ele recebeu 100 mil dólares por conta do seu método de cortar metais em alta velocidade (método Taylor-White). Entre 1901 até 1915, o estudioso proferiu palestras, executou estudos de sistematização, implementou seus princípios em diversas organizações do setor privado e público, publicou livros e artigos, pagando do próprio bolso por todas essas atividades.

Em razão de sua atividade como *systematizer* e por ganhar fama pelo seu método, Taylor assumiu a defesa de uma nova forma de engenharia – uma que não era relacionada a nenhuma atividade produtiva (mecânica, construção civil, mineração, eletricidade etc.), mas a todas elas: a **engenharia industrial**. Essa modalidade iria tratar da organização e gestão da produção e era considerada por Taylor como a mais importante das engenharias (Wrege; Greenwood, 1991). Essa proposta lhe custou a saída da Asme, pois muitos dos membros dessa associação viam como polêmica e radical a proposição de que se constituísse uma nova especialidade profissional. É por essa resistência que se observou ter sido a sistematização da gestão fabril na Europa desenvolvida de forma heterogênea e em diferentes esforços nem sempre integrados (McKinlay; Zeitlin, 1989).

4.2 TAYLOR É O PAI DA ADMINISTRAÇÃO MODERNA?

Apesar de em seu túmulo constar o epitáfio "Father of Scientific Management" (pai da administração científica), como vimos no capítulo anterior, não é totalmente correto afirmar que a administração moderna surgiu do trabalho de um único autor, nem mesmo que ela surgiu em um período determinado; vimos que a administração moderna é uma instituição que emergiu de muitos processos e eventos históricos, decorridos ao longo de 100 anos (o período estabelecido entre a primeira e a segunda fase da Revolução Industrial).

Assim sendo, não é correto afirmarmos que Taylor foi o único propositor de ideias que configuraram os princípios da administração moderna. Na verdade, ele fez parte do movimento *works management* e, na qualidade membro da comunidade de engenheiros que discutiam ideias e soluções para os problemas da organização do trabalho fabril nos Estados Unidos, participou de importantes debates que culminaram em algumas de suas mais importantes propostas. Talvez por conta do sucesso das ideias de Taylor é que a ele se costume atribuir grande parte dos princípios que, na verdade, haviam sido desenvolvidos dentro do movimento anterior de que ele participou (Jenks, 1960).

Por outro lado, é preciso admitir que o taylorismo foi o movimento doutrinário responsável pela rápida adoção dos princípios de racionalização do trabalho propostos no *works management* nos Estados Unidos e em outras partes do mundo, e que foi dentro desse movimento que surgiram duas importantes forças para a consolidação do *management*: o **setor de consultoria em gestão** (Kipping, 2002) e a **figura do administrador profissional com formação exclusiva**, um fato marcante para o estabelecimento da carreira e do ensino da administração moderna.

Sobre esse ponto, Silva (1960) lembra que Taylor foi um dos primeiros a dedicar-se à atividade de *consulting engineer in management* (engenheiro consultor em administração, em português), quando deixou o cargo de gerente-geral da Manufacturing Investment Company, em 1893. O autor sugere que Taylor pode ser considerado o primeiro consultor em administração dos Estados Unidos, tendo ele iniciado um mercado em consultoria específica na área de gestão das indústrias e de outras organizações. Esse processo consistia na sistematização de princípios de administração visando ao aumento da produtividade, o que lhe atribuía a denominação *systematizer*, como indica a inscrição que Taylor utilizava em sua correspondência:

Denominação de Taylor em suas correspondências

Fred W. Taylor, M. E.
Ross Street, Germantown, Filadélfia
Engenheiro Consultor
Sistematizar gerenciamento de compras e manufaturas demanda especialidade

Fonte: Silva, 1960, p. 22.

Para se diferenciar do movimento original do *works management*, Taylor utilizou a partir de 1910 a denominação *Scientific Management* (administração científica, em português). Esse termo foi cunhado durante uma disputa sobre o aumento de tarifas das estradas de ferro no qual uma comissão liderada pelo advogado Louis Brandeis – um grande difusor do taylorismo – decidiu propor esse sistema como solução para o impasse. Formada por colaboradores diretos de Taylor, tais como Gantt e Gilbreth, a comissão sugeriu que o método deveria ser chamado de *scientific management* por conta de sua essência se a pesquisa e investigação, o mesmo fundamento da atividade científica (Silva, 1960; Wrege; Greenwood, 1991).

Portanto, a despeito do nome, a proposta de Taylor apenas se inspirava na ciência por analogia de princípios, tendo em conta que esse movimento era composto por homens práticos, e não por cientistas formados. Esse fato é fundamental para compreender uma importante dimensão do pensamento administrativo, e será retomado mais adiante.

Essa nova doutrina foi elaborada por Taylor com a colaboração de um grupo restrito e respeitado de engenheiros e outros profissionais, e nada mais era do que uma poderosa síntese dos principais pontos debatidos no movimento do *works management*, pontos estes que já haviam sido assimilados por uma audiência interessada. Para que entenda a força das propostas de Taylor, é necessário que você compreenda a constituição de seu movimento doutrinário. Contudo, em razão da morte precoce do administrador, o movimento foi alavancado muito mais por seus seguidores do que necessariamente pelo esforço direto de Taylor. Assim, surgiu em 1915 a Taylor Society, uma organização sem fins lucrativos que tinha por objetivo a difusão das ideias da administração científica. Os esforços dessa sociedade levaram à rápida popularização dos princípios de administração científica nos Estados Unidos e na Europa durante o período entre as guerras mundiais.

4.3 A DIFUSÃO DO TAYLORISMO NO MUNDO

A notoriedade do taylorismo se deve ao fato de esse movimento doutrinário ter sofrido um maior impacto na sociedade americana do que aquele que lhe precedeu e o inspirou, o já mencionado *works management* (Jenks, 1960; Wrege; Greenwood, 1991; Jacques, 1996). Assim, várias instituições estadunidenses já se valiam dos pensamentos tayloristas no entre guerras. Um pouco mais tarde, os pressupostos da administração científica já haviam cruzado os mares e feito fama no Velho Continente (Kipping, 1997), no Japão (Sasaki, 1992) e mesmo na Rússia comunista (Wesolowski, 1978).

A divulgação do pensamento taylorista no mundo ocorreu, de maneira geral, por meio de instituições privadas ou estatais designadas para tratar da abordagem da administração científica ou para inseri-la em contextos em que essa área pudesse apresentar alguma utilidade.

MAPA 4.1 – PAÍSES DE DIFUSÃO DO TAYLORISMO NO INÍCIO DO SÉCULO XX

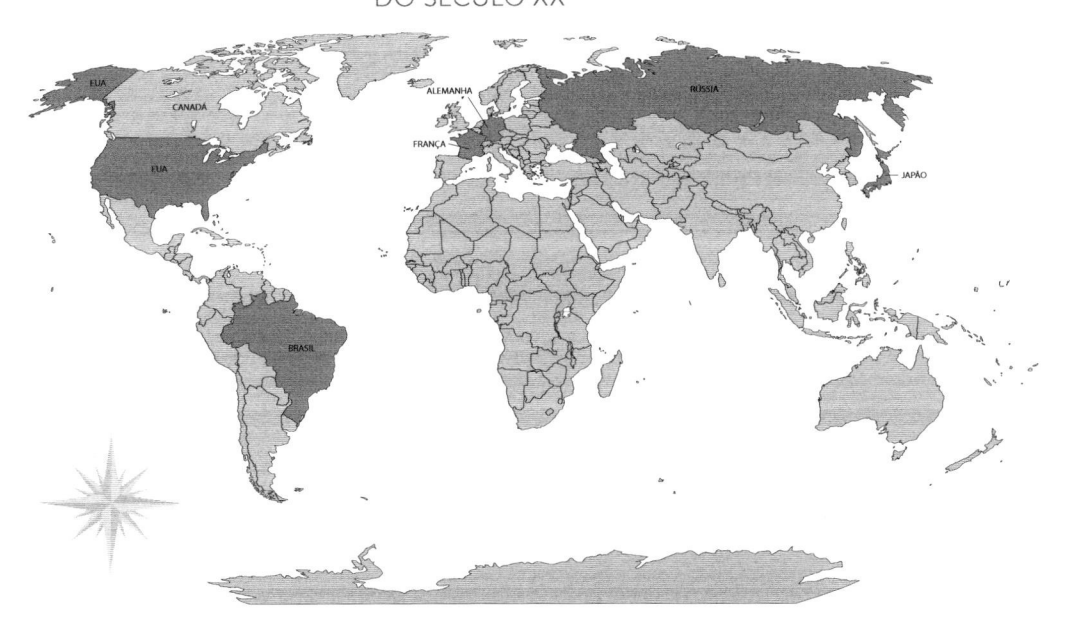

Como afirmamos anteriormente, a Taylor Society se ocupou de difundir o pensamento taylorista. Bruce e Nyland (2001) informam que essa organização teve o mérito de reunir vários profissionais ligados à área da administração, incluídos em discussões empreendidas no periódico da sociedade.

O boletim da Taylor Society serviu como um repositório de debates práticos relacionados à aplicação cotidiana dessa abordagem administrativa. Em 1927, Rexford Tugwell, um membro da Taylor Society e importante economista da época, se expressou da seguinte forma sobre este veículo:

> Para entender o progresso e a difusão do movimento [de Administração Científica] deve-se investigar os arquivos do boletim da Taylor Society, que tem sido aberto a sugestões de qualquer tipo e origem, para o aprimoramento da eficiência e que registram o sucesso e fracasso do líder de uma grande variedade de experimentos nos últimos anos. (Tugwell, citado por Bruce; Nyland, 2001, p. 956)

A abordagem taylorista chegou em nossas terras graças à criação do Instituto de Organização Racional do Trabalho (Idort). Desde 1931 suas discussões sobre os fundamentos da administração científica tiveram repercussão sobre a área no Brasil, incluindo a criação de cursos de Administração, dentre os quais figura o ofertado pelapelo Departamento de Administração do Serviços Público e a Fundação Getulio Vargas (Vizeu, 2018). O Idort tinha como premissa divulgar os conceitos do management, objetivo que passou a ser denominado movimento de racionalização.

Na Europa, o taylorismo também foi alavancado por associações equivalentes à Taylor Society, tais como a Commission Générale de l'Organisation Scientifique du Travail e o Comité National de l'Organisation Française na França, a Verein beratender Organisatoren e o Reichskuratorium für Wirtschaftlichkeit (Corpo de Eficiência Nacional) na Alemanha, o Management Research Groups e o National Institute of Industrial Psychology na Inglaterra e o International Management Institute de Genebra. Este último teve uma importância fundamental na articulação internacional dos diversos esforços de disseminação do taylorismo e de outras correntes do *management*, tendo sua influência chegado até ao Brasil.

A promoção desse movimento na Europa também foi suportada pela via política, especialmente na França, na Rússia e na Alemanha. Neste último país, o taylorismo se inseriu sob o nome de *movimento de racionalização* (que os brasileiros parecem ter adotado), e foi incorporado à política de Estado graças à ascensão do Partido Nazista na década de 1920 (Kipping, 1997). Na França, apesar de o taylorismo ter se estabelecido com força, alguns estudos revelam que houve concorrência com o fayolismo, o que também ocorreu na Inglaterra, tendo em conta o importante patrocínio às ideias de Fayol realizado pelo britânico Lyndall Urwick; apesar dessa aparente disputa, o impacto do fayolismo na Inglaterra foi pequeno no âmbito da prática gerencial se comparado ao taylorismo (Smith; Boyns, 2005).

Também atuaram diretamente na promoção do taylorismo na Europa os grupos empresariais, como foi o caso do suporte dado à *Commission Générale de l'Organisation Scientifique du Travail* pelo governo francês e por um grupo de importantes industriais daquele país, dentre eles Louis Renault e André Citroën (Kipping, 1997). O suporte financeiro e político dos industriais também foi dado na criação do *National Institute of Industrial Psycology*, um órgão governamental de promoção das práticas e princípios tayloristas na Inglaterra.

Em terras japonesas, a abordagem taylorista teve maior aplicação no setor energético (eletricidade), tendo como base o modelo de negócios ocidental. Na década de 1920, a Mitsubishi, em uma parceria com A Westinghouse, melhorou seu sistema produtivo de componentes elétricos. Essa associação fez com que a empresa japonesa se apropriasse do conceito taylorista de tempos e movimentos e do sistema de pagamento de empresas americanas de energia elétrica, escolha que significou um esforço da organização em reproduzir o paradigma americano de administração

Esses eventos foram complementados pelo surgimento de **firmas de consultoria sobre a administração científica**, que, de acordo com Kipping (2002), foram as formas incipientes das empresas do setor de consultoria em gestão. Essas organizações instalaram-se no Estados Unidos e na Europa, administradas por ex-profissionais americanos da área de administração.

Duas figuras importantes no estabelecimento desses empreendimentos nos Estados Unidos e na Europa foram o Coronel Urwick e Charles Bedaux (cujo trabalho foi largamente reconhecido em solo americano entre 1920 e 1930). Até os proponentes diretos da administração científica, como o casal Gilbreth e o engenheiro Harrington Emerson, realizaram diversos trabalhos de consultoria fora dos Estados Unidos (Kipping, 1997). De certa maneira, o rápido crescimento da atividade de consultoria em gestão no período entre guerras nos Estados Unidos e na Europa se deve à preocupação dos industriais em implementar mecanismos mais capazes de minimizar os efeitos da depressão. Nesse sentido, a racionalização dos custos promovida pela administração científica era um interessante modelo (Kipping, 1997; Bruce; Nyland, 2001).

Vejamos a seguir as contribuições de figuras que abraçaram os conceitos da administração científica.

4.4 PROPOSTAS DE TAYLOR E DE SEUS COLABORADORES

Como descrevemos anteriormente, Taylor desenvolveu sua doutrina ao longo do período em que atuou como engenheiro na siderúrgica Midvalle Steel Company (1878-1890), como gerente-geral na Manufacturing Investment Company (1890-1893) e como *systematizer* da Bethlehem Stell Company (1897-1901). Nos seus últimos anos de vida como consultor, dedicou-se à divulgação e ao aperfeiçoamento.

Essa abordagem é definida em duas fases, denominadas *primeiro* e *segundo período de Taylor*. Esses estágios fases representam momentos distintos para o desenvolvimento da administração científica. O Quadro 4.2 relaciona a série de eventos que demarcaram cada uma das fases de construção doutrinária de Taylor.

No primeiro período, Taylor começou a desenvolver princípios de organização das atividades produtivas, voltado particularmente para o setor metal-mecânico, no qual atuava. Participou ativamente do debate dentro do movimento de *works management*, publicando alguns artigos nas revistas especializadas das associações de engenheiros (Jenks, 1960). A primeira fase culminou com a publicação do seu livro *Shop Management*, em 1903, no qual o autor apresentou um conjunto de ideias sobre a organização da administração de oficinas: um sistema de pagamento por peças (*piece rate system*), técnicas de corte de metais em menor tempo, diretrizes para o estudo de tempos e movimentos, entre outros. Todos esses temas fruto de seus debates prévios na Asme e nos periódicos especializados.

QUADRO 4.2 – PRIMEIRO E SEGUNDO PERÍODO DE TAYLOR

Primeiro Período de Taylor	• Lançamento do Estudo Experimental sobre uso de correias. • Publicação de seu estudo sobre a gratificação por peça. • Publicação do livro Administração de Oficinas. • Proposição do sistema Taylor-White para corte rápido de metais.
Segundo Período de Taylor	• Presidência da Sociedade Americana de Engenharia Mecânica (American Society of Mechanical Engineering – ASME) e proposta de uma engenharia industrial. • Publicação de seu livro mais famoso, *The Principles of Scientific Management* (Princípios de Administração Científica).

Fonte: Elaborado com base em Wrege; Greewood, 1991.

No segundo período de desenvolvimento dessa doutrina, Taylor se preocupava com o nível subsequente da sistematização de sua doutrina, que é o estabelecimento de princípios gerais para a prática administrativa. Vejamos quais são os princípios gerais.

4.4.1 A ADMINISTRAÇÃO DEVE SER TRATADA COMO UMA CIÊNCIA

Esse é o primeiro princípio de Taylor e diz respeito ao pilar fundamental de toda sua doutrina. À época do administrador americano, vigorava nas indústrias uma prática de gestão baseada exclusivamente na experiência e no costume – denominado por Taylor como *rule-of-thumb methods* (algo que pode ser traduzido como "método do palpite"). De acordo com o estudioso (1911), essa dinâmica tornava o processo produtivo caótico, pois não havia racionalidade na organização desse processo. Assim sendo, a única forma de superar essa dificuldade era tratar a administração como uma ciência, como um conhecimento sistemático e de base racional. Isso implica dizer que a prática da administração pressupõe o desenvolvimento de teorias específicas e exclusivas, bem como o seu exercício uma formação profissional dada a partir de tal corpo de conhecimento e técnicas sistemáticas.

4.4.2 SELEÇÃO CIENTÍFICA DO TRABALHADOR

No período em que Taylor consolidava sua doutrina, não havia um processo sistemático de seleção de trabalhadores. Estes eram incorporados às tarefas sem se considerar suas aptidões. Por conta disso, não havia um entendimento claro de qual seria a medida certa de esforço para se impor ao trabalhador.

Foi em razão desse problema que Taylor propôs que se estudasse cada movimento das tarefas executadas por um trabalhador-médio e se chegasse a um padrão para a tarefa. Especialmente com o advento da divisão e especialização do trabalho, passou a ser necessário que se planejasse o perfil do trabalhador mais ajustado à função descrita; esse princípio tornou-se fundamental para se chegar ao padrão ótimo de eficiência no exercício de alguma atividade. Assim sendo, Taylor propôs que a primeira tarefa era definir o padrão de comportamento esperado e as aptidões minimamente necessárias para aquela função ou tarefa; a partir daí, poderia se executar um racional processo de seleção de trabalhadores, chegando-se a um ponto ótimo de ajuste entre o trabalhador e a tarefa.

4.4.3 TREINAMENTO CIENTÍFICO DO TRABALHADOR

A etapa seguinte à seleção científica é, justamente, a do treinamento. Portanto, ainda que se considerasse o ponto ótimo de ajuste – obtido pela seleção científica – do trabalhador à tarefa, ainda assim havia a necessidade de um adequado treinamento, pois o pressuposto fundamental era a separação entre o planejamento da tarefa e a execução da atividade. Assim, era necessário preparar adequadamente o trabalhador para o novo desenho de sua atribuição, seja tendo em conta a divisão e especialização, seja pelas alterações obtidas com a redução dos movimentos desnecessários.

4.4.4 COOPERAÇÃO ENTRE TRABALHADOR E GERÊNCIA

A premissa de toda a obra de Taylor é a **cooperação**. A seu tempo já havia se estabelecido a tensão entre a força de trabalho e aqueles que assumiam as funções de controle e supervisão. Na máxima "O principal objeto da administração deve ser garantir a máxima prosperidade para o empregador, acoplado com a máxima prosperidade de cada" (Taylor, 1911, p. 9, tradução nossa)[2], fica claro que a intenção de Taylor nunca foi a de criar a disputa entre essas duas categorias profissionais. Contudo, sua ideia de concretização dessa lógica "ganha-ganha" entre patrões e empregados era a busca conjunta da eficiência, obtida pela organização racional do trabalho e do processo produtivo, aliada ao máximo de empenho por parte dos gerentes assim como dos trabalhadores.

Com base nesses quatro princípios gerais, Taylor desenvolveu outros fundamentos de sua doutrina. O conjunto desses fundamentos são denominados *princípios gerais da organização racional do trabalho* e representam as premissas que viriam a nortear o exercício da administração profissional.

4.5 ORGANIZAÇÃO RACIONAL DO TRABALHO

A sistematização racional do trabalho proposta pelo método de Taylor se deu por meio de um método de observação científica de fenômenos. Como explicamos anteriormente, daí advém o nome da doutrina taylorista, mas é preciso considerar que esse autor não obteve apropriada formação para garantir o rigor metodológico no mesmo padrão da atividade de pesquisa científica. Contudo, é correto afirmarmos que as diretrizes gerais de sua proposta repousam nos mesmos fundamentos do modelo positivista de ciências sociais, que é o da observação, separação do todo em partes, análise e síntese. Foi assim que Taylor propôs o estudo de tempos e movimentos

---

2   "The principal object of management should be to secure the maximum prosperity for the employer, coupled with the maximum prosperity for each employee".

como a primeira atividade do *systematizer* do modelo ótimo de organização racional do trabalho.

FIGURA 4.1 – ILUSTRAÇÃO DE ESTUDO DE TEMPOS E MOVIMENTOS

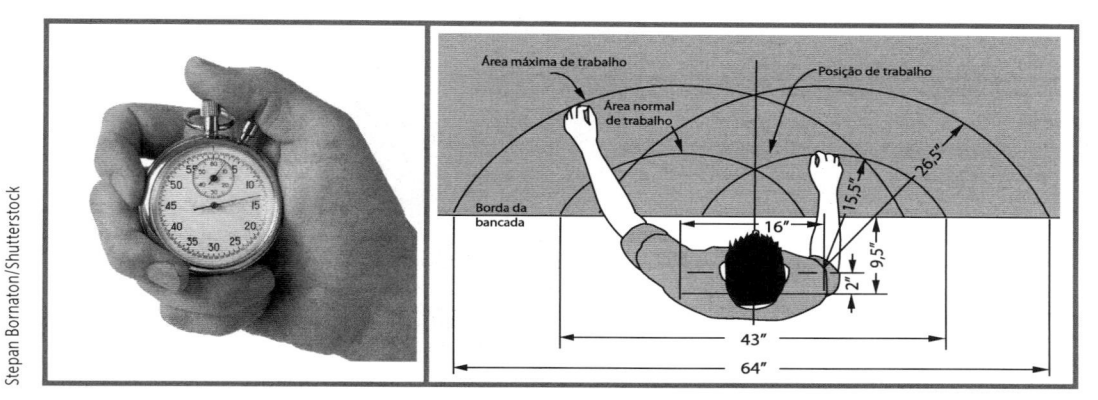

Fonte: Elaborado com base em Barnes, 1977, p. 208.

Como sugere o próprio autor, seu método parte do princípio da descoberta de leis universais de cada atividade humana. Com base no estudo de cada etapa na execução de uma tarefa, chega-se pela análise ao jeito ótimo de execução. Padroniza-se esse modo de fazer, que é aplicado à descrição de um cargo ou posição.

Também faz parte do princípio da organização racional do trabalho de Taylor (1911) a **divisão do processo de trabalho em etapas simples**. Além do ganho evidente de eficiência pela maior destreza obtida com a execução de tarefas simples e repetitivas, tem-se também ganho com a possibilidade de se aplicar maior número de trabalhadores com menor qualificação, o que diminui o custo total da hora de trabalho. Esse é o princípio de Babage mencionado no Capítulo 2, destacado por Braverman (1981) como um interessante princípio do taylorismo que reconfigurou as relações entre o capital e o trabalho.

Finalmente, outro aspecto da organização racional do trabalho é a **adoção do princípio** especialização também nas atividades de supervisão. É assim que Taylor (1911) propõe a supervisão funcional, retratada na Figura 4.2. A premissa é a mesma que a da especialização da tarefa: o ganho de eficiência advém da capacidade de um supervisor se ater a um conjunto de atividades específicos, ou mesmo a uma área específica da empresa.

FIGURA 4.2 – SUPERVISÃO FUNCIONAL DE TAYLOR

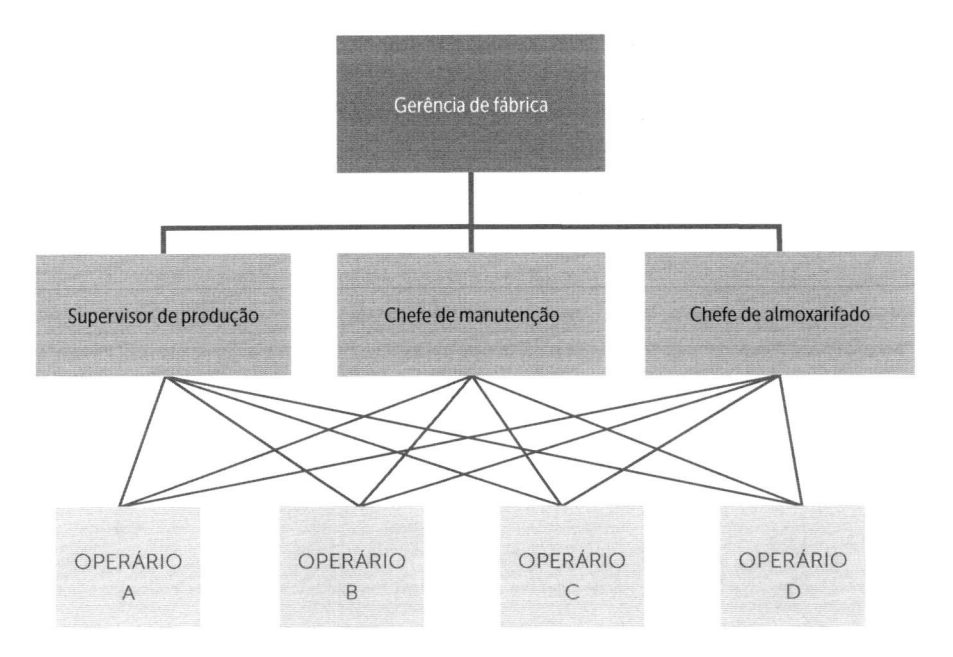

```
                    Gerência de fábrica
            ┌───────────────┼───────────────┐
    Supervisor de produção  Chefe de manutenção  Chefe de almoxarifado

    OPERÁRIO A    OPERÁRIO B    OPERÁRIO C    OPERÁRIO D
```

Com base nesses princípios de organização racional do trabalho, Taylor fundou um conjunto de critérios para se estabelecer uma verdadeira engenharia do trabalho – denominada por ele *engenharia industrial* (Wrege; Greenwood, 1991), que nada mais era do que a aplicação no âmbito da administração dos princípios cartesianos da racionalidade científica. Desse modo, fundou-se uma verdadeira ciência, não de origem acadêmica, mas sim de problemas práticos pensados por um engenheiro. Outros homens da prática se juntaram a Taylor na construção dessa nova ciência, como foi o caso da conhecida figura da indústria automobilística, **Henry Ford**.

Lembrado como uma das personalidades mais importantes da Era Moderna, Henry Ford constituiu seu sistema de produção com base nas ideias de Taylor, revolucionando não somente a indústria automobilística, mas todo o mundo industrializado. Mesmo não tendo se envolvido diretamente com o idealizador da administração científica, Ford é reconhecidamente um dos mais importantes difusores do taylorismo, já que aplicou seus princípios em suas próprias fábricas (Silva, 1960).

Mesmo não sendo um intelectual, Ford sistematizou vários princípios de seu método de produção fabril. As mais importantes medidas foram empreendidas pelo industrial e seus funcionários com base nesse sistema de produção. Algumas delas se tornaram famosas, tais como a linha de montagem em série pelo sistema da esteira rolante, a padronização de peças intercambiáveis e o sistema de padronização de produtos, desenvolvido durante os anos de fabricação do Ford Modelo T. É por conta deste último princípio que Ford disse sua frase mais famosa: "O consumidor por ter o carro da cor que desejar, contanto que seja preta". Apesar de soar arrogante, a ideia por trás dessa afirmação é a de que o industrial é quem deveria pensar nos atributos do produto, não o consumidor. Isso funcionou muito bem no contexto inicial da produção massificada, pois era um dos pontos fundamentais para a garantia de maior eficiência.

Em última instância, as ideias propostas por Taylor revelam um novo modelo de controle do processo produtivo. Dito de outra forma, as ideias de Taylor (1911) tinham por objetivo controlar o trabalho do empregado para verificar se este trabalhava de acordo com as normas estabelecidas segundo o plano previsto. Essa intenção ficou evidente no trabalho de muitos dos seguidores de Taylor, como o caso de Henry Ford retratado anteriormente. Outro caso conhecido até os dias de hoje é o **gráfico de Gantt**, desenvolvido por um dos discípulos de Taylor.

FIGURA 4.3 – EXEMPLO DE GRÁFICO DE GANTT

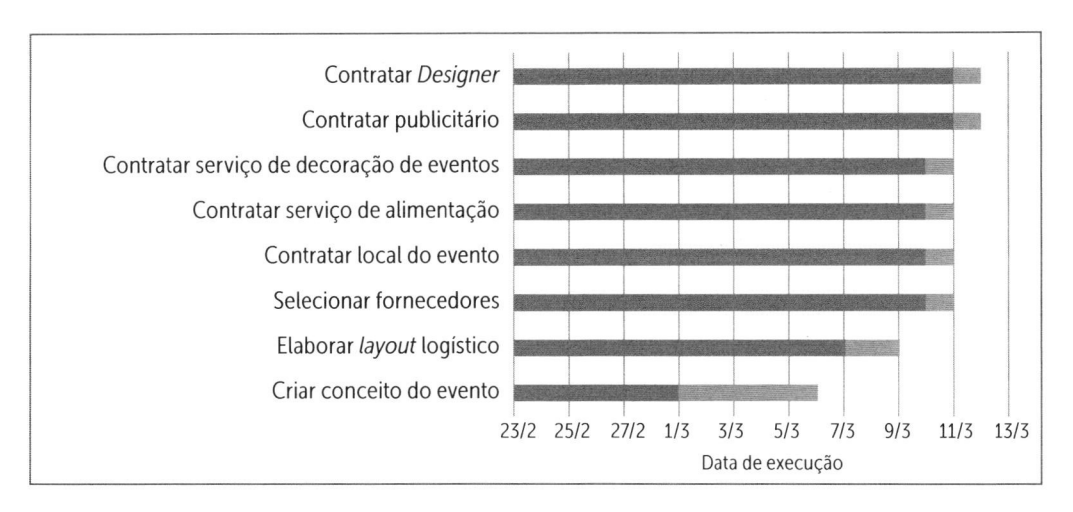

Contratar *Designer*	23/2 – 13/3
Contratar publicitário	23/2 – 13/3
Contratar serviço de decoração de eventos	23/2 – 11/3
Contratar serviço de alimentação	23/2 – 11/3
Contratar local do evento	23/2 – 9/3
Selecionar fornecedores	23/2 – 11/3
Elaborar *layout* logístico	23/2 – 7/3
Criar conceito do evento	23/2 – 3/3

Data de execução

Henry Gantt apresentou, em 1903, à American Society of Mechanical Engineers (Asme), o controle gráfico diário de produção, que tinha por finalidade acompanhar por meio de gráfico os fluxos de produção. Esse método passou a ser chamado *gráfico de Gantt*, com técnicas de planejamento e controle.

4.6 IMPLICAÇÕES SOCIAIS DO TAYLORISMO

Os pressupostos apresentados por Taylor, apesar não parecerem extraordinários nos dias de hoje, promoveram uma revolução em seu tempo por conta das implicações à época para a adoção dessa doutrina, especialmente no que tange à relação entre capital e trabalho. Podemos observar esse impacto com base em dois aspectos: 1) a tensão causada nos recém-organizados movimentos sindicais e a 2) reconfiguração da autonomia do trabalhador com a separação entre o planejamento e a execução da tarefa.

4.6.1 A TENSÃO ENTRE TAYLOR E OS MOVIMENTOS SINDICAIS

Apesar da conformidade do taylorismo aos valores da sociedade norte-americana de início do século XX – e, talvez, por isso mesmo –, a adoção dos princípios da administração científica nas fábricas norte-americanas gerou imediatamente grande revolta por parte dos trabalhadores, que viam nesta doutrina apenas um mecanismo de "fazer-lhes trabalhar mais". De acordo com Bendix (1974), citado por Vizeu (2010a, p. 791), "as raízes deste embate entre os trabalhadores e o movimento da Administração Científica se encontra na disputa entre os sindicatos e a classe industrial, disputa denominada como a campanha *open shop* [termo que pode ser traduzido como *oficina aberta*]".

Em razão do aumento da tensão entre empreendedores e trabalhadores gerado com o estabelecimento das primeiras organizações sindicais no final do século XIX, a classe industrial organizou uma campanha que pretendia fortalecer a ideologia patronal e "resguardar o a absoluta autoridade do empregador" (Bendix, 1974, p. 275). Essa campanha pretendia difamar os sindicatos de trabalhadores por diversos meios e formas – influência sobre jornais, publicidade paga, circulação de listas negras. Um dos principais argumentos foi a ideia de que os sindicatos impediam o direito do trabalhador de escolher para quem trabalhar (daí o nome da campanha ser *open shop*).

FIGURA 4.4 – PROPAGANDA DO MOVIMENTO SINDICAL DO INÍCIO DO SÉCULO XX

THE AMERICAN TWINS.
"United we stand, Divided we fall."

Getty Images/Corbis Historical

Pelo fato de a administração científica conferir poder decisório ao cargo da gerência, seus preceitos calhavam com a pretensão dos empreendedores de solapar os movimentos sindicais. Além disso, a abordagem taylorista pretendia revestir a relação entre patrão e empregado de uma nova aura de cooperação, de modo a possibilitar a maximização de lucros. Por essa aproximação entre as proposições de Taylor e a ideologia dos empreendedores norte-americanos, o taylorismo consegue rapidamente se popularizar no mundo empresarial, mas também devido ao rápido resultado econômico que o capitalista industrial obtinha ao aplicar estes métodos. Mesmo a denominação *científica* nessa doutrina revela muito pouco da verdadeira natureza desse sistema, tendo em conta que, além do fato de Taylor não ser um homem de "ciência" (na concepção acadêmica), as técnicas empreendidas em seus estudos eram pueris e correspondiam aos procedimentos aplicados na experimentação empírica comum no mundo do trabalho.

Alguns estudos historiográficos chegam mesmo a questionar o rigor metodológico que era aplicado nos testes de tempos e movimentos que foram empreendidos pelo estudioso e seus assistentes. Esse é o caso da revisão de Wrege e Hodgetts (2000) sobre o famoso evento do carregamento de lingotes de ferro narrado por Taylor (1911).

Mesmo assim, as técnicas propostas por Taylor conseguem se aproximar de outras áreas de conteúdo mais acadêmico, como a psicologia industrial, dando maior respaldo a esse sistema doutrinário e inaugurando uma tradição acadêmica centrada na objetividade e no pragmatismo, na qual se constituíram o pensamento administrativo moderno e os cursos acadêmicos de administração durante o século XX (Jacques, 1996).

4.6.2 SEPARAÇÃO ENTRE O PLANEJAMENTO E A EXECUÇÃO DO TRABALHO

Por tratar das características intrínsecas do trabalho relacionado ao capitalismo industrial, o pensamento de Taylor foi fundamental para a distinção entre aqueles que concebem a dinâmica das atividades e aqueles que as realizam. A respeito desse assunto, Braverman (1981) lembra que a gerência que emergiu do sistema fabril caracterizava-se essencialmente pelo controle do sistema decisório do processo produtivo, que, no modelo produtivo anterior à fábrica (manufatura artesanal), era atribuição do executor do trabalho. Nesse sentido, o autor dá crédito ao taylorismo por reconhecer que esse movimento permitiu a rápida difusão desse princípio, tendo em conta a preocupação de Taylor em promover dentro das fábricas uma nova função para a gerência, baseada no estudo e planejamento do trabalho, mas que tinha por resultado mais significativo o controle do processo de trabalho pela administração.

Em última análise, a dinâmica entre o pensamento sobre o trabalho e a execução dessa atividade repercutiu na divisão social que caracteriza o capitalismo, bem como entre os detentores dos meios de produção e os possuidores de força de trabalho (Vizeu (2010a). Partindo de uma perspectiva crítica sobre este atributo do taylorismo, Braverman (1981, p. 106) considera que

> Taylor, no caso, argumenta que o estudo sistemático do trabalho e os resultados deste estudo pertencem à gerência pelas mesmíssimas razões que máquinas, imóveis, instalações etc. pertencem a eles; isto é, custa tempo de trabalho empreender tal estudo, e apenas possuidores de capital podem arcar com tempo de trabalho. Os possuidores de tempo de trabalho não podem eles mesmos fazer o que quer que seja com ele, mas vendê-lo como meio de subsistência. É verdade que esta é a regra nas relações capitalistas de produção e o emprego do argumento por Taylor no caso mostra com grande clareza aonde o poder do capital leva: não apenas o capital é propriedade do capitalista, mas o próprio trabalho tornou-se parte do capital.

É por este motivo que as preocupações práticas de Taylor e seus seguidores giravam em torno da descoberta da "ciência" por traz de cada tarefa (ciência sobre como carregar lingotes de ferro, ciência sobre a fadiga dos serviços pesados, ciência sobre como assentar tijolos etc.).

SÍNTESE

Conforme já expusemos, a principal proposta de Taylor – a administração científica – é uma doutrina comumente considerada pelos manuais do pensamento administrativo como a abordagem que inaugurou o *management*. De fato, é necessário reconhecer a importância de Taylor para a consolidação dessa área, seja na esfera empresarial ou mesmo no meio acadêmico. Entretanto, conforme explicamos no decorrer do capítulo, a abordagem taylorista da administração não pode ser considerada a origem do management. O pensamento de Taylor calca-se na sistematização do espaço fabril concebidos no movimento works management, advento do qual surgiu o Asme, instituição da qual Taylor chegou a ser presidente. Sobre este ponto, Urwick e Brech (citado por Braverman, 1981, p. 85) afirma o seguinte:

> O que Taylor fez não foi criar algo inteiramente novo, mas sintetizar e apresentar ideias num todo razoavelmente coerente que germinaram e ganharam força na Inglaterra e nos Estados Unidos durante o século XIX. Ele deu uma filosofia e título a uma série desconexa de iniciativas e experiências.

Contudo, ao destacarmos o papel de Taylor e sua doutrina na institucionalização do *management*, não queremos minimizar a importância do trabalho de Henry Fayol, especialmente quanto ao papel fundamental desse personagem na institucionalização do ensino profissional do *management*. Cronologicamente, os esforços do teórico para a formalização do ensino da Administração são anteriores àqueles que derivaram da administração científica de Taylor (Wren; Bedeian; Breeze, 2002). Além disso, especificamente quanto ao conteúdo, a doutrina de Fayol foi mais significativa do que a de Taylor para a consolidação da figura do administrador profissional nos níveis hierárquicos mais altos. Entretanto, adotamos aqui o entendimento de muitos historiadores de que o taylorismo foi um movimento doutrinário de maior impacto para a disseminação do *management* como instituição (Jacques, 1996; Chandler, 1977; Jenks, 1960; Wrege; Greenwood, 1991; Kipping, 2002; Braverman, 1981). Nesse sentido, é importante notar que o taylorismo também foi introduzido com grande força na França, o país berço do fayolismo, seguindo a tendência de expansão do movimento norte-americano nos grandes países industrializados da Europa no período entre guerras (Kipping, 1997).

Mesmo considerando a diversidade de sua proposta, um ponto fundamental de síntese na doutrina de Taylor foi o estabelecimento de práticas e princípios que, de forma conjunta, representavam um novo sistema de controle. Portanto, por meio do princípio do controle, os analistas que adotaram o taylorismo puderam verificar se o trabalho do empregado estava sendo executado de acordo com as normas estabelecidas e segundo o plano previsto.

EXERCÍCIOS RESOLVIDOS

1. Por que não é de todo correto dizer que Taylor foi o pai da administração moderna? Qual foi a real contribuição desse autor para esse campo de conhecimento?

Desde o início da primeira Revolução Industrial, é possível verificar um gradual processo de construção da administração moderna durante todo o século XIX, contando com a contribuição de diferentes pensadores e homens de empresa.

O grande mérito de Taylor está em ter apresentado uma doutrina sistemática sobre a administração das empresas baseada em princípios e soluções para a organização do trabalho fabril debatidos em fóruns especializados.

2. Qual a relação entre Taylor e o movimento denominado *works management*?

Taylor foi membro da comunidade de engenheiros que discutiam ideias e soluções para

Os problemas da organização do trabalho fabril nos Estados Unidos, participando de importantes debates que culminaram em algumas de suas mais importantes propostas.

3. Como podemos definir os quatro princípios da administração científica?

Administração tratada como ciência: a administração não pode pautar-se apenas na experiência e no costume, mas também em um cabedal de conhecimento sistemático e de base racional.

Seleção científica do trabalhador: é preciso avaliar as aptidões do trabalhador, de modo a poder avaliá-lo em suas atribuições de forma mais acurada e garantir sua eficiência.

Treinamento científico do trabalhador: é necessário preparar adequadamente o trabalhador para o novo desenho de sua atribuição, seja tendo em conta a divisão e especialização, seja pelas alterações obtidas com a redução dos movimentos desnecessários.

Cooperação entre trabalhador e gerência: trata-se de uma lógica de "ganha- ganha" entre patrões e empregados, em uma busca conjunta da eficiência, obtida pela organização racional do trabalho e do processo produtivo, aliada ao máximo de empenho por parte dos gerentes assim como dos trabalhadores

QUESTÕES PARA DISCUSSÃO EM GRUPO

1. A trajetória profissional de Taylor é rica de acontecimentos que revelam a gradual construção de seu sistema doutrinário. Construa com seus colegas um quadro cronológico de acontecimentos a partir da pesquisa em diferentes fontes biográficas e discuta como sua doutrina se estabeleceu ao longo de sua vida.

2. Qual a importância do Taylorismo para demarcar um novo pacto na relação entre o capital e o trabalho? Qual o papel do administrador profissional a partir deste novo marco? Levante aspectos da rotina de administradores profissionais que justifiquem sua resposta.

5

TEORIA CLÁSSICA DE FAYOL

CONTEÚDOS DO CAPÍTULO:

- Contribuição de Jules Henri Fayol para o campo da administração.
- Método indutivo de Fayol.
- Os três princípios da teoria de Fayol.
- Conceito de linha e *staff* e conceito de amplitude e comando.

APÓS O ESTUDO DESTE CAPÍTULO, VOCÊ SERÁ CAPAZ DE:

1. relacionar o pensamento de Taylor à sistematização do espaço fabril e ao movimento *works management*;
2. explicar por que Fayol considera a administração uma função básica da empresa;
3. listar os elementos da administração segundo Fayol;
4. arrolar os princípios gerais de eficiência administrativa;
5. diferenciar os conceitos de linha e *staff*, reconhecendo-os como elementos estruturais das organizações atuais;
6. relacionar o conceito de amplitude de controle à noção de hierarquia;
7. comparar as propostas de Taylor e Fayol;
8. reconhecer a originalidade de Fayol ao propor que a organização empresarial obtém efetividade ao adotar um corpo dirigente maior.

A importância dada a Frederick Taylor como pioneiro na elaboração de uma doutrina exclusivamente voltada para a administração moderna deve ser em igual medida atribuída a outro engenheiro do século XIX, o francês Henri Fayol. Da mesma forma que o estudioso americano, o teórico francês sistematizou um conjunto de princípios sobre a prática administrativa que representam o delineamento de um verdadeiro sistema de pensamento administrativo. Isso porque a obra de Fayol foi mais estruturada do que a de Taylor no que se poderia chamar de uma verdadeira *teoria da administração*. Por esse motivo, seu trabalho é conhecido como *teoria clássica da administração*.

Em muitos aspectos, a trajetória pessoal e profissional de Fayol foi muito semelhante à de Taylor: ele também foi engenheiro, também viveu a pujança da Segunda Revolução Industrial e a necessidade por maior eficiência administrativa, também produziu sua obra com base em seus conhecimentos práticos no exercício da gestão industrial. Contudo, quando comparado ao administrador estadunidense, Fayol nem sempre é reconhecido pela enorme contribuição de sua obra (Souza; Aguiar, 2011). Na verdade, existem muitas semelhanças entre os princípios de eficiência administrativa prescritos por esses dois engenheiros; contudo, a obra do célebre autor francês é por vezes subestimada. Se considerarmos a maneira como foi elaborada, a produção intelectual de Fayol foi muito mais contributiva para o pensamento administrativo do que a de Taylor, muitos dos seus princípios são válidos até os dias de hoje.

Uma importante ponte de contribuição reside justamente na abordagem da administração geral de uma organização. Diferentemente da administração científica de Taylor – que era voltada para o desenho e controle da tarefa e, por isso, acabava por enfatizar a função de supervisão –, a obra de Fayol preocupou-se em definir o lugar da administração de maneira ampla na indústria, delimitando sua função geral para todo o sistema organizacional de uma companhia.

Esse foco na função geral da administração que permitiu a Fayol desenvolver uma doutrina com aspectos de teoria geral, com diferentes conceitos e definições de processos e princípios conjugados em um mesmo sistema explicativo. Basta ler seu livro seminal – *Administration industrielle et générale* (Administração industrial e geral, em português) – e compará-lo com o livro de Taylor (1911) sobre a administração científica, que já se tem uma ideia de como a proposta de Fayol é mais bem apresentada.

Contudo, a despeito da denominação *teoria clássica da administração*, não devemos atribuir à obra de Fayol o caráter de teoria científica. Aqui, mais uma vez, o repertório citado corresponde a uma produção intelectual de um homem prático, elaborada sem o devido rigor do método científico para a elaboração de conhecimento. Mesmo assim, é correto afirmarmos que Fayol se valeu de um importante princípio científico para a construção de teorias: o **método indutivo**. Entretanto, para entender de forma clara como ele desenvolveu esse processo, é necessário conhecer antes sua trajetória biográfica.

5.1 BREVE BIOGRAFIA DE JULES HENRI FAYOL

Jules Henri Fayol, nascido em em 29 de julho de 1841, veio de uma tradicional família francesa residente em Constantinopla (hoje Istambul, capital da Turquia) e viveu toda sua vida na França. Morreu em Paris, em 19 de novembro de 1925, com 84 anos de idade. Dedicou-se extensamente às atividades de administração de grandes empresas, a maioria do setor de minas e siderurgia.

Fayol tornou-se engenheiro de minas na Ecole Nationale Supérieure des Mines de Saint-Etienne, em 1860, quando tinha apenas 19 anos de idade. Assim, ainda muito jovem, iniciou sua carreira como engenheiro, rapidamente ascendendo a cargos de direção. Um fato interessante de sua trajetória é que, em várias ocasiões, Fayol foi promovido em empresas que estavam em condição de quase falência. Isso ocorreu quando assumiu pela primeira vez o cargo de diretor-geral da companhia Comentry-Fourchambault & Decazeville, em 1888. Sua gestão foi tão bem-sucedida que Fayol rapidamente recuperou a companhia. Permaneceu nessa função por 30 anos, tendo se retirado para dedicar-se à difusão de suas ideias.

No quadro 5.1, apresentamos a cronologia de sua carreira como administrador.

QUADRO 5.1 – CRONOLOGIA DA CARREIRA DE HENRI FAYOL

1860	Formou-se engenheiro de Minas.
1866	Nomeado diretor das minas de carvão de Commentry, região central da França.
1872	Acumulou a direção das minas de Commentry e de Montircq.
1888	Tornou-se diretor-geral da Companhia Comentry-Fourchambault & Decazeville.
1900	Proferiu seu primeiro discurso sobre Administração, no congresso internacional de minas e metalurgia.
1908	Empreendeu seu segundo discurso em defesa da formação em administração racional, na Escola de engenharia de minas de Saint-Etienne.
1916	Publicou seu livro Administração Industrial e Geral.
1918	Retirou-se da direção da companhia que dirigiu por 30 anos. Aposentou-se da profissão de administrador para dedicar-se exclusivamente a pesquisa do tema e a difusão de suas ideias.
1919	Foi comissionado pelo governo para realizar um estudo no Departamento de Correios e Telégrafos francês, onde publicou um relatório detalhado sobre as dificuldades da gestão no setor público.
1922	Fundou o centro de Estudos Administrativos, onde foi o diretor e desenvolveu diversos trabalhos de estudo e difusão da Administração.
1925	Faleceu em Paris, aos 84 anos.

Fonte: Elaborado com base em Silva, 1960; em Voxted, 2017.

Observando com cuidado, vemos que Fayol dedicou a maior parte de sua trajetória profissional as atividades de administrador. Somente a partir de 1900 – com 40 anos de atuação profissional – o engenheiro começou a preocupar-se com a difusão de suas ideias sobre a administração.

O próprio Fayol revela em seu livro que sua teoria é fruto de um longo período de prática, por meio do qual pôde observar o fenômeno administrativo e sistematizar um corpo teórico sobre esta temática. Como já explicamos, esse processo configurou-se como o método indutivo desenvolvido pelo autor.

5.2 MÉTODO INDUTIVO DE FAYOL

Conforme apresentamos no Capítulo 1 deste livro e de acordo com o que é argumentado por Nascimento Junior (1998) e por Padovani e Castagnola (1990), o método científico prescreve duas diferentes formas de construção do conhecimento: a) O processo indutivo, iniciado por Francis Bacon e difundido pelo empirismo inglês, no qual a observação sistemática dos fenômenos sociais ou naturais induz a proposição de ideias gerais ou afirmações teóricas; e b) O processo hipotético-dedutivo, iniciado pelo racionalismo cartesiano, onde, a partir de hipóteses teoricamente formuladas, desenvolvem-se processos de verificação empírica para confirmar tais hipóteses e/ou para complementá-las.

A obra de Fayol é um claro exemplo de construção de conhecimento produzido pelo método indutivo, pois seu esforço de observação se baseou nas regularidades observadas nos fatos da rotina empresarial e nos processos administrativos subsequentes a essa realidade. A tudo ele sistematizava em princípios, com base nas experiências práticas do contexto administrativo e organizacional de sua atividade profissional, seja como engenheiro de minas, seja, mais adiante, como dirigente da Commentry-Fourchambault.

O relato descrito a seguir é do próprio Fayol, em seu primeiro registro profissional como engenheiro, e revela bem esse espírito experimentalista e voltado para a generalização por indução.

> **PRIMEIRA OBSERVAÇÃO REGISTRADA DE FAYOL COMO ENGENHEIRO DE MINAS**
>
> O cavalo do sexto pavimento da mina de S. Edimundo quebrou uma pata esta manhã. Fiz um memorando pedindo sua substituição. O chefe da cavalariça recusou-se a atender, porque o memorando não trazia o visto do diretor. Este se achava ausente. Ninguém fora designado para substitui-lo. Apesar de minha insistência, o chefe da cavalariça manteve sua negativa. Sua resolução – disse ele – estava de acordo com o regulamento. Resumindo, o cavalo ferido não pode ser substituído e perdeu-se a extração do sexto andar. Parece-se que o chefe, quando se ausenta, deve deixar alguém para fazer suas vezes.

Fonte: Silva, 1960, p. 47.

A histórica anotação de Fayol, apesar de parecer simples, revela um processo interessante de indução de princípio a partir de um problema prático observado. Isso porque, a constatação do problema da ausência do superior no atraso da produção é o ponto de partida para que esse autor refletisse sobre a necessidade de uma estrutura de comando mais eficiente, capaz de manter o funcionamento mecânico de todo o sistema produtivo e evitando problemas que geravam ineficiência.

Foi assim que Fayol começa a traçar os contornos de seus princípios relativos a estrutura de comando – unidade de comando, amplitude de controle (*span of control*, em inglês), o problema da dualidade de comando etc. – bem como o princípio de que o processo de comando não pode ser contaminado pelo excessivo zelo com detalhes, deixando de lado questões mais importantes que merecem atenção. Esse é o princípio que rege o equilíbrio entre a centralização e a descentralização do processo de comando, conforme conta o próprio Fayol em seu principal livro:

> Um grave defeito para um alto chefe consiste em consagrar muito tempo a detalhes que agentes subalternos poderiam resolver tão bem, senão melhor que ele, enquanto importantes problemas aguardam solução porque ele não encontra tempo para resolvê-los.
>
> Alguns creem que são muito úteis, ocupando-se pessoalmente das menores coisas; outros não se podem habituar à ideia de que uma coisa possa ser bem feita sem sua intervenção direta e esse modo de agir obriga alguns a deixarem periclitar os negócios durante sua ausência.
>
> Sem se inquietar com o julgamento das pessoas que pensam que um grande chefe deve ter sempre um ar atarefado, este deve procurar sempre reservar a necessária liberdade de pensamento e de ação ao estudo, à direção e ao controle dos grandes negócios.
>
> Deve descarregar sobre seus subordinados e sobre o estado-maior toda tarefa que ele não é obrigado a realizar pessoalmente. Não lhe sobrarão nunca tempo nem forças para as questões que solicitam constantemente sua atenção pessoal. (Fayol, 1978, p. 124)

É com base nessa indução de princípios de sua experiência prática que a teoria da administração de Fayol surgiu ao final de sua longa trajetória como diretor industrial do setor de minas e metalurgia na França, e se revela a partir da postura desse engenheiro de minas em sempre questionar a forma como as atividades eram feitas.

Sobre esse espírito de observação, Silva (1960) considera o seguinte:

> Fayol construiu a sua Teoria Administrativa com os materiais vivos da prática. Foi vendo administrar e administrando que ele vislumbrou, deduziu, identificou e enunciou os seus princípios administrativos. As observações de que se valeu para elaborar a sua doutrina ele as colheu

e analisou durante mais de cinquenta anos, ao longo de sua longa carreira de administrador. (Silva, 1960, p. 66)

O autor ainda lembra de um hábito interessante em Fayol, de seus tempos de engenheiro de minas e diretor: a observação sistemática dos problemas que se deparava, com o minucioso registro de cada evidência, de cada fato. Foi graças a essa prática de anotações e observações rigorosas que, ainda de acordo com Silva (1960), o estudioso obteve sucesso ao longo de décadas de trabalho como dirigente, bem como foi essa conduta que permitiu, tão logo se aposentou, a rapidamente elaborar um sistema teórico fundamentado na experimentação. Foi um homem prático que, pela experimentação e análise, tornou-se um teórico da administração.

Entretanto, ao mesmo tempo que é correto afirmarmos que Fayol assumiu um princípio científico para estabelecer sua doutrina, não podemos considerar seu corpo teórico como científico, no estrito sentido da palavra. Ainda faltou a esse autor a aplicação de uma adequada sistematização dos fundamentos, bem como de processos dedutivos de verificação.

5.3 PRIMEIRO FUNDAMENTO DA TEORIA DE FAYOL: A ADMINISTRAÇÃO COMO FUNÇÃO BÁSICA DA EMPRESA

Antes de apresentar seus princípios de administração, Fayol buscou diferenciar a atividade administrativa de outros tipos de atividades de uma empresa. Dessa maneira, o autor ressaltou a peculiaridade da administração, bem como sua importância em relação ao todo da organização empresarial. Assim, para o teórico francês, era a administração o que determinava o sucesso ou o fracasso de um empreendimento econômico. Conforme ilustra o próprio autor (citado por Souza; Aguiar, 2011, p. 211), ao explicar o sucesso obtido por ele na recuperação da companhia de que se tornou diretor em 1888: "a história da empresa mostrará que seu declínio e recuperação se deveram somente aos procedimentos administrativos utilizados. Isto aconteceu com as mesmas minas, as mesmas fábricas, os mesmos empregados".

Por conta desse princípio fundamental, Fayol sistematizou as atividades exercidas por uma empresa em seis tipos de funções, retratadas da seguinte maneira (Fayol, 1978, p. 14-16):

1. **A função técnica**: Essa é a função que corresponde a todas as atividades de transformação e operação de processos técnicos e relativos a tecnologias responsáveis pelo processo produtivo em si. Geralmente é a mais lembrada, mas, de acordo com Fayol, quase sempre superestimada.
2. **A função comercial**: Corresponde às atividades de comercialização do que se produz na empresa. De nada adianta produzir algo de valor se não se for capaz de transacioná-lo comercialmente. Assim, essa função está relacionada a compras e vendas, bem como a permutas de bens, e a todo o conjunto de atividades que essas questões implicam.
3. **A função financeira**: Diz respeito ao conjunto de atividades que controlam o fluxo financeiro de um empreendimento. Tudo se faz em uma empresa a partir da sua monetarização, e esse fluxo financeiro precisa ser devidamente controlado e alocado para que os recursos financeiros possam ser devidamente aplicados.
4. **A função de segurança**: Aqui, Fayol lembra da necessidade de se realizar em qualquer empreendimento um conjunto de processos que garantam a segurança dos recursos materiais, econômicos e físicos.
5. **A função de contabilidade**: Essa função diz respeito às atividades contábeis, que são o registro sistemático do fluxo de recursos para dimensionar economicamente o processo produtivo, o patrimônio e as obrigações a terceiros.

6. **A função administrativa**: A sexta categoria de funções de toda empresa, como bem lembra Silva (1960), corresponde ao ponto alto da taxonomia proposta por Fayol. Destacamos a importância dessa função na Figura 5.1, na qual as seis funções são retratadas, justamente para lembrar que essa é a principal função de uma empresa segundo Fayol. O próprio autor assim expressa a preponderância da função administrativa sobre as outras funções de uma empresa:

> Nenhuma das cinco funções precedentes tem o encargo de formular o programa geral de ação a empresa, de constituir seu corpo social, de coordenar os esforços, de harmonizar os atos. Essas operações não fazem parte das atribuições de caráter técnico, nem tampouco das funções comercial, financeira, de segurança ou de contabilidade. Elas constituem uma outra função, designada habitualmente sob o nome de administração [...]. (Fayol, 1978, p. 17)

FIGURA 5.1 – FUNÇÕES BÁSICAS DAS EMPRESAS

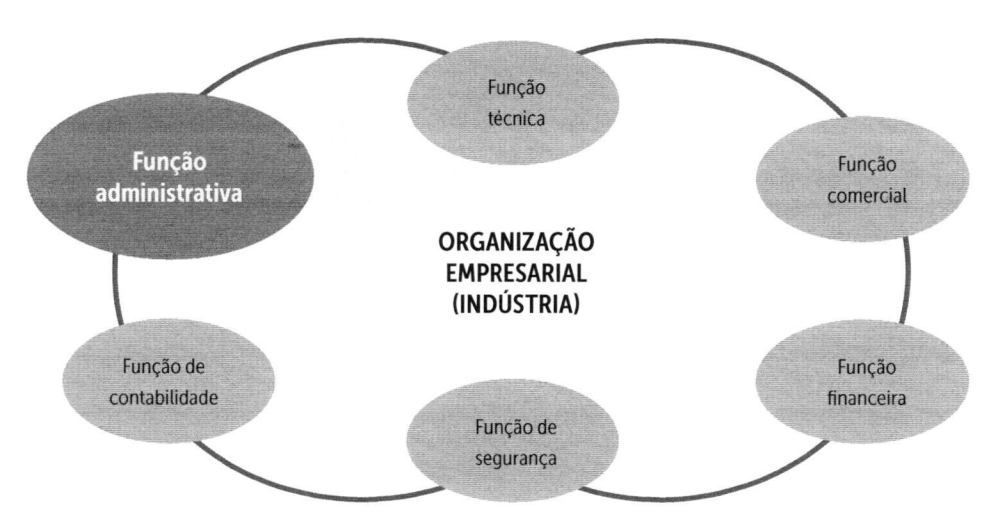

Função administrativa · Função técnica · Função comercial · Função financeira · Função de segurança · Função de contabilidade

ORGANIZAÇÃO EMPRESARIAL (INDÚSTRIA)

Ao especificar esses seis diferentes tipos de operações, Fayol deixa claro que administração é a atividade mais importante para garantir o êxito na organização (Fayol, 1978). É por meio da administração bem desenvolvida que se pode realizar satisfatoriamente todas as outras atividades. Por conta disso, Fayol buscou desenvolver as bases para uma teoria universal da administração, definindo os pressupostos fundamentais desta atividade.

Portanto, para Fayol, a função administrativa expressa um conjunto singular de atividades, distintas daquelas outras relacionadas aos outros processos empresariais. Foi assim que Fayol viu – da mesma forma que Taylor – uma identidade para a prática profissional da Administração, uma disciplina exclusiva e que merece ser ensinada. Foi assim que Fayol entendeu que essa área exigiria um corpo teórico próprio, amparado por uma ciência de natureza distinta de outros campos de saber. Nesse sentido, a proposta do engenheiro francês se apresenta como um consistente postulado de princípios gerais de um novo saber.

Por meio dessa distinção da função administrativa da empresa, Fayol buscou definir o que é administração. Para isso, o estudioso associou a essa prática cinco diferentes processos, chamados *processos administrativos*, que apresentaremos a seguir.

5.4 SEGUNDO FUNDAMENTO DA TEORIA DE FAYOL: OS ELEMENTOS DA ADMINISTRAÇÃO

Os processos administrativos apresentados por Fayol, embora não tenham tido grande repercussão à época, são um dos pontos mais importantes da teoria proposta por esse autor. Como veremos no Capítulo 8, são esses os princípios fundamentais que definem a prática administrativa até os dias de hoje.

Fayol define a administração a partir de cinco elementos, explicitados pela figura a seguir:

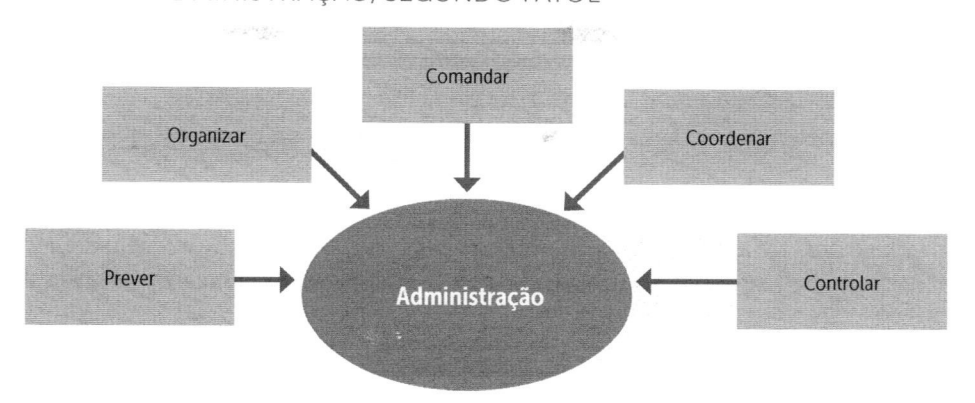

FIGURA 5.2 – OS ELEMENTOS DEFINIDORES
DA ADMINISTRAÇÃO, SEGUNDO FAYOL

[Figura: diagrama mostrando Prever, Organizar, Comandar, Coordenar e Controlar convergindo para Administração]

Fonte: Elaborado com base em Fayol, 1978.

Esses cinco elementos da representam a essência da área e, por isso mesmo, indicam as especificidades das atividades administrativas. Foi assim que Fayol dedicou a maior parte do seu livro para esclarecer aspectos de cada um dos processos administrativos. Apesar de sua evidente complementariedade, é preciso considerá-lo eminentemente distintos.

1. **Previsão**: Corresponde ao processo administrativo relacionado à antecipação do futuro. Consiste na análise de tendências e probabilidades, visando à definição de um programa de ações que garantam um resultado desejado. É a dupla função de antecipar acontecimentos futuros e determinar medidas para melhor desempenhar as atividades de modo a ajustar-se a um cenário previsto.
2. **Organização**: Esse processo administrativo indica a medida de pôr elementos em seu devido lugar, visando maximizar a integração dos elementos e recursos utilizados na empresa. Assim, organizar é constituir um organismo, seja de natureza material (recursos físicos), seja de caráter social. O segundo é o foco de maior atenção desse princípio, pois corresponde à estrutura de relações sociais que garante o atingimento dos objetivos da empresa.

3. **Comando**: Diz respeito à autoridade exercida pelo chefe em relação aos seus subordinados, de tal forma que se constitua a devida mobilização dos esforços sociais em prol dos resultados da empresa. A questão do comando está diretamente associada à maneira como a autoridade é desempenhada, visando aos objetivos e resultados da organização. O desafio, nesse caso, é separar os interesses pessoais e as mazelas do comportamento humano – vaidade, inveja, sede de poder etc. – do foco nos objetivos coletivos, no interesse geral do grupo.
4. **Coordenação**: Esse processo também se relaciona às pessoas, mas se refere ao equilíbrio dos diferentes esforços. Em outras palavras, é necessário que as diferentes iniciativas do pessoal sejam devidamente relacionadas, unidas, harmonizadas e ligadas. A coordenação torna-se cada vez mais necessária quanto mais elementos se relacionam, tornando mais complexa a integração desses fatores.
5. **Controle**: Esse processo administrativo garante que tudo aconteça conforme previsto e de acordo com as regras previamente determinadas. É o mecanismo de acompanhamento e verificação da execução, bem como da correção quando necessária. É o exercício do monitoramento das atividades, verificação da conformidade com os padrões estabelecidos e resultados esperados, e a aplicação das formas de ajuste e correção.

Como vimos no Capítulo 1, esses processos correspondem ao primeiro esforço de sistematização teórica original do pensamento administrativo, sendo uma orientação útil para nortear a prática de gestão até os dias atuais. Não é por acaso que diferentes manuais de administração organizam seus conteúdos com base nesses processos (por exemplo, o livro de Stoner e Freeman, 1999). Como veremos ainda neste livro, esses elementos são fundamentais para compreender a dinâmica de funcionamento da administração como uma prática social.

5.5 TERCEIRO FUNDAMENTO DA TEORIA DE FAYOL: PRINCÍPIOS GERAIS DE EFICIÊNCIA ADMINISTRATIVA

Outro importante fundamento da teoria clássica cunhada por Fayol é a definição de princípios gerais para orientar a prática da administração. Na verdade, os 14 princípios que apresentaremos a seguir são diretrizes para a obtenção da eficiência administrativa. Por isso mesmo, correspondem aos princípios de organização racional apresentados por Taylor, sendo muitos deles, os mesmos princípios. Contudo, alguns dos princípios de eficiência de Fayol apresentam-se de forma significativamente distinta dos fundamentos do taylorismo.

Vejamos cada um dos princípios de eficiência de Fayol.

5.5.1 DIVISÃO DO TRABALHO

A mesma maneira que Taylor, Fayol considera a divisão do trabalho o primeiro fundamento para a obtenção da eficiência organizacional. O autor acredita que esse seja um princípio racional universal, que pode ser verificado mesmo na natureza. Aqui, Fayol relembra a fundamento do ganho pela especialização, seja nas atividades técnicas, seja em todas as outras funções. Contudo, Fayol alerta para os limites da especialização, que devem ser observados em cada situação em particular.

5.5.2 UTORIDADE E RESPONSABILIDADE

Aqui, Fayol distingue a dimensão formal da autoridade de um cargo – quando esta é estabelecida de forma estatutária, como o direito que um chefe de departamento tem de dar ordens aos seus subordinados – da autoridade de cunho pessoal, derivada de outros valores, tais como o conhecimento, a experiência, a retidão do caráter, a liderança natural etc.

O teórico prega que as autoridades formal e pessoal são complementares. Contudo, é na relação entre autoridade e responsabilidade que esse princípio ganha maior destaque. Portanto, não existe autoridade eficiente sem que se tenha proporcional responsabilidade. Nas palavras de Fayol: "não se concebe a autoridade sem a responsabilidade, isto é, sem a sanção – recompensa ou penalidade – que acompanha o exercício do poder" (Fayol, 1978, p. 35). É com base na definição do grau de responsabilidade e do estabelecimento claro de mecanismos de sanção que um cargo de comando se torna eficiente.

5.5.3 DISCIPLINA

Esse princípio diz respeito à conformidade dos membros de uma empresa com as regras que regulam as condições de obediência – o que deve ser obedecido e cumprido pelos funcionários, como se portar e que prazos devem ser atendidos. Nesse princípio, Fayol lembra que o fator fundamental é o acordo entre superiores e subordinados. Não adianta que as regras sejam definidas unilateralmente pelos dirigentes, sem que se considere as condições e os interesses daqueles que deverão cumprir as determinações; sem o devido acordo entre as partes, a disciplina nunca é alcançada.

5.5.4 UNIDADE DE COMANDO

Esse é um dos princípios mais importantes da teoria de Fayol. Também é um ponto de divergência entre esse autor e Taylor. A regra máxima desse princípio é: para cada trabalhador, somente pode haver um único chefe. Portanto, Fayol entende que a dualidade de comando gera ineficiência. De acordo com o estudioso francês, a unidade de comando garante a direção dos esforços, bem como que não haverá nenhum tipo de problema ocasionado por dubiedade, hesitação, bem como má interpretação do que deve ser feito por divergências ocasionadas por diferentes linhas de comando.

5.5.5 UNIDADE DE DIREÇÃO

Esse princípio complementa o anterior, pois corresponde a máxima que expressa da seguinte forma: "um só chefe e um só programa para um conjunto de operações que visam ao mesmo objetivo" (Fayol, 1978, p. 40). Aqui, a intenção é a promoção da eficiência pelo agrupamento racional dos esforços de determinada categoria de atividades, garantido a maior integração dos recursos e a coordenação de diferentes membros do corpo social em relação ao mesmo fator de convergência (Mintzberg, 1995).

5.5.6 SUBORDINAÇÃO DO INTERESSE PARTICULAR AO INTERESSE GERAL

Fayol lembra com esse princípio que o grande desafio da administração é desenvolver um corpo coletivo. Nesse sentido, o autor lembra que um grande empecilho para tal intento são as divergências entre os interesses individuais e os interesses coletivos gerais. Por isso mesmo, Fayol lembra da necessidade dos acordos para garantir a convergência dos interesses dos trabalhadores em relação aos interesses da empresa. Contudo, esses interesses do corpo social devem ser tomados em termos de grupo, não individualmente.

5.5.7 REMUNERAÇÃO DO PESSOAL

Da mesma forma que Taylor, Fayol dá grande atenção ao sistema de remuneração como fonte de eficiência produtiva. A questão aqui é a de promover a otimização dos esforços pela melhor forma de recompensa financeira, garantindo o empenho espontâneo do funcionário da empresa em suas atividades e atribuições. Todavia, Fayol lembra o quanto o sistema de remuneração é complexo e, se mal dimensionado, como este sistema pode causar problemas e desmotivação. Um dos pontos tratados por Fayol neste aspecto é o problema da equidade (tópico tratado mais adiante). Remuneração que não atende a equivalência entre o esforço e a responsabilidade do cargo geram uma sensação de injustiça. Da mesma forma, a remuneração excessiva gera desperdício de recursos financeiros.

5.5.8 CENTRALIZAÇÃO

O critério do comando centralizado representa o equilíbrio entre a amplitude do poder de decisão que deve ser atribuído a um determinado chefe de tal forma a produzir o máximo de eficiência de seu corpo social subordinado. Aqui, a ideia é garantir a agilidade dos processos, sabendo o que deve ser deixado ao cargo do responsável decidir, e o que pode ser delegado aos executores, com a finalidade de não gerar dificuldades operacionais. O exemplo mencionado por Fayol no Quadro 5.2 ilustra bem a medida de descentralização que gera maior eficiência no processo operacional.

Contudo, o critério da centralização em Fayol é determinado pelo tamanho e consequente complexidade da organização. Ou seja, em empresas de pequeno porte, é mais eficiente que se obtenha alta centralização por parte dos dirigentes, pois isso promove a rapidez na tomada de decisão e o melhor direcionamento dos esforços; no caso de empresas de grande porte, existe a necessidade de descentralização do comando, para que a eficiência seja mantida, criando-se diferentes níveis de descentralização vertical – ou seja, subordinados com autoridade delegada para determinados aspectos da divisão (Mintzberg, 1995; Fayol, 1978).

5.5.9 HIERARQUIA

A linha de cadeia escalar da estrutura hierarquia é um importante fundamento da eficiência administrativa na teoria de Fayol. É um princípio inspirado nas diferentes organizações sociais seculares, tais como o exército e a igreja, que tem aplicado o princípio escalar de comando desde as primeiras eras da História da humanidade. O princípio da linha de cadeia escalar da hierarquia é melhor expresso graficamente pela forma de pirâmide, pois indica a distribuição do poder de comando afunilando de baixo para cima (Figura 5.3). Existe duas linhas de interação: a vertical, que implica da autoridade e na amplitude de atuação daquele superior; a horizontal, que indica a interação necessária entre pares no mesmo nível. O elemento de coordenação se aplica em ambos os casos, e deve ser considerado a partir das diferenças entre eles (Mintzberg, 1995).

FIGURA 5.3 – REPRESENTAÇÃO CLÁSSICA DA LINHA DE CADEIA ESCALAR DA HIERARQUIA

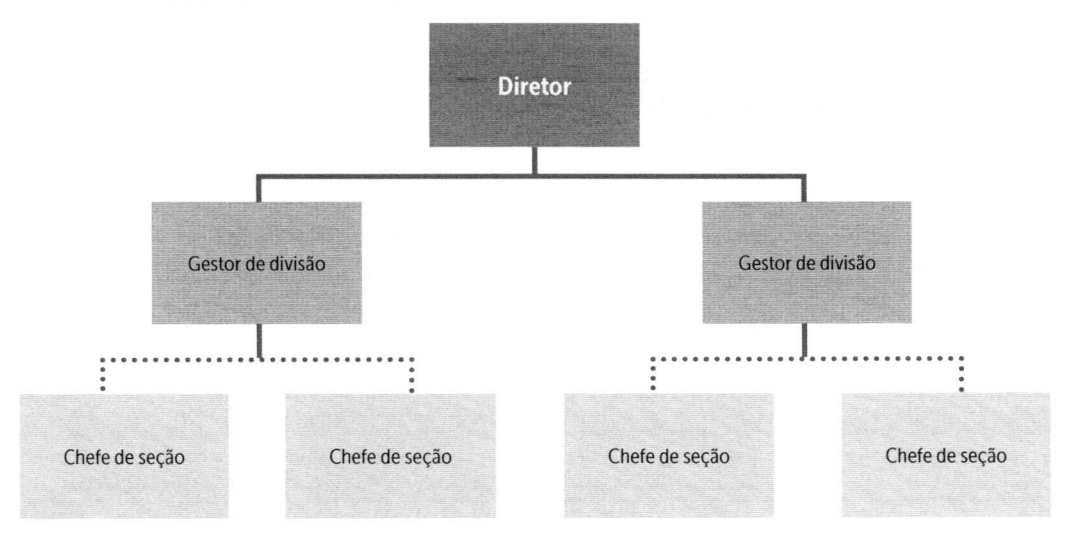

5.5.10 ORDEM MATERIAL E ORDEM SOCIAL

A ordem corresponde a um importante critério de eficiência administrativa, como pode ser observado em todos os princípios até aqui tratados. Entretanto, Fayol diferencia o princípio e ordem dos recursos materiais daquele atribuído ao corpo social. Assim sendo, a adequada estrutura de alocação dos recursos materiais da empresa garante a otimização do uso elementos, da mesma forma que promove a sinergia entre eles. Em relação ao corpo social, a devida alocação do pessoal significa a maximização do seu potencial, de suas capacidades físicas e intelectuais. A regra de ouro desse princípio é o ajuste do homem ao cargo ou, dito em de outra forma "the right man in the right place" (em português, o homem certo no lugar certo) (Fayol, 1978, p. 52).

5.5.11 EQUIDADE

Fayol inicia a apreciação desse princípio diferenciando-o de *justiça*. Para o autor, esta última é obtida pelo cumprimento das convenções previamente determinadas, mas nem sempre tais convenções garantem a satisfação de todos e seu empenho e motivação para o trabalho. É assim que Fayol apresenta o princípio da equidade, que é a busca constante por equilíbrio entre a recompensa e o esforço aplicado. Esse deve ser tomado especialmente pelo corpo diretivo e pelos responsáveis para a supervisão, para que se obtenha o máximo de dedicação dos trabalhadores.

5.5.12 ESTABILIDADE DO PESSOAL

Corresponde à manutenção do corpo de funcionário em seu devido setor e função, de forma a garantir o tempo necessário ao seu aprendizado e conformação ao cargo. Nesse fundamento de eficiência, Fayol está preocupado com as constantes trocas de pessoal causadas por problemas de qualquer ordem, que geram insegurança de desconfiança por parte do corpo social.

5.5.13 INICIATIVA

Aqui, Fayol considera como proveitoso o estímulo a iniciativa do subordinado as medidas de produtividade. Corresponde a visão mais humanizada desse autor em relação ao corpo de trabalhadores. Contudo, Fayol alerta que esse princípio não pode comprometer os aspectos de autoridade e disciplina.

5.5.14 UNIÃO DO PESSOAL

Esse último princípio de eficiência administrativa, assim como os dois anteriores, está diretamente relacionado aos fatores motivacionais do corpo de funcionários de um setor. Corresponde ao critério que sempre deve estar em mente de um superior, para que este não perca de vista que o grupo pode mais do que os esforços isolados. Assim sendo, quando houver conflito de natureza individual, faz parte das atribuições de comando e coordenação saber sanar as divergências, mantendo a harmonia entre o grupo.

Esses princípios complementam diretamente os elementos da administração, pois definem como as atividades de previsão, organização, comando, coordenação e controle devem ser realizadas. São componentes tomados por Fayol como princípios universais. Contudo, veremos mais adiante que não são necessariamente regras absolutas para a prática administrativa, tendo-se em conta sua complexidade e a necessidade de se ajustar cada fundamento ao contexto específico de cada organização (Mintzberg, 1995).

5.6 OUTROS PRINCÍPIOS DA TEORIA DE FAYOL: CONCEITO DE LINHA E *STAFF* E CONCEITO DE AMPLITUDE DE COMANDO

Outros importantes conceitos de Fayol também podem ser observados em seu corpo teórico. Apesar de o autor não os retratar expressamente como princípios de eficiência administrativa, eles estão expressos nesses fundamentos. Esses dois conceitos são importantes pontos de originalidade da teoria de Fayol e representam critérios fundamentais para a estruturação de organizações até os dias atuais (Mintzberg, 1995).

O primeiro conceito diz respeito a **diferenciação entre "linha" e "*staff*"** (que significa "apoio"). Essas denominações são importantes, pois revelam fundamentos das relações de autoridade, e determinam a eficiência de uma estrutura de cargos e funções.

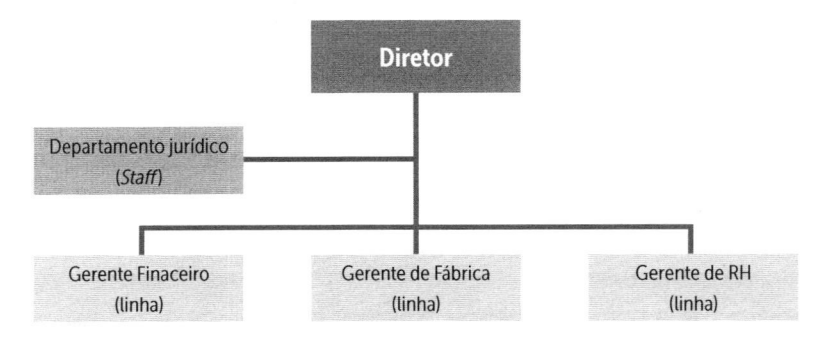

FIGURA 5.4 – ILUSTRAÇÃO DA LINHA E DO *STAFF* NO ORGANOGRAMA

```
                        ┌──────────┐
                        │ Diretor  │
                        └────┬─────┘
    ┌──────────────────┐     │
    │ Departamento     ├─────┤
    │ jurídico (Staff) │     │
    └──────────────────┘     │
         ┌───────────────────┼───────────────────┐
  ┌──────┴───────┐   ┌───────┴──────┐   ┌────────┴─────┐
  │ Gerente      │   │ Gerente de   │   │ Gerente de   │
  │ Finaceiro    │   │ Fábrica      │   │ RH           │
  │ (linha)      │   │ (linha)      │   │ (linha)      │
  └──────────────┘   └──────────────┘   └──────────────┘
```

Com a diferença entre a linha e *staff*, Fayol (1978) revela dois importantes critérios de construção de uma estrutura de autoridade. A relação entre órgãos ligados pelo critério da autoridade de linha indica uma subordinação de comando, na qual o poder de decisão está associado à autoridade formalmente instituída. Já a relação entre órgãos de *staff* se estabelece a partir de uma lógica consultiva, em que a autoridade do órgão de assessoria reside em sua capacidade técnica de orientar ou prestar apoio técnico ao departamento a ele ligado. Em última instância, a responsabilidade sobre a decisão é da posição de comando delineada em funções de linha. Como exemplo, podemos citar uma relação entre um diretor e três gerentes (financeiro, de fábrica e de RH), em que podemos verificar uma relação de linha. Um exemplo de *staff* poderia ser um departamento jurídico, correspondente a um órgão de *staff* da diretoria, exercendo um papel consultivo sobre as questões jurídicas que surgem.

Já o termo **amplitude de controle** foi proposto primeiramente por Fayol (1978) e se refere ao número de subordinados que uma chefia é capaz de supervisionar de forma satisfatória (Mintzberg, 1995). Considerando a lógica piramidal da estrutura hierárquica, quanto mais alto o cargo na hierarquia, menor torna-se a amplitude de controle (Fayol, 1978). Isso porque cargos mais altos exigem maior responsabilidades, o que denota um menor número de subordinados, se for considerada a relação complexidade *versus* amplitude de controle.

5.7 TAYLOR E FAYOL

Henri Fayol, tendo sido um engenheiro de minas francês contemporâneo de Taylor, também foi um importante personagem da fase inicial da administração moderna. Contudo, é bem verdade que, em comparação a Taylor, Fayol obteve menos reconhecimento à época como pioneiro do pensamento administrativo (Souza; Aguiar, 2011; Wren, 2005; Wren; Bedain; Breeze, 2002; Voxted, 2017; Kippling, 2002; Jenks, 1960; Silva, 1960). Na verdade, no mundo de língua inglesa, seu valor somente foi reconhecido anos mais tarde por autores como Peter Drucker, tendo em conta que a principal obra de Fayol somente foi publicada nos Estados Unidos no ano de 1949 (Wren, 2005).

A grande diferença entre as proposições de Taylor e Fayol é que a abordagem do primeiro enfatizava a racionalização da tarefa e se centrava em uma concepção da organização de "baixo para cima" – ou seja, a empresa era constituída a partir da tarefa racionalmente pensada, que iria determinar toda a racionalidade da estrutura organizacional. Fayol, diferentemente de Taylor, preocupou-se em racionalizar a empresa de "cima para baixo", buscando propor princípios racionais na estrutura como um todo (Wahrlich, 1977). Apesar dessa importante diferença, tanto a proposta de Taylor quanto a de Fayol focavam na busca pela eficiência. Esse é o princípio que une, lado a lado, esses dois importantes pioneiros do pensamento administrativo.

Para melhor especificar as diferenças entre Taylor e Fayol, apresentamos o Quadro 5.2:

QUADRO 5.2 – COMPARAÇÃO ENTRE TAYLOR E FAYOL

	Taylor	Fayol
Nascimento	Filadélfia, Estados Unidos, em 20 de março de 1856.	Istambul, Turquia (Constantinopla à época), em 29 de julho de 1841.
Formação e desenvolvimento da carreira	Iniciou sua carreira como operário, formou-se engenheiro mecânico e galgou postos em cargos de supervisão do processo produtivo nas companhias em que trabalhou como empregado.	Formou-se engenheiro de minas e iniciou sua carreira já nessa função. Rapidamente elevou-se a cargos de gerência, chegando à função de dirigente-geral de uma grande companhia francesa.
Período de efervescência de sua produção intelectual	Sua produção intelectual começou a ser elaborada durante sua carreira como engenheiro do setor metalmecânico, nos artigos que escreveu para periódico especializados das associações de classe. Criou a profissão de *systematizer*, uma espécie de consultor da administração científica.	Sua teoria começa a ser delineada já no final de sua carreira, após 30 anos atuando como diretor-geral da companhia Comentry-Fourchambault & Decazeville. Sua principal obra é fruto dessa longa trajetória como praticante da administração geral, sistematizada com base na observação e compilação de suas notas de trabalho.
Princípio fundamental de sua doutrina	O princípio fundamental do taylorismo é considerar a administração como uma atividade baseada na observação e sistematização racional do trabalho. Assim, a principal atividade do administrador é garantir a elaboração de um sistema de trabalho racional e voltado para a eficiência produtiva.	O fayolismo é a primeira teoria da administração geral. Por isso, fundamenta-se no princípio de que a administração é uma atividade com elementos próprios, e que esta se torna a função integradora de uma organização empresarial.
Forma de difusão de sua obra	Em 1901, dedicou-se exclusivamente a difusão de suas ideias, tendo financiado com recursos próprios seu principal livro. Após sua morte, a rebatizada Taylor Society tornou-se o maior instituto de difusão do taylorismo nos Estados Unidos e no mundo, tendo influenciado a criação de outros institutos em outras partes do mundo, inclusive, no Brasil.	Após sua aposentadoria como diretor-geral da companhia de dedicou décadas de trabalho, Fayol atuou diretamente na difusão de sua teoria da administração. Funda e dirige um centro de pesquisa. Contudo, após a sua morte, este centro acaba for ser fortemente influenciado por seguidores do taylorismo, que acabam por obscurecer o trabalho de Fayol em relação a Taylor.

Fonte: Elaborado com base em Wren, 2005; Silva, 1960; Voxted, 2017; Souza; Aguiar, 2011.

Fayol (1978) ganhou destaque com a criação das leis que regem o sistema administrativo: prever, organizar, comandar, coordenar e controlar. O controle, para Fayol, era um fundamento geral da organização, um processo que garantia a própria estrutura organizacional e o atingimento do seu propósito; estava associado ao planejamento e aos demais elementos da administração, pois, dependendo do tipo de organização, da estrutura de poder e dos estilos de liderança, dentre outras características organizacionais e gerenciais, diferentes configurações de controle poderiam ser constatadas nos contextos organizacionais. Foi esse esforço de Fayol que tornou possível o reconhecimento de diferentes mecanismos de controle associado ao contexto das organizações produtivas. Foi a partir desse novo patamar dado a um princípio administrativo fundamental que se desenvolveram teorias e modelos de controle organizacional (Hall, 1984).

SÍNTESE

Uma forma interessante de dimensionar a importância de Fayol consiste em verificar o esforço de pesquisadores contemporâneos do pensamento administrativo que estão buscando "revisitar" esse célebre autor francês. Seja por reconhecer a ingratidão com que o mundo administrativo tratou esse importante autor – relegando-o a uma espécie de autor menor em relação a Taylor –, seja por conta da consciência de que a teoria da administração estava muito à frente de seu tempo, tendo antecipado importantes conceitos que seriam apontados pelas correntes teóricas mais recentes, os "novos fayolistas" têm defendido que se recupere a obra desse importante autor clássico, reconhecendo sua atualidade.

O mais célebre ufanista de Henri Fayol foi o guru da administração mais notabilizado: Peter Drucker. Seu encanto pela teoria clássica da administração de Fayol foi tanto que dedicamos um capítulo inteiro neste livro para retratar como Drucker recuperou os princípios propostos pelo engenheiro francês. Contudo, é importante sinalizar que a recuperação de ideias de um autor do passado sempre é tomada com alguma atualização para os aspectos do tempo presente. E foi exatamente isso que fez Drucker, ao revisitar em meados do século XX a abordagem do teórico francês.

Outros estudos mais recentes também procuram revisitar Fayol. Um importante trabalho publicado no Brasil faz essa menção, e procura demarcar esse movimento no contexto internacional. É assim que Souza e Aguiar (2011) lembram que muitos escritos de Fayol somente tornaram-se públicos após a morte do engenheiro, e que esses textos póstumos recuperados contribuíram muito para a obra de Fayol como uma verdadeira teoria sistêmica da organização produtiva. Isso particularmente por conta do conceito de direção, também denominado por Silva (1960) como "estado maior".

Souza e Aguiar (2011) realizam uma minuciosa revisão dos textos póstumos de Fayol, recuperados na segunda metade do século XX. Os autores lembram que várias ideias do engenheiro francês foram indevidamente compreendidas por conta de problemas na tradução do francês para o inglês. Segundo esses revisores, isso ocorreu com a ideia de direção geral – denominada nos originais de Fayol pelos termos ***administration*** e ***gouvernement***. Para os autores, Fayol especificou essa ideia especialmente quando se refere à função administrativa, explicando que "é necessário não confundi-la com a direção" (Fayol, 2016, p. 5)[1].

Para Fayol, a administração geral – ideia que intitula seu livro mais importante – se refere à integração entre as diferentes funções de uma organização empresarial. É assim que surgiu, sem muita clareza ainda, a extrapolação do termo *organização* como algo que denomina uma entidade, e não mais um verbo ou uma ação, ou mesmo uma parte da administração (Vizeu; Matitz, 2018). Ao propor a direção como a essência da prática administrativa, Fayol sinaliza uma significativa distinção em relação a Taylor, que via no gerente (*manager*) o responsável pela engenharia da tarefa, não o arquiteto da organização como um todo (Wahrlich, 1977). A despeito desse esforço de Fayol, o conceito de organização como uma

---

1 "l importe de ne pas la confondre, avec le gouvernement".

entidade é mais bem retratado pela teoria da burocracia, tema tratado no capítulo seguinte.

Considerando as ideias de seu tempo – incluindo aqui as ideias de Taylor – é correto atestarmos a extrema originalidade da ideia de Fayol de que a organização empresarial – como uma entidade sistêmica e complexa, mas com unidade – somente obtém sua efetividade por meio de um corpo dirigente maior, responsável pela unidade organizacional. Esse princípio de direção geral, apreendido na prática por Fayol ao longo dos seus 30 anos à frente da companhia Comentry-Fourchambault & Decazeville, é essencial nos dias de hoje para definir as distinções entre os níveis hierárquicos básicos de uma organização de grande porte – o nível diretivo ou estratégico, o nível tático ou médio, e o nível operacional ou de supervisão. Foi Fayol, ainda no início do século XX, quem sinalizou para a importância do papel da direção de cúpula, algo que somente seria claramente retratado com o advento da administração estratégica, tratada no Capítulo 10 deste livro.

EXERCÍCIOS RESOLVIDOS

1. Explique por que podemos denominar a teoria da administração de Henri Fayol como uma doutrina de "administração experimental" (Silva, 1960).

    Porque seu esforço de observação se baseou nas regularidades observadas nos fatos da rotina empresarial e nos processos administrativos subsequentes a essa realidade. A tudo ele sistematizava em princípios, com base nas experiências práticas do contexto administrativo e organizacional de sua atividade profissional, seja como engenheiro de minas, seja, mais adiante, como dirigente da Commentry-Fourchambault

2. Qual a diferença entre prever e controlar? E entre comandar e coordenar?

Prever: é a dupla função de antecipar acontecimentos futuros e determinar medidas para melhor desempenhar as atividades de modo a ajustar-se a um cenário previsto.

Controlar: é o mecanismo de acompanhamento e verificação da execução, bem como da correção quando necessária. É o exercício do monitoramento das atividades, verificação da conformidade com os padrões estabelecidos e resultados esperados, e a aplicação das formas de ajuste e correção.

Comandar: autoridade exercida pelo chefe em relação aos seus subordinados, de tal forma que se constitua a devida mobilização dos esforços sociais em prol dos resultados da empresa.

Coordenar: esse processo também se relaciona às pessoas, mas se refere ao equilíbrio dos diferentes esforços. Em outras palavras, é necessário que as diferentes iniciativas do pessoal sejam devidamente relacionadas, unidas, harmonizadas e ligadas. A coordenação torna-se cada vez mais necessária quanto mais elementos se relacionam, tornando mais complexa a integração desses fatores.

3. O que é amplitude de controle? Como esse princípio garante eficiência administrativa?

Refere-se ao número de subordinados que uma chefia é capaz de supervisionar de forma satisfatória (Mintzberg, 1995). Considerando a lógica piramidal da estrutura hierárquica, quanto mais alto o cargo na hierarquia, menor torna-se a amplitude de controle (Fayol, 1978). Isso porque cargos mais altos exigem maior responsabilidades, o que denota um menor número de subordinados, se for considerada a relação complexidade versus amplitude de controle.

QUESTÕES PARA DISCUSSÃO EM GRUPO

1. De que forma o princípio de Fayol da "unidade de comando" se opõe ao princípio de Taylor da "supervisão funcional"? Discuta com seu grupo tais diferenças, e estabeleçam um debate sobre situações concretas onde um princípio se sobrepõe ao outro como mais adequado.

2. Fayol tem sido celebrado como um autor a frente de seu tempo. Outros autores do pensamento administrativo também têm merecido este reconhecimento (por exemplo, Mary Parker Follett [Graham, 1997]). Discuta com seu grupo elementos que corroborem a vanguarda das ideias de Fayol.

PARTE 3

DESENVOLVIMENTO DO PENSAMENTO ADMINISTRATIVO:

A VISÃO DA ORGANIZAÇÃO COMO UMA ENTIDADE SOCIAL

6

ESCOLA DE RELAÇÕES HUMANAS E A ABORDAGEM COMPORTAMENTALISTA

CONTEÚDOS DO CAPÍTULO:

- Movimento de relações humanas e experimento de Hawthorne.
- Teorias comportamentalistas: teoria X e teoria Y, de McGregor; hierarquia de necessidades, de Maslow; teoria dos dois fatores, de Herzberg; as funções do executivo, de Barnard; a lei da situação, de Follett.

APÓS O ESTUDO DESTE CAPÍTULO, VOCÊ SERÁ CAPAZ DE:

1. reconhecer no movimento de relações humanas o contexto de nascimento da administração como ciência social;
2. identificar os constructos teóricos da pesquisa social e comportamental como base da análise do pensamento administrativo com foco no sujeito social;
3. perceber a importância dos fatores sociais e psicológicos para a administração conforme a abordagem do movimento de relações humanas, considerando-se o controle sobre os trabalhadores.

Neste capítulo iremos tratar das bases históricas da abordagem comportamental no pensamento administrativo, bem como de alguns dos temas que a caracterizam. Mesmo considerando a diversidade de autores que compõe essa perspectiva, é possível delimitarmos os principais aspectos do comportamentalismo na administração. Estes são mais compreendidos quando se observa a emergência e o desenvolvimento de um movimento que ocorreu nos Estados Unidos no período entre guerras, denominado *relações humanas*. Essa abordagem se contrapôs decisivamente em relação às premissas comportamentais subentendidas nas propostas dos autores clássicos, dando um novo rumo para a teoria administrativa.

O **movimento de relações humanas**, também conhecido como *abordagem humanística da administração*, pode ser considerado o segundo grande marco do pensamento administrativo. Tendo se desenvolvido em contraposição ao pensamento administrativo clássico – especialmente em relação à orientação puramente econômica das propostas de Taylor, Ford e Fayol –, a abordagem de relações humanas traz ao centro do pensamento administrativo a dimensão social da atividade organizacional.

Foi a partir desse advento que a pesquisa em administração assumiu um contorno mais científico, emprestando de outros campos acadêmicos conceitos e teorias para desenvolver seu conhecimento próprio (Whetten; Felin; King, 2009; Matitz; Vizeu, 2012). A própria construção teórica no campo assumiu um novo patamar, mais rigoroso e fundamentado nos cânones da atividade científica. Foi assim que se deixou para trás a era dos engenheiros para dar lugar à era dos cientistas sociais na administração.

6.1 INTRODUÇÃO AO MOVIMENTO DE RELAÇÕES HUMANAS

De acordo com Wren (2005), é muito difícil demarcar uma era em determinado ano ou acontecimento. Todavia, alguns eventos podem ser úteis para explicar o movimento de mudança de uma era para outra. É assim que a abordagem comportamentalista foi constituída a partir de um evento histórico particular, que aconteceu em um ano específico e com um grupo determinado de envolvidos. Esse acontecimento foi o estudo de Hawthorne, um experimento desenvolvido por um grupo de pesquisadores sociais e liderado por Elton Mayo, um antropólogo do Departamento de Ciências Sociais da Universidade de Harvard. Foi a partir dessa **célebre** análise que Mayo iniciou o movimento de relações humanas entre as escolas de administração de seu tempo e fortaleceu o entendimento de que a essência da ciência da administração **é justamente sua dimensão social e comportamental**.

George Elton Mayo foi um psicólogo que atuou durante o período entre as guerras mundiais como professor de Relações Industriais na Escola de Negócios da Universidade de Harvard. Não somente foi um dos responsáveis pelo estudo de Hawhtorne, mas também é considerado o mais importante autor do movimento de relações humanas (Bertero, 1968; Sarachek, 1968; Smith, 1974). Seu principal livro, *The Political Problem of Industrial Civilization* (*O problema político da civilização industrial*, português), apresenta os fundamentos de sua teoria de relação humanas industriais, na qual o autor questiona algumas das premissas vigentes nos modelos do pensamento administrativo clássico.

A premissa fundamental sobre o comportamento humano no contexto do trabalho tem origem no pensamento econômico do século XIX e político do século XVII, particularmente, nas ideias do comportamento oportunista como base das relações econômicas e da necessidade do controle para a coesão social (Bertero, 1968). Para Mayo, havia uma premissa sobre o comportamento humano que suportava a lógica do pensamento administrativo clássico. Essa proposição pode ser resumida na ideia de *homem econômico* ou, como denominou o próprio Mayo (1947), *homo economicus*. Essa ideia consiste na suposição de que a base do comportamento humano reside na busca constante pela maximização da vantagem econômica, em detrimento de qualquer outro valor.

Foi assim que emergiu a distinção fundamental entre o movimento de relações humanas e o pensamento administrativo clássico, expresso no Quadro 6.1:

QUADRO 6.1 – MOVIMENTO DE RELAÇÕES HUMANAS *VERSUS* PENSAMENTO ADMINISTRATIVO CLÁSSICO

	Pensamento administrativo clássico	Movimento de relações humanas
Pressuposto do comportamento humano	*Homo economicus*: ideia de que a essência do comportamento humano é o interesse oportunista, a busca pela vantagem individual no contexto social. É assim que se acredita que o papel da ordem social é inibir a desintegração do coletivo quando considerado o impulso egoístico natural do ser humano.	Homem social: nessa perspectiva, o fundamento do comportamento humano reside na tendência a cooperação e a vida social. Além da busca natural pela interação social na vida cotidiana, o ser humano desenvolve mecanismos de satisfação psicológica com base nesse comportamento colaborativo da vida social.
Problema comportamental identificado no contexto das organizações	Deixado à própria sorte, o trabalhador se valerá do comportamento oportunista para tirar a maior vantagem de um regime desorganizado de trabalho. Assim sendo, irá assumir a postura do menor esforço, seja para tralhar menos, seja porque não reconhece que seu maior esforço será recompensado economicamente.	Sem reconhecer o sentido do trabalho tomado pelo rígido sistema de controle, o indivíduo não atinge seu ponto ótimo de motivação no trabalho. Sua dificuldade em aceitar o sistema de organização racional se deve muito a essa falta de significado social.
Solução buscada ao problema comportamental	A ordem e a disciplina serão alcançados quando o sistema de recompensas considerar o ganho financeiro individual e o trabalhador reconhecer que esse ganho será o maior na medida que ele se sujeitar ao sistema de controle administrativo.	O sistema de organização do trabalho deve considerar os elementos de realização psicológica das atividades colaborativas. O trabalhador encontrará motivação na maior autonomia, no reconhecimento social que o trabalho lhe proporcionará.

Fonte: Elaborado com base em Bertero, 1968; Wren, 2005; Mayo, 1947.

O quadro apresentado revela que, por meio dos estudos de Hawthorne e do subsequente desenvolvimento de seu corpo teórico, Mayo propôs a ideia de *homem social*: a pressuposição de que o comportamento humano é fundamentalmente ativado para a cooperação e para a vida social. É a suposição de que temos a aptidão natural de buscar a cooperação social, de que chegamos mesmo a nos motivar por recompensas de cunho social ou natureza colaborativa, tais como o reconhecimento e o prestigio entre nossos pares.

Tal entendimento foi constituído por Mayo e seus colaboradores particularmente graças aos resultados obtidos com o estudo de Hawthorne. Esse experimento ocorreu entre os anos de 1924 e 1933, em Chicago, na fábrica Hawthorne da Western Electric, a divisão da American Telephone and Telegraph (AT&T) que fornecia os equipamentos de telefonia para a companhia (Greenwood; Wrege, 1986; Wren, 2005). Esse deve ser considerado o experimento mais notório da área de administração, justamente por ter iniciado a partir de uma linha de investigação que foi logo abandonada em razão das descobertas de grande impacto para o pensamento administrativo da época. É assim que, para que você entenda o que foi movimento de relações humanas, é preciso que compreenda sua origem no estudo de Hawthorne.

FIGURA 6.1 – FASES DO ESTUDO DE HAWTHORNE

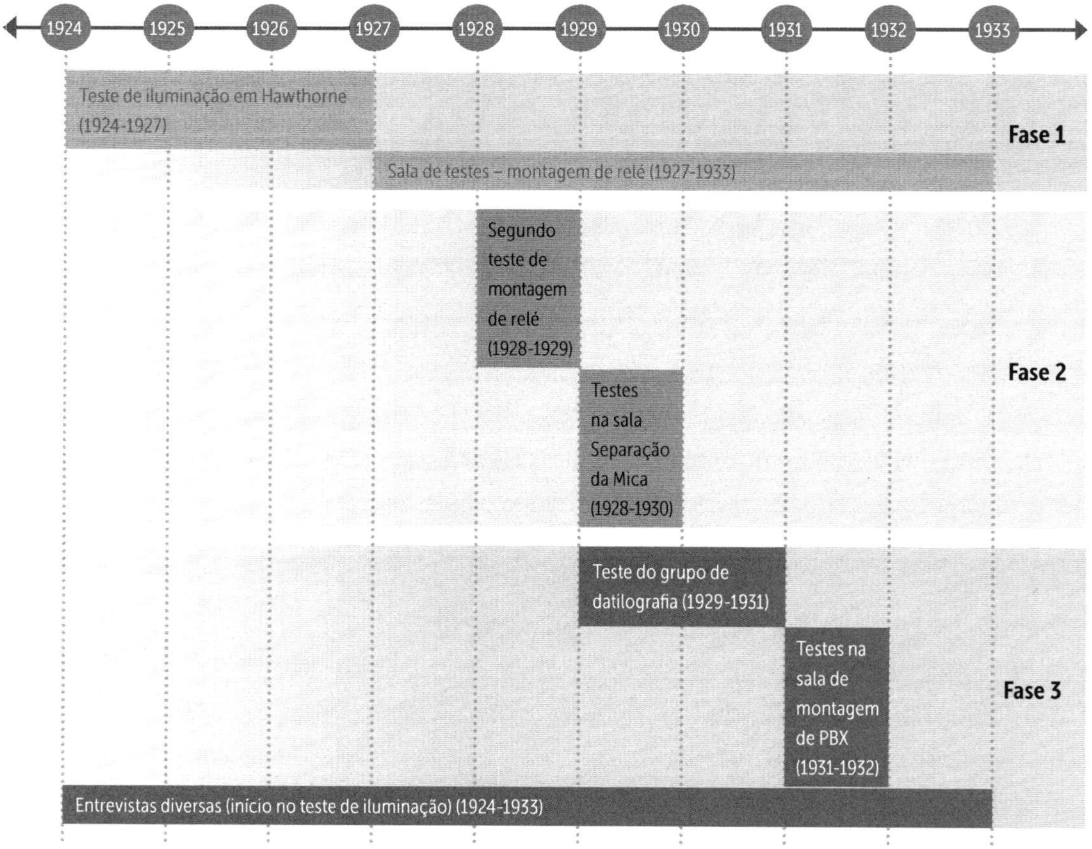

Linha do tempo (1924–1933):

- Teste de iluminação em Hawthorne (1924-1927) — **Fase 1**
- Sala de testes – montagem de relé (1927-1933)
- Segundo teste de montagem de relé (1928-1929)
- Testes na sala Separação da Mica (1928-1930) — **Fase 2**
- Teste do grupo de datilografia (1929-1931)
- Testes na sala de montagem de PBX (1931-1932) — **Fase 3**
- Entrevistas diversas (início no teste de iluminação) (1924-1933)

Fonte: Greenwood; Wrege, 1986, p. 25.

6.2 ORIGEM DO MOVIMENTO DE RELAÇÕES HUMANAS: O EXPERIMENTO DE HAWTHORNE

O experimento de Hawthorne foi um longo estudo que se desenvolveu entre os anos de 1924 e 1933, na cidade de Chicago. Ele foi conduzido sob o patrocínio do Conselho Nacional de Pesquisa da Academia Nacional de Ciência dos Estados Unidos, em continuidade a uma pesquisa feita por pesquisadores do Massachusetts Institute of Technology (MIT) que compunham o conselho de iluminação industrial dessa associação científica (Wren, 2005). Esse estudo foi iniciado sob a direção do professor de Engenharia Elétrica Dugald C. Jackson, e teve como objetivo investigar as condições de iluminação para determinar as condições fundamentais dessa variável que garantiam o ponto ótimo de desempenho dos trabalhadores da fábrica de Hawthorne. Todavia, já na primeira fase dos estudos, os resultados apontaram para algo inesperado, direcionando o resto da pesquisa para um caminho não programado na sua concepção inicial.

Esse evento implicou uma sequência de experimentos diferentes durante o estudo, definidos na Figura 6.2. Essas fases apontavam para novas descobertas e confirmavam hipóteses delineadas no início do estudo e, particularmente, quando a equipe de Elton Mayo assumiu o processo.

6.2.1 INÍCIO DO EXPERIMENTO: A FASE DOS TESTES DE ILUMINAÇÃO

Para que você compreenda o impacto do experimento de Hawthorne, é necessário que saiba qual foi sua proposta inicial. Conforme mencionamos, ele foi idealizado primeiramente para ser um estudo sobre as condições de iluminação da fábrica de Hawthorne, para que pudesse ser definido um padrão ótimo para o setor industrial. Para tanto, o estudo foi idealizado para mensurar o impacto da variação da luz em um ambiente de montagem de diferentes peças. Foram estabelecidos grupos de trabalhadores em três diferentes setores de montagem de peças, escolhidos para realizar o experimento por conta das condições típicas de operação fabril e de execução das tarefas, especialmente o intensivo uso da visão na montagem. Outras variantes foram consideradas no estudo, tais como diferenças no sistema de pagamento em cada setor, a humidade e a temperatura do ambiente.

A primeira fase de teste consistiu em uma série de registros de fatores de produtividade em diferentes condições de iluminação no ambiente (usando lâmpadas de 50 watts, depois lâmpadas de 100 watts, 50 watts novamente, 200 watts e 300 watts).

Após as 18 semanas de experimentos, os resultados da associação entre a iluminação e a produtividade dos trabalhadores foi inconclusivo. Após essa primeira tentativa, os pesquisadores organizaram um novo teste. Foram selecionados dois grupos de trabalhadores, um que iria trabalhar em condições de variação na iluminação, e outro grupo de controle (onde a iluminação permaneceria inalterada). A ideia é que a comparação entre o desempenho nestes dois grupos iria indicar a influência da iluminação como fator de aumento da produtividade. Contudo, mais uma vez, não houve diferença.

FIGURA 6.2 – VARIAÇÃO NA ILUMINAÇÃO NA PRIMEIRA FASE DO ESTUDO DE HAWTHORNE

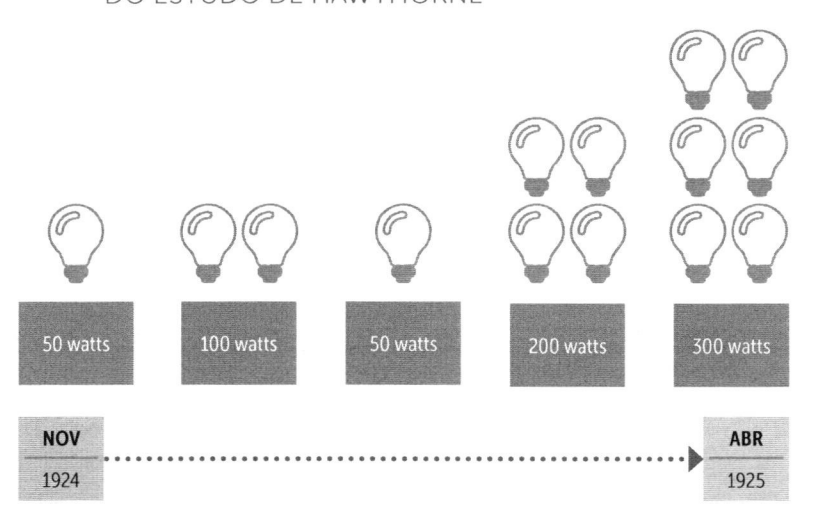

Fonte: Elaborado com base em Greewood; Wrege, 1986.

O que se constatou é que, em ambos os grupos, houve melhoria de desempenho, mesmo em situações de baixa luminosidade. Registros dos relatórios oficiais do estudo indicam que os trabalhadores tinham consciência da baixa luminosidade, mas, mesmo assim, buscavam melhorar seu desempenho. Novos testes foram realizados na tentativa de isolar as variáveis, mas também foram inconclusivos (Greenwood; Wrege, 1986).

Por conta desse indicativo, os pesquisadores identificaram a influência de uma variável inesperada, supostamente relacionada com a expectativa causada no grupo de funcionários pela realização do estudo (Wren, 2005; Greenwood; Wrege, 1986). A essa variável atribuiu-se a denominação **fator psicológico**, indicando ser um elemento distinto dos primeiros aspectos investigados (que se tratava de fatores fisiológicos e relacionados ao ambiente físico de trabalho). A partir desse resultado, em abril de 1927, o estudo de luminosidade foi abandonado (Wren, 2005), iniciando-se uma série de testes para revelar a natureza deste novo aspecto.

6.2.2 SEGUNDA FASE DO EXPERIMENTO: A SALA DE MONTAGEM DE RELÉS

Após os resultados obtidos na primeira fase, foi organizada uma série de teste com grupos de trabalhadores. A primeira dessas avaliações foi empreendida na sala de testes de montagem de relés, onde os participantes do experimento seriam um grupo de trabalhadoras da fábrica. Essa fase foi conduzida por pesquisadores do MIT, um que já estava envolvido na fase dos testes de iluminação, C. E. Snow, e outro pesquisador do instituto convidado para participar dessa etapa, Homer Hibarger (Greenwood; Wrege, 1986).

O grupo foi selecionado pelo supervisor do Departamento de Montagem de Relés, Frank Platenka. Foram convidadas 5 mulheres para participar do estudo, um número reduzido por conta das limitações técnicas para o registro de dados. Após serem informadas sobre a importância do estudo e as condições de sua realização, o experimento iniciou com o registro do trabalho das montadoras durante duas semanas em seu local regular de trabalho. Depois disso, elas foram transferidas para uma sala especial para testes. Nesse ambiente controlado, foram alteradas diferentes condições de trabalho, desde sistema de pagamento, período de trabalho, horário de descanso etc. Os testes foram conduzidos por mais de 9 meses, o que abarcou um intenso convívio entre as 5 montadoras e os pesquisadores do MIT.

Os resultados dessa segunda fase foram surpreendentes. A despeito das mudanças das mais variadas nas condições de trabalho, a produtividade somente aumentava. Durante o experimento, chegou-se a constatar que uma das montadoras apresentava problemas de saúde (anemia), mas nem mesmo esse fator impediu que a produção melhorasse, nos dois grupos. Assim, foi necessário que se alterasse a forma de registro dos dados para que se chegasse ao entendimento do processo.

6.2.3 TERCEIRA FASE DO EXPERIMENTO: O NOVO PROGRAMA DE ENTREVISTAS

Em razão dos resultados da etapa de estudos do grupo de montagem de relés, os pesquisadores do MIT alteraram o programa de entrevistas que, na fase de iluminação, correspondia a perguntas fechadas genéricas sobre as condições de trabalho. No Quadro 6.2, apresentamos alguns exemplos dessas perguntas.

QUADRO 6.2 – EXEMPLO DE PERGUNTAS DO PROGRAMA DE ENTREVISTAS DA FASE DE ILUMINAÇÃO DO EXPERIMENTO DE HAWTHORNE

Pergunta	Sim	Não
Como está sua saúde geral?		
Você está feliz no trabalho?		
Você é influenciada por qualquer pressão por seus colegas de trabalho?		

Fonte: Wren, 2005, p. 284.

Na fase dos grupos de montagem de relés, foi necessário buscar ajuda para se explicar os resultados obtidos. Foi assim que o professor e psicólogo do Departamento de Relações Industriais de Harvard, Elton Mayo, foi convidado a participar do estudo de Hawthorne. Sua formação em psicopatologia foi considerada pelos professores do MIT como útil para revelar aquele mistério do grupo de montagem de relés.

Com a condução do estudo por Elton Mayo, a primeira medida foi fazer com que as entrevistas deixassem de ser diretivas (perguntas prontas de resposta "sim" ou "não"). Buscou-se estabelecer um novo programa, no qual as trabalhadoras eram deixadas mais à vontade para conversar, mantendo um ambiente amigável e receptivo, calcado na confiança e vínculo que havia se estabelecido com os pesquisadores durante o período prévio de testes.

Foi a partir desse momento que os pesquisadores descobriram que o estilo da chefia estava influenciando o aumento do desempenho. Comparado com os supervisores regulares do chão de fábrica, os pesquisadores do MIT e a equipe de Mayo apresentavam um estilo mais humano, polido e afetuoso, enfim, que partiam da premissa de que as trabalhadoras eram pessoas dignas de respeito. Nesse ponto, surgiu a premissa fundamental do movimento de relações humanas, como sugere o historiador Daniel Wren (2005, p. 287):

> O uso da técnica de entrevista não diretiva permitiu que o supervisor lidasse com os problemas pessoais dos trabalhadores com mais inteligência, identificasse melhor fatores que afetavam negativamente o desempenho do trabalhador e removesse os eventos ou fatores no ambiente social ou físico dos trabalhadores que influenciavam negativamente. O novo supervisor deveria ser mais orientado para as pessoas, mais preocupado, menos distante e qualificado para lidar com situações sociais e pessoais. O produto desse estilo de liderança

humana era moralmente melhor, menos pessimista e de melhor desempenho.

Foi assim que surgiu a primeira premissa do movimento de Elton Mayo, fundamentado na consideração do trabalhador tendo como base seu interesse por interações sociais. Em seu livro, Mayo (1947) considera que o desgaste provocado pelo estilo de gestão controlador e voltado exclusivamente para a estrutura do processo de trabalho comprometia o verdadeiro bom desempenho das pessoas. De acordo com a premissa das relações humanas, o trabalhador rende mais se o sistema de gestão estimular seus interesses sociais, seus aspectos afetivos, sua interação social.

É aqui que reside o grande contraponto do movimento de relações humanas com o pensamento administrativo clássico, especialmente a doutrina da administração científica e sua premissa de *homo economicus*. Basta lembrarmos que, em seu principal livro, Taylor (1911) aponta como grande problema da produtividade nacional a postura preguiçosa do trabalhador. O autor via racionalidade nessa conduta, pois não havia, no sistema de pagamento vigente, nenhuma vantagem em buscar o maior esforço. Como sugere Bertero (1968, p. 78), "o *homo economicus* é um hedonista que, da maneira mais esquemática possível, comporta-se buscando o prazer e evitando a dor e o sofrimento".

Essa premissa do taylorismo é a que Elton Mayo critica como baseada em uma falsa suposição do comportamento humano. Foi por meio de seu programa de entrevistas que Mayo identificou, empiricamente, as vantagens de um novo modelo de gestão. Entretanto, seu experimento foi completo com a descoberta do mecanismo de relações informais dos pequenos grupos, algo que Mayo identificou na quarta fase do experimento de Hawthorne.

6.2.4 QUARTA FASE DO EXPERIMENTO: ESTUDO DOS PEQUENOS GRUPOS

Na etapa seguinte, o estudo de Hawthorne tomou um novo rumo. Mayo e sua equipe iniciaram uma sequência de teste em pequenos grupos de trabalhadores homens do Departamento de Montagem dos Terminais de Cabos de Equipamentos Telefônicos, (*Bank Wiring Departament*, em inglês). Nesse novo teste, seria mantida a mesma supervisão tradicional e os dados seriam registrados sem nenhum contato dos pesquisadores com os trabalhadores. Outra característica desse grupo de trabalhadores é que eles tinham suas recompensas determinadas pelo desempenho do grupo.

Nessa etapa de testes, Mayo identificou um resultado interessante, contrário àquilo que havia sido identificado nas fases anteriores. Em várias situações, trabalhadores eram influenciados pelo grupo para produzir menos. De acordo com os dados obtidos, isso se deve ao fato de que o grupo não se sentia confortável em ter seu ritmo de trabalho determinado pela supervisão, pois desejava decidir ele mesmo o nível de produtividade.

Mais importante do que a insurgência do grupo em relação à supervisão, Mayo descobriu que o trabalhador individual dava mais valor à aceitação pelo grupo do que aos ganhos econômicos advindos do trabalho. Em várias situações, ficou claro no estudo dos trabalhadores do Departamento de Painéis de Cabos que estes preferiam reduzir seus ganhos a trair a confiança de seus pares (Bertero, 1968; Wren, 2005). Foi assim que Mayo desvendou a lógica dos grupos informais, conforme sugere Bertero em sua análise da obra de Mayo, sendo esse aspecto o ponto fundamental de investigação do comportamento no contexto do trabalho:

> Mayo acreditou ter descoberto nas relações informais, especialmente no pequeno grupo, as condicionantes da ação grupal que tinha lugar na estruturá formal da organização. O pequeno grupo, enquanto oposição à

estrutura formal, expressa no organograma e no manual de administração, repetia no ambiente da fábrica as funções desempenhadas socialmente por aquilo que o sociólogo chamaria de grupo primário. O que passava então a importar era o entendimento do pequeno grupo, de sua importância enquanto instrumento de satisfação de necessidades individuais, e de que como os recursos e energias latentes poderiam ser canalizadas pela administração para a consecução dos objetivos da organização formal. (Bertero, 1968, p. 79)

Os resultados do experimento de Hawthorne são expressos da seguinte maneira, conforme apresentado por Sonnenfield (1985, p. 115):

1. O comportamento individual do trabalho é raramente uma consequência pura das relações simples de causa e efeito, mas é determinado por um conjunto complexo de fatores.
2. O grupo de trabalho informal ou primário desenvolve seu próprio conjunto de normas que mediam as necessidades dos indivíduos e o ambiente de trabalho.
3. A estrutura social destes grupos informais é mantida através de símbolos de prestígio e poder relacionados ao trabalho.
4. Os supervisores precisam ouvir o contexto pessoal das queixas dos funcionários para entender as necessidades e satisfações únicas de cada indivíduo.
5. A consciência dos sentimentos dos funcionários e a participação dos funcionários podem reduzir a resistência à mudança.

DIRETRIZES DO MOVIMENTO DE RELAÇÕES HUMANAS

Organização como um sistema social – O pressuposto fundamental do movimento de relações humanas é o de revelar o local de trabalho como um reflexo das relações sociais que se estabelecem fora da fábrica. Em outras palavras, no trabalho industrial, os trabalhadores manifestam os mesmos aspectos sociais e psicológicos comuns à vida fora do trabalho. Por isso, para entender o contexto do trabalho e quais eram os verdadeiros fatores que determinam o comportamento organizacional, era necessário considerar as leis sociológicas dos sistemas sociais.

Liderança e motivação como fatores de produtividade – Foi graças aos resultados obtidos por Hawthorne que a liderança e a motivação começaram a ser considerados fatores chave para a obtenção de produtividade. Contudo, entendeu-se que esses temas deveriam ser considerados com base em um conjunto novo de necessidades, antes não considerado pelo pensamento administrativo: as necessidades sociais. Sobre esse aspecto, Mayo lembra que, no mundo industrial, tão importante quanto as habilidades técnicas são as habilidades sociais. Somente com o desenvolvimento da liderança e dos mecanismos de motivação voltados para as necessidades sociais tais habilidades poderiam ser potencializadas.

Colaboração como uma predisposição humana – A crítica feita por Elton Mayo ao modelo de gestão clássico residia particularmente na negação da colaboração natural do espírito humano. Portanto, Mayo entendeu ter constatado pelo estudo de Hawthorne que o ser humano é naturalmente voltado à colaboração, e isso se estabelece pela propensão que temos ao espírito de grupo.

Anomia e desordem social como empecilhos para a harmonia no local de trabalho – Mayo lembra diversas situações de transtornos no trabalho industrial de sua época como fruto de um amplo processo de desordem social: greves, sabotagem, afastamento por problemas psicológicos eram alguns dos fatores da anomia da sociedade industrial. Essa dimensão social patológica do trabalho era especialmente percebida pelo impacto causado pela monotonia do trabalho industrial da época, o que tornou os resultados do estudo de Hawthorne mais contundentes com o pensamento social vigente.

Fonte: Elaborado com base em Wren, 2005; Bertero, 1968; Sonnenfield, 1985.

Outros pressupostos importantes do movimento de relações humanas são apresentados no Quadro 6.3. Conforme podemos observar, foi a partir do experimento de Hawthorne e do movimento de relações humanas liderado por Elton Mayo que alguns conceitos e temas passaram a ser mais enfatizados pelos autores do pensamento administrativo. Eles demarcaram uma nova perspectiva para análise organizacional, centrada no comportamento organizacional. Tal ênfase se deu especialmente em relação aos modelos liderança, investigação sobre questões motivacionais, aspectos sociais no contexto do trabalho, entre outros fatores. Esses estudos também foram importantes para o surgimento de novos modelos de gestão e outras formas de prescrição da atividade administrativa. Vejamos os principais conceitos desta nova perspectiva.

6.3 TEORIAS COMPORTAMENTALISTAS

As teorias comportamentalistas que se destacam no pensamento administrativo emergiram em grande parte como consequência do movimento de relações humanas. Essas abordagens teóricas são quase sempre fundamentadas nas ciências do comportamento (psicologia, sociologia e antropologia) e pretendiam abandonar as posições rígidas e mecanicistas da abordagem clássica do pensamento administrativo. Nesses estudos comportamentalistas, as pessoas continuavam sendo o foco de estudo dentro de uma perspectiva mais ampla.

Nesse sentido, alguns temas se destacam entre essas teorias. Dois deles são a questão do **estilo de liderança** e a **motivação** (Bergamini, 1994). Entre essas proposições teóricas, quatro se destacam: a teoria X e teoria Y, de Douglas McGregor; o modelo de hierarquia das necessidades, de Abraham Maslow; a teoria da motivação no trabalho, de Frederick Herzberg; a teoria sobre as funções do executivo, de Chester Barnard; e a lei da situação, de Mary Parker Follett. Vejamos agora uma síntese de cada uma dessas proposições.

6.3.1 TEORIA X E TEORIA Y, DE DOUGLAS MCGREGOR

Douglas McGregor foi um psicólogo norte-americano que dedicou sua vida ao ensino e à pesquisa da psicologia social. Professor do MIT, no Departamento de Administração Industrial, sua principal obra revela-se uma síntese das pesquisas que desenvolveu ao longo de anos (Wren, 2005). Assim, McGregor (1992) propôs seu modelo teórico sobre a teoria X e a teoria Y com base na ideia geral de que os estilos de liderança e os sistemas de gestão (programas de recompensa, mecanismos de controle, normas e padrões de comportamento etc.) são antes determinados por premissas sobre a natureza humana aceitas pelos responsáveis pela administração.

Em seu modelo teórico, McGregor reconheceu que a visão tradicional da administração – aquela associada à perspectiva clássica do pensamento administrativo – caracterizava-se por um estilo de liderança e um sistema de gestão mais rigorosos e centrados no controle da tarefa. Contudo, de acordo com esse autor, esse viés se explica por conta de pressupostos de igual natureza sobre a natureza humana. Portanto, o estilo mais controlador, autocrático e o sistema mais formalizado e restritivo que a visão clássica trazia refletia a ideia de que o ser humano somente poderia ser motivado por mecanismos mais severos, já que a tendência do indivíduo é a de evitar o esforço. Assim sendo, o trabalhador luta contra a administração para atingir seu interesse egoísta e outras vantagens individuais, em detrimento do interesse coletivo (McGregor, 1992).

Da mesma forma, McGregor também reconhecia na perspectiva que emerge do movimento de relações humanas fundamentos e premissas sobre a natureza humana (Baumgartel, 1960). Isso significa afirmar que o estilo de liderança centrado na pessoa proposto por esse movimento reflete, na verdade, pressupostos sobre a natureza humana, considerada por meio do interesse para o desafio, para a iniciativa, para a satisfação em colaborar e em ter autonomia no trabalho.

Até o momento, não se observa nenhuma novidade do que já havia sido tratado sobre o movimento de relações humanas e as constatações de Elton Mayo sobre a perspectiva clássica do pensamento administrativo. Contudo, o modelo de McGregor apresenta um importante ponto de diferença sobre as ideias de Mayo e seus seguidores. Diferentemente deste último, McGregor não partiu da premissa de que o estilo de liderança e gestão centrado na pessoa é melhor que o estilo centrado no controle e na execução da tarefa; seu modelo teórico apenas associou cada um dos estilos aos pressupostos sobre a natureza humana assumidos por quem exerce a liderança.

Assim sendo, o grande aspecto do modelo teórico de McGregor não é a prescrição de dois modelos; é, na verdade, a relação entre os dois estilos com a crença assumida por quem o exerce. O ponto central aqui é a relação entre as crenças dos líderes sobre a natureza humana e a adoção de um determinado estilo.

Para melhor ilustrar esse entendimento, McGregor cunhou os termos "teoria X" e "teoria Y" para denominar o estilo centrado na tarefa e o estilo centrado na pessoa, respectivamente. Assim, na teoria X, se assume que a gestão acredita que o trabalhador tende a ser preguiçoso, desinteressado e egoísta, agindo, na primeira oportunidade, contra a administração e o interesse da organização; essa crença pressupõe o estilo assumido controlador, centrado em mecanismos que irão garantir o comportamento desejado.

Na teoria Y, por outro lado, existe a crença de que o trabalhador se realiza no trabalho; que ele busca ter autonomia para trabalhar, busca desafios e que irá se engajar se lhe for dado o devido estímulo. Essa crença constitui o modelo de gestão centrado na pessoa, que estimule a participação e a autonomia, inspirador de confiança mútua. O Quatro 6.3 apresenta as premissas do estilo X e do estilo Y, tal como tratado por McGregor (1992).

QUADRO 6.3 – PREMISSAS DA TEORIA X E A TEORIA Y

Teoria X: o líder assume que o trabalhador	Teoria Y: o líder assume que o trabalhador
• Não gosta de seu trabalho. • Evita a responsabilidade e, por isso, necessita de direção constante. • Tem que ser controlado, forçado e ameaçado para entregar o trabalho. • Precisa ser supervisionado a cada passo. • Não tem incentivo para trabalhar ou ambicionar e, portanto, precisam ser estimulado por recompensas para atingir metas.	• É feliz por trabalhar por sua própria iniciativa. • Deseja ser mais envolvido na tomada de decisões. • É automotivado para completar suas tarefas. • Aproveita o exercício do seu trabalho. • Procura e aceite a responsabilidade e, por isso, precisa de pouca orientação. • Vê o trabalho como gratificante e desafiador. • Resolve problemas de forma criativa e com imaginação.

Fonte: Elaborado com base em McGregor, 1992.

Com base no modelo psicossocial de McGregor, muitas outras pesquisas desenvolveram estudos sobre estilos de liderança (Bergamini, 1994). Estes estudos desenvolveram diferentes formas de análise sobre o papel do líder, assim como diferentes premissas sobre a relação líder-liderado.

6.3.2 ABRAHAM MASLOW E A HIERARQUIA DE NECESSIDADES

O estudo desenvolvido por Abraham Maslow sobre os fatores de motivação psicológica dos indivíduos, apesar de ter sido desenvolvido no âmbito da vida social de modo geral, é amplamente lembrado como exemplo vivo da abordagem comportamentalista na Administração.

Maslow foi um psicólogo norte-americano que dedicou sua carreira ao desenvolvimento da abordagem humanística. Sua produção foi ampla e repleta de influências de outros grandes nomes da psicologia, como Carl Rogers e Carl Jung (Schultz; Schultz, 2016; Kermally, 2005). Entretanto, sua contribuição mais conhecida foi o **modelo de análise da motivação**, fundamentado em uma hierarquia de necessidades. Por conta de sua forma de apresentação, esse modelo também é conhecido como *pirâmide de Maslow* (Figura 6.3).

O modelo de hierarquia de necessidades foi desenvolvido com base em uma pesquisa empreendida por Maslow em 1946, em Connecticut. Por meio de uma técnica de treinamento de grupos, o psicólogo norte-americano descobriu padrões de comportamento que precisavam ser descongelados para que se pudesse desenvolver novos padrões, que revelavam estágios de necessidades que, enquanto vigentes, determinavam os critérios da motivação do indivíduo.

FIGURA 6.3 – PIRÂMIDE DE MASLOW

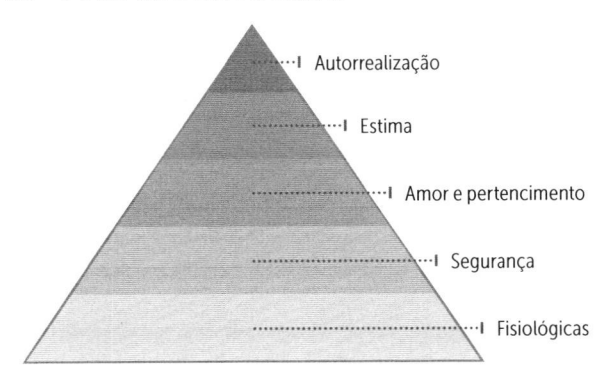

(pirâmide com cinco níveis, do topo para a base: Autorrealização; Estima; Amor e pertencimento; Segurança; Fisiológicas)

Existem cinco níveis distintos no modelo de necessidades de Maslow, do mais baixo ao mais elevado (Kermally, 2005):

1. Necessidades fisiológicas;
2. Necessidades de segurança;
3. Necessidades de amor e pertencimento (também conhecidas como *necessidades sociais*);
4. Necessidades de estima;
5. Necessidades de autorrealização.

As necessidades fisiológicas e de segurança são consideradas básicas, por tratarem de aspectos fundamentais da natureza humana. O primeiro grupo trata do nosso impulso para alimentação, descanso, conforto pessoal e até mesmo libido. As de segurança também retratam um conjunto de necessidades básicas, como o instinto de sobrevivência, o afastamento do perigo, a garantia futura de bem-estar, o cuidado com a saúde etc. Entretanto, somente quando temos a sensação de que as necessidades fisiológicas estão plenamente atendidas é que nos preocupamos com as questões de segurança. Portanto, somente quando um nível está "desativado" que o outro se "ativa" (Maslow, 2001).

Esse processo também ocorre com os outros níveis da hierarquia de necessidades. Denominadas *necessidades superiores*, os três níveis subsequentes da hierarquia de Maslow apresentam elementos mais complexos da psicologia humana. No terceiro nível, temos as necessidades de amor e pertencimento, ou simplesmente necessidades sociais. Elas dizem respeito ao desejo que temos pelo relacionamento com outros seres humanos, o anseio de pertencer a determinado grupo, de se sentir parte de um corpo social. O quarto nível corresponde às necessidades de estima, que é o desejo pelo reconhecimento de nosso valor diante do grupo e/ou da sociedade. É necessidade por ser respeitado, reconhecido como alguém importante. O último nível é denominado *autorealização*, pois corresponde à forma mais sofisticada de interesse humano (por isso, nem sempre atingida). É a consciência de nossa aspiração existencial, a necessidade de "ser alguém".

O modelo de Maslow tem inspirado muitos trabalhos na área de administração, especialmente aqueles que se preocupam em desvendar os problemas da motivação para o trabalho. Estudos sobre as condições de trabalho e as políticas de incentivo tem buscado aplicar o modelo de Maslow para predizer o comportamento organizacional (Goodman, 1968).

6.3.3 HERZBERG E A TEORIA DOS DOIS FATORES

O psicólogo Frederick Herzberg desenvolveu uma série de estudos de psicologia industrial ao longo de sua carreira, especialmente nos Estados Unidos e na Europa. O modelo mais conhecido é o que trata da motivação para o trabalho (Herzberg, 1965a; 1965b), a denominada *teoria dos dois fatores*, que revela distintos aspectos do processo de satisfação e insatisfação no trabalho.

Herzberg desenvolveu seu modelo com base na verificação de que existiam fatores distintos associados à atitude de satisfação *versus* de insatisfação no trabalho. Para Herzberg, no contexto do trabalho, a insatisfação não representa a ausência de satisfação ou vice-e-versa. Essa afirmação foi verificada em suas pesquisas quando om estudioso empiricamente comprovou que pessoas insatisfeitas assumem uma atitude peculiar, e que pessoas satisfeitas tendem a expressar uma atitude de outra natureza. A atitude da insatisfação é aquela que revela o trabalho como algo penoso, e é sinalizada por mecanismos psicológicos patológicos – alcoolismo, tristeza, falta de ânimo etc. De acordo com o modelo de Herzberg, esse tipo de atitude está associado à ausência de recursos de execução do trabalho, tais como as condições e instrumentos fisiológicos da tarefa (ferramentas, espaço físico, recursos financeiros etc.). Já a atitude de satisfação é aquela que promove um comportamento diferenciado no ambiente de trabalho. É comum em trabalhadores que dão mais de si, e está associado a um comportamento proativo e a manifestações emocionais positivas – alegria, desejo de trabalho, felicidade, sentimento de pertença, entre outras.

A grande diferença entre esses padrões distintos de atitudes é que eles estão associados a fontes de estímulo de natureza diferente. Assim, Herzberg chama de *fatores higiênicos* aqueles associados à atitude de insatisfação e *fatores motivacionais* aqueles que influenciam a atitude de satisfação.

QUADRO 6.4 – TEORIA DA MOTIVAÇÃO NO TRABALHO

Fatores higiênicos	Fatores motivacionais
Fatores que evitam a insatisfação no trabalho	Fatores que estimulam a satisfação no trabalho
Tempo de descanso; ajuste ergonômicos de equipamentos, mobiliário e ferramentas; condições físicas de salubridade no local de trabalho; Justificações materiais (salario, benefícios etc.)	significado do trabalho; habilidades intelectuais exigidas para o cargo; conteúdo do cargo e do trabalho realizado; prestígio; reconhecimento; justificações morais.

Fonte: Elaborado com base em Herzberg, 1965a; 1965b.

A descoberta mais relevante da teoria dos dois fatores é justamente a constatação de que a motivação somente é alcançada por elementos subjetivos complexos, relacionados ao significado do trabalho. Por isso mesmo, a atitude perene de satisfação somente é obtida quando a administração investe em mecanismos mais profundos, relacionados ao clima organizacional e à produção de sentido (Bergamini, 1994). Os fatores motivacionais são capazes de promover uma atitude engajada mais duradoura do trabalhador e estão relacionados às necessidades superiores da pirâmide de Maslow. Já os fatores higiênicos são capazes apenas de evitar a insatisfação, porque estão relacionados às necessidades inferiores da pirâmide de Maslow (fisiológicas e de segurança), que, quando atendidas, elevam a expectativa do indivíduo a outro conjunto de necessidades que não abarcam relação com tais fatores.

A teoria de motivação no trabalho de Herzberg, mesmo contestada e tida como controversa (Behling; Labovitz; Kosmo, 1968), tem sido útil no campo da administração pois aponta para aspectos mais profundos da análise do comportamento do trabalho. Com base nesse tipo de abordagem teórica, temas como clima organizacional, estilos de liderança e enriquecimento do cargo passaram a fazer parte do vocabulário dos negócios e da gestão.

6.3.4 CHESTER BARNARD E AS FUNÇÕES DO EXECUTIVO

Como uma bem-sucedida carreira como executivo, Chester Irving Barnard é um dos primeiros autores da chamada *teoria das organizações*, tendo em conta seu interesse em definir a organização como uma entidade ampla e universal (Wahrlich, 1977; Wren, 2005). Seu brilhantismo pode ser atestado pela conquista de sete títulos de *doutor honoris causa*, mesmo sem ter finalizado sua graduação em economia em Harvard. Sua contribuição consiste na teoria sobre a natureza e o propósito das organizações, considerados com base na dimensão social e no papel do dirigente (Wren, 2005). Essas ideias foram apresentadas em seu livro, uma obra seminal para o pensamento administrativo publicada em 1938, *As funções do executivo* (Barnard, 1971).

Da mesma maneira que Fayol, Barnard foi um dirigente de empresas exitoso que, no fim de sua carreira, desenvolveu sua teoria administrativa. Portanto, sua perspectiva sobre a organização é fortemente determinada por sua visão prática. Mesmo assim, Barnard manteve contato com acadêmicos de sua época, como os pesquisadores do estudo de Hawthorne (Wren, 2005). Entre as companhias que dirigiu, estão a New Jersey Bell Telephone Company (uma subsidiária da AT&T, a maior companhia de telecominações dos Estados Unidos), a fundação Rockfeller e o comitê executivo da United Service Organization (Gazell, 1970). A despeito de sua trajetória como prático, Barnard também foi um erudito autodidata, tenho lido obras de importantes pensadores modernos, como Vilfredo Pareto, Kurt Lewin e Max Weber (Wren, 2005).

Em seu principal livro, Barnard procurou definir as bases de uma verdadeira teoria das organizações (Wahrlich, 1977). Ele procurou trazer à discussão teórica desse objeto a ideia de ação social weberiana, bem como a compreensão das organizações formais como entidades imersas nos processos sociais complexos. Para esse autor, a essência das organizações formais é o potencial de realização de uma estrutura social cooperativa deliberada.

Nesse sentido, a teoria organizacional de Barnard está centrada nas ideias de autoridade e cooperação. O autor rejeita o pensamento vigente à sua época – especialmente aquele determinado pelo movimento da administração científica – de que a autoridade é definida objetivamente pela estrutura formal da empresa. Para Barnard, a autoridade é algo que apresenta duas dimensões, uma objetiva (definida formalmente) e outra subjetiva (referente aos aspectos sociais e psicológicos acerca da questão) (Barnard, 1971; Gazell, 1970).

Nesse ponto, Barnard entende que o grande desafio da administração é promover o equilíbrio entre os diferentes fatores de uma organização e garantir as condições de cooperação. Esse objetivo é obtido especialmente pelo exercício da autoridade e pela adequada comunicação. Contudo, a ideia de autoridade vai além daquela formalmente instituída, pois depende da legitimidade dada pelo subordinado. Assim, não basta a autoridade ser formalmente instituída: para que ela seja efetiva, é preciso que seja aceita pelo subordinado. Para tanto, Barnard (1971) considera quatro condições para essa aceitação da autoridade: 1) os subordinados precisam ter compreendido a ordem que foi comunicada; 2) eles precisam acreditar que a ordem é consistente com o propósito da organização no momento que a decisão foi tomada; 3) os subordinados precisam acreditar que a ordem é compatível com seus interesses pessoais como um todo; e 4) eles são física e mentalmente capazes de cumprir a ordem.

Esses pressupostos revelam uma estrutura complexa de significação e equilíbrio entre a dimensão individual, cognitiva e social. São premissas de uma ampla teoria de cooperação que desafiou as premissas de uma teoria administrativa mecanicista, e indicaram um olhar mais humano para as atividades de direção.

Outro aspecto digno de ser mencionado na obra de Barnard diz respeito à importância dada por ele às recompensas não financeiras, especialmente aquelas ligadas às necessidades superiores da hierarquia de Maslow (sociais, de estima e de autorrealização). Foi Barnard quem primeiro sinalizou para a efetividade de um sistema subjetivo de recompensas, em uma época que predominava a ideia da recompensa exclusivamente pecuniária.

6.3.5 MARY PARKER FOLLETT E A LEI DA SITUAÇÃO

Uma das autoras mais controversas do pensamento administrativo foi Mary Parker Follett. Reconhecida como uma pensadora muito à frente de seu tempo, a estudiosa americana foi contemporânea dos autores clássicos do pensamento administrativo, mas já tratava de questões comportamentais que só iriam se popularizar na área anos mais tarde (Graham, 1997).

Follett nasceu em Quincy, no interior do estado de Massachusetts, em um conturbado contexto familiar. Com a mãe doente e o pai alcoólatra, Follett buscou nos estudos seu caminho para o próprio equilíbrio, contando com o incentivo de uma professora de História que lhe apresentou a obra de importantes filósofos alemães idealistas, como Johann Fichte e George Hegel. Foi graças a esses autores em particular que Follett começou a se interessar pelas questões sociais, especialmente aquelas relacionadas à filosofia política.

O foco central no trabalho de Follett foi a dinâmica dos grupos (Stefani; Vizeu, 2014; Wren, 2005), compreendida pela autora por meio de uma complexa teoria, desenvolvida ao longo dos anos de investigação no contexto político e industrial dos Estados Unidos. Denominada *lei da situação*, a análise de Follett se baseava nos princípios da vida comunitária (Graham, 1997). Da mesma maneira que outros autores, a teórica também se inspirou nas suas experiências de vida para constituir seu principal trabalho teórico (Stefani; Vizeu, 2014).

O princípio fundamental da lei da situação é a ideia de que os indivíduos convergem seus interesses quando estabelecem um vínculo de grupo, por meio da dinâmica interna destes. Portanto, a partir da interação entre indivíduos quando estes estabelecem um vínculo grupal, interesses individuais são reinterpretados para formar novos interesses convergentes. Esse processo era obtido de diferentes formas, sendo a mais efetiva, para Follett, a integração: a mediação por meio da discussão de ideias, da comunicação e da negociação, buscando uma saída criativa para o conflito. Como a própria autora considera: "A integração envolve invenção, e coisa mais inteligente a fazer é reconhecer isso e não deixar o pensamento de alguém ficar dentro dos limites de duas alternativas que são mutuamente excludentes" (Follett, citado por Wren, 2005, p. 305).

Assim, a lei da situação é o caminho buscado por Follett para compreender as tensões que existem nos grupos, mas também o potencial de solução desses embates. Tendo atuado em mediação de conflitos durante muito tempo, Follett desenvolveu um método de negociação fundamentado duplamente na aceitação da tensão e contraposição de interesses individuais no grupo, bem como na certeza de que o espírito de cooperação e convergência inerente ao ser humano – aliado ao pensamento criativo – assume o potencial de solução.

As diferentes propostas dos teóricos da abordagem comportamentalista devem ser consideradas como complementares e apresentando um denominador em comum. Todas são de forte base científica, em especial, de premissas psicológicas e sociológicas; elas também têm em comum o olhar mais humanístico sobre a realidade organizacional, algo não observado pelo pensamento clássico da administração. Essa marca permaneceu até os dias atuais, pois todas as novas abordagens da administração, em certa medida, consideram essa premissa.

SÍNTESE

Apesar de ser correto afirmarmos que a perspectiva social da administração já deu seus primeiros sinais nos trabalhos dos autores clássicos do pensamento administrativo – particularmente, nas preocupações de Taylor e Fayol quanto ao bom relacionamento entre o corpo social e a direção da empresa, ou mesmo na leitura sociológica de Weber sobre o fenômeno da burocracia – foi somente a partir do movimento de relações humanas que a administração passou a assumir seus contornos de ciência social. Tais contornos se revelaram particularmente pelas bases desse movimento, que buscou compreender os processos administrativos com base em constructos teóricos advindos de outros campos de pesquisa social e comportamental (psicologia, sociologia e antropologia).

É assim que o pensamento administrativo passou para a era do sujeito social.

Contrariando as premissas de controle utilizadas pela abordagem clássica do pensamento administrativo, o movimento de relações humanas enfatizou a necessidade de se desenvolver conhecimento sobre fatores sociais e psicológicos mais complexos que determinam o comportamento dos indivíduos. Na perspectiva clássica, acreditava-se que o comportamento dos trabalhadores era condicionado exclusivamente por normas e padrões estabelecidos pela administração formal. Na abordagem comportamentalista, o controle passou a ser observado por outros fatores, tais como o contrato social dos pequenos grupos e os interesses sociais (atendidos por mecanismos simbólicos de reconhecimento e *status*).

Nesse sentido, o controle exercido sobre os trabalhadores por meio dos sistemas de administração e pelos estilos de liderança deveriam contemplar novas premissas, baseadas em princípios de colaboração e motivação subjetiva. Esse novo rumo dado às pesquisas em administração permitiu que se desenvolvessem sistemas de recompensas e punições mais sofisticados, que passaram a considerar a subjetividade em sua complexidade.

EXERCÍCIOS RESOLVIDOS

1. Qual foi a importância do experimento de Hawthorne no estabelecimento da administração como uma ciência social?

O advento do fator psicológico nas análises de performance dos trabalhadores. Graças às intervenções de Elton Mayo no experimento dos pesquisadores do MIT, foi possível descobrir que o fator do afeto e do tratamento respeitoso com trabalhadores pode garantir ótimos resultados nas condições mais adversas. Essa foi a pedra angular das relações humanas na gestão administrativa do trabalho.

2. Por que os resultados da segunda fase do experimento de Hawhtorne levaram a que se abandonasse o formato original do estudo?

Porque mesmo que as condições de trabalho fossem as mais precárias, as pessoas participantes do estudo só aumentavam a produção, a despeito do previsto.

3. Explique o pressuposto do movimento de relações humanas de que a organização deve ser considerada como um sistema social.

O local de trabalho é um reflexo das relações sociais que se estabelecem fora da fábrica. Em outras palavras, no trabalho industrial, os trabalhadores manifestam os mesmos aspectos sociais e psicológicos comuns à vida fora do trabalho. Por isso, para entender o contexto do trabalho e quais eram os verdadeiros fatores que determinam o comportamento organizacional, era necessário considerar as leis sociológicas dos sistemas sociais.

QUESTÕES PARA DISCUSSÃO EM GRUPO

1. Discuta sobre a complementariedade das propostas de McGregor, Maslow, Herzberg, Barnard e Follett enquanto perspectivas comportamentalistas da administração.

7

TEORIA DA BUROCRACIA E A RACIONALIDADE ADMINISTRATIVA[1]

---

1 Trechos deste capítulo foram elaborados com base em Vizeu (2010a), Vizeu (2006) e Ferreira (2004).

CONTEÚDOS DO CAPÍTULO:

- Modelo burocrático sob a luz do pensamento sociológico de Max Weber.
- Racionalidade como princípio da burocracia e do pensamento administrativo.

APÓS O ESTUDO DESTE CAPÍTULO, VOCÊ SERÁ CAPAZ DE:

1. explicar a contribuição das ideias de Weber para a compreensão da burocracia como elemento estruturante da sociedade e da administração;
2. reconhecer a racionalidade como fundamento da teoria administrativa e organizacional;
3. indicar que, para Weber, a racionalização se expressa mais acentuadamente no setor econômico;
4. detectar a emergência de uma nova visão de trabalho, que o relaciona à ideia de vocação, e não mais a noção de pena.

Assim como o pensamento administrativo é devedor do movimento de relações humanas no que tange à incorporação da perspectiva social na administração, também devemos considerar o grande impacto das contribuições trazidas pela chamada *teoria das organizações*. Esse movimento iniciou entre sociólogos norte-americanos por volta da década de 1950, e teve por principal orientação a leitura feita por eles da obra de Max Weber.

Dentre os autores considerados clássicos para a área da administração, Weber pode ser considerado como que tomado por empréstimo, pois, na verdade, não é correto afirmarmos que esse sociólogo foi um autor preocupado diretamente com o pensamento administrativo. Sua sociologia compreensiva foi decisiva para todo o pensamento social, fato que lhe rende o rótulo – junto a Marx e Durkheim – de um dos autores mais importantes das ciências sociais (Quintaneiro; Barbosa; Oliveira, 2002).

A importância de Weber para o pensamento administrativo está na sua descrição precisa do mais importante modelo organizacional, a **burocracia**. Considerada pelo próprio Weber como o tipo de estrutura administrativa tecnicamente mais eficiente, o modelo burocrático expressa os mesmos princípios de racionalidade apontados pelos outros autores clássicos do pensamento administrativo. Por isso, a teoria da burocracia do sociólogo alemão serviu de base para os autores do pensamento administrativo que viram nas propostas de autores clássicos certa incompletude. Esse foi o caso dos proponentes da teoria das organizações, entre eles Blau e Scott (1979), Etzioni (1981), March e Simon (1967) e Mouzelis (1969).

É importante destacarmos que, apesar de os princípios da burocracia serem evidenciados nas propostas dos autores clássicos da administração, precisamos diferenciar Weber dos pioneiros do pensamento administrativo, pois a análise feita por Weber é sociológica, ou seja, considera os aspectos sociais das interações humanas como fundamento primeiro, mesmo as interações supostamente mecânicas de uma racionalidade da técnica administrativa.

Por isso, também dedicamos a este capítulo a discussão do princípio da racionalidade à luz do pensamento social. Ao final, complementamos a perspectiva weberiana com uma análise crítica da razão administrativa. Nesse sentido, destacamos a visão do autor brasileiro mais famoso de teoria da organização, Alberto Guerreiro Ramos (1989).

7.1 INTRODUÇÃO À SOCIOLOGIA DE WEBER

Apesar de ser uma tarefa difícil a interpretação de seu pensamento, analistas da obra de Weber concordam que a grande preocupação que permeia o conjunto dos trabalhos desse autor (inclusive os trabalhos incompletos) é a análise feita por ele sobre os traços de distintividade das sociedades ocidentais (Bendix, 1986; Giddens, 2000). Para tanto, Weber prioriza a abordagem histórica em sua interpretação sociológica, sendo esta uma importante marca deste Autor (Aron, 1999; Bendix, 1986; Kieser, 1994).

Outro traço marcante da sua sociologia compreensiva é a aproximação com o idealismo germânico, especialmente em relação a Hegel. Nesse ponto, a marca da sociologia compreensiva de Weber é a anterioridade das questões da subjetividade humana como fator de explicação das questões práticas; em outras palavras, o destaque dado pelo autor ao mundo das ideias em relação ao mundo econômico. Bendix (1986) identifica os estudos feitos por Weber sobre os problemas da sociedade agrária germânica como o momento em que esse estudioso percebeu como ponto fundamental de análise dos processos históricos as questões de natureza psicológica, em lugar da prioridade dada por Marx aos fatores produtivos. Nesse sentido, o principal elemento da interpretação weberiana sobre a constituição histórica da modernidade reside no contínuo enfraquecimento no mundo ocidental da orientação mítica-religiosa na especificação das questões políticas e econômicas.

A sociologia da religião empreendida por Weber reside na análise do sentido dado à moral da convicção religiosa na vida cotidiana (Aron, 1999). Assim, o entendimento weberiano sobre a transição do período pré-moderno se dá pela desmitificação do mundo ocidental, dada especialmente graças às transformações nas religiões cristãs. Apesar de ainda ser controversa a base historiográfica utilizada por Weber (2004) em seu ensaio sobre a relação entre a ética protestante e o espírito do capitalismo, o mais importante aspecto desse célebre texto é apontar para o gradual enfraquecimento da moral religiosa na organização institucional da civilização ocidental. A esse processo, Weber chama de *desmagificação do mundo*, e basicamente representa a contínua racionalização das instituições ocidentais – políticas, econômicas, jurídicas, educacionais e religiosas. Todavia, essa orientação racional das coisas e da ordem social é estritamente econômica, ou seja, dada a partir do interesse técnico-econômico. É uma nova ética do trabalho, fundada na ética secular que nasceu no protestantismo.

> **DESMITIFICAÇÃO, DESMAGIFICAÇÃO OU DESENCANTAMENTO DO MUNDO?**
>
> Nas traduções dos textos de Weber para o português, é comum se utilizar o termo *desencantamento*, um termo que pode gerar interpretações indevidas, tendo em conta que o sentido da expressão original é o de sinalizar a decadência das referências mágicas como fator de organização da vida social. Na Antiguidade e na Idade Média, as referências mágicas e místicas eram mais presentes no cotidiano do que o mundo moderno pode imaginar. Um bom exemplo disso eram os oráculos da Antiguidade, como o famoso oráculo de Delphos.

Sobre esse aspecto da interpretação weberiana da ética capitalista, Bendix comenta:

> A ideia do trabalho árduo como um dever que traz em si mesmo a sua própria recompensa é um atributo típico do homem no mundo industrial moderno, tal como concebido por Weber. O homem deve trabalhar bem em sua ocupação remunerada não apenas porque tem de fazê-lo, mas porque o deseja; é um sinal de sua virtude e uma fonte de satisfação pessoal. (Bendix, 1986, p. 68)

Outro ponto importante diz respeito ao tipo de relação de poder que caracterizavam os períodos mágicos do período secular. A tipologia de autoridade proposta por Weber indica diferentes fontes de autoridade e subordinação, de natureza eminentemente distinta e que permitiram diferentes tipos de estruturas sociais ao longo da história. Segundo o autor, são três tipos de autoridade: a **carismática**, a **tradicional** e a **racional-legal**. Cada uma dessas formas configura uma peculiar estrutura de dominação e caracteriza diferentes modelos organizacionais de sociedade. A racional-legal é o tipo de dominação que caracteriza a emergência do sistema burocrático de administração e controle social. A teoria burocrática de Weber (1974) indicava como esse modelo histórico de administração e organização caracterizava o controle por meio de normas e regulamentos para prever o comportamento dos subordinados. O controle estava fundamentado no cumprimento das normas.

7.2 EMERGÊNCIA DA BUROCRACIA NA HISTÓRIA

Para Weber, a ascensão histórica da lógica racional moderna ocorre associada ao enfraquecimento do sistema patrimonialista de organização social. Nessa estrutura, o poder político é obtido com base nas relações de patrimônio, de natureza pessoal e suportado pela autoridade tradicional, centrado especialmente pela lógica familiar, tanto na esfera social e política quanto na esfera produtiva (Weber, 2000). No lugar do sistema patrimonialista de gestão da ordem pública (o estamento), Weber aponta uma nova ordem burocrática para a organização do aparelho estatal, focada na racionalização do aparato administrativo com fins de torná-lo tecnicamente eficiente em relação ao interesse de controle social.

> **QUAIS SÃO OS PRIMEIROS INDÍCIOS DA BUROCRACIA NA HISTÓRIA?**
> Tragtenberg (1992) lembra a origem da burocracia no modo de produção asiático, seguindo a análise de Weber (2000, 1974), que também destaca outras civilizações da Antiguidade, como o Egito e a China Antiga.

Nesse sentido, o fundamento da burocracia moderna é a sua orientação racional e tecnicista. Dito de outro modo, a burocracia é o sistema administrativo fundamentado no funcionamento de uma rígida estrutura legal racionalmente constituída, na qual a autoridade do agente reside no poder legalmente instituído. Essa diferença é significativa quando comparada ao sistema social patrimonialista, no qual o poder é de natureza pessoal e arbitrária (Bendix, 1986; Weber, 2000).

Na medida em que se sustenta pelo princípio da eficiência e da produtividade técnica, a organização burocrática representa o sistema mais adequado para a empresa capitalista em seu estágio mais desenvolvido (Weber, 1974). Mesmo considerando o custo com o estabelecimento da estrutura burocrática na empresa fabril, o interesse capitalista da maximização do ganho é garantido, como sugere o seguinte trecho:

> Precisão, velocidade, clareza, conhecimento de arquivos, continuidade, discrição, unidade, subordinação rigorosa, redução do atrito e dos custos de material e pessoal – são levados ao ponto ótimo na administração rigorosamente burocrática, especialmente em sua forma monocrática. Em comparação com todas as formas colegiadas, honoríficas e vocacionais de administração, a burocracia treinada é superior, em todos esses pontos. E no que se relaciona a tarefas complicadas, o trabalho burocrático não é só mais preciso, mas, em última análise, frequentemente

> mais barato do que até mesmo o serviço honorífico não remunerado formalmente. (Weber, 1974, p. 249)

O estabelecimento histórico da burocracia como um sistema racional-legal é explicitado por Weber (1974) pela gradual racionalização das instituições jurídicas ocidentais, dada especialmente pela complexidade das questões práticas e econômicas postas em litígio, que exigiam dos legisladores e dos julgadores o desenvolvimento de uma prática jurídica baseada na interpretação racional dos fatos e na formação técnica especializada. Por outro lado, a emergência do sistema jurídico racional no ocidente está estreitamente associada ao desenvolvimento econômico capitalista.

O foco da burocracia é a disciplina, cuja origem remonta à estrutura militar, bem como em várias outras empresas, de acordo com Weber (1974), que demandam grande contingente de pessoas, como as construções de grandes cidades e monumentos da Antiguidade. Mas é no chão de fábrica que a burocracia encontrou seu solo mais fértil, pois a racionalidade econômica do sistema fabril:

> Com a ajuda de métodos de mensuração adequados, a lucratividade ótima do trabalhador individual é calculada como a de qualquer meio material de produção. À base desse cálculo, o sistema americano de 'administração científica' obteve os maiores triunfos no condicionamento e treinamento racional do comportamento de trabalho. As consequências finais são obtidas com a mecanização e disciplina da fábrica, e o aparato psicofísico do homem se ajusta completamente às exigências do mundo exterior, das ferramentas, das máquinas – em suma, uma função individual. O indivíduo é destituído de seu ritmo natural, determinado pela estrutura de seu organismo; seu aparato psicossocial é adaptado a um novo ritmo através de uma especialização metódica de músculos, que funcionam separadamente, e estabelece-se uma economia

ótima de forças correspondente às condições de trabalho. (Weber, 1974, p. 301-302)

Na citação apresentada, Weber aponta que a disciplina fabril não só é uma iniciativa que tem na racionalidade sua tônica. Ela também é um recurso utilizado na desumanização, calcada na impessoalidade da organização unicamente dirigida por preceitos econômicos, fatores fundamentais para a burocracia moderna (Weber, 1974; Bendix, 1986; Mouzelis, 1969). Mais uma vez, percebe nesta orientação racional um desenvolvimento instrumentalizante da função administrativa, que, por conseguinte, se constitui historicamente para atender a dupla finalidade de estruturar o sistema de trabalho da maneira mais eficiente o possível e também de obter o máximo de rendimento do trabalhador (Braverman, 1981). Por isso a relevância de Taylor para a consolidação da disciplina no chão de fábrica. Weber foi um dos teóricos a enxergar o valor das considerações do engenheiro americano.

7.3 A RACIONALIDADE DA BUROCRACIA

O fundamento racional da Burocracia revela o caráter sociológico da leitura de Weber da Burocracia. Isto porque, desde sempre, a racionalidade assume posição de destaque nos estudos e nas teorias que visam explicar os fenômenos sociais e humanos. Na filosofia, a razão sempre esteve presente nas explicações ontológicas do ser; na sociologia, a racionalidade toma a dianteira como principal elemento na explicação das transformações sociais que deram ensejo ao advento do mundo moderno, influenciando, por conseguinte, o entendimento da própria concepção da modernidade. Neste último caso, a obra de Weber foi particularmente importante, já que, enquanto teórico social, centrou-se no entendimento da racionalidade comum à era moderna, a razão do tipo instrumental (Ramos, 1989; Kalberg, 1980).

De acordo com Weber (2000), a racionalidade aplicada à burocracia teve como repercussão o cálculo utilitário de consequências. Como esse trabalho demanda uma demarcada ênfase técnica, o pensador alemão vê na burocracia um novo paradigma de poder, uma nova maneira de manipulação. Para Weber, a crescente racionalização do mundo na era moderna significa:

> que não há forças misteriosas incalculáveis, mas que podemos, em princípio, dominar todas as coisas pelo cálculo. Isso significa que o mundo foi desencantado. Já não precisamos recorrer aos meios mágicos para dominar ou implorar aos espíritos, como fazia o selvagem, para quem esses poderes misteriosos existiam. Os meios técnicos e os cálculos realizam o serviço. Isto, acima de tudo é o que significa a intelectualização. (Weber, 1974, p. 165)

Dada a intrínseca relação entre a razão instrumental com o próprio momento histórico da modernidade, especialmente em relação ao predomínio da esfera econômica sobre outras esferas da vida social, esse tipo de racionalidade permaneceu como concepção universal em diversas áreas de conhecimento, inclusive, na área da administração e da teoria das organizações (Ramos, 1989). O "domínio" do tipo instrumental nestas últimas áreas se explica, entre outros fatores, pela força que teve a leitura do trabalho de Weber feita pelos autores funcionalistas, que, interessados em retratar empiricamente o modelo burocrático weberiano, elencaram seu principal fundamento – a eficiência – como princípio central das medidas administrativas (Motta, 1976).

O reducionismo da ideia de racionalidade operado nas ciências sociais impediu o reconhecimento mais acurado dos efeitos danosos de um comportamento estritamente orientado para a eficiência dos meios, em especial, no âmbito das organizações modernas. A lógica burocrática, tida como modelo organizacional e administrativo, não era reconhecida pela tradição funcionalista em seus aspectos perniciosos. É assim que a busca pela ruptura com este modelo dominante na teoria organizacional foi pretendida por diversos autores. No Brasil, um modelo de contraposição muito difundido é o de Ramos (1989). Em uma tentativa de criar as bases para uma teoria administrativa não centrada na lógica de mercado, esse autor promoveu a discussão do conceito de racionalidade subjacente ao modelo organizacional tradicional.

Reconstituindo as próprias bases do pensamento weberiano (tal qual fizeram outros autores críticos da racionalidade instrumental, como por exemplo Habermas), Ramos considera outro tipo elementar de racionalidade explicitado por Weber, a razão substantiva. A esse tipo foi atribuída a condição de ser intrínseco à natureza humana, o que o eleva a uma situação privilegiada em relação ao tipo instrumental. Outra peculiaridade da racionalidade substantiva consiste na sua estreita relação com um referencial ético, condição que não se dá na razão instrumental (Ramos, 1989). De fato, a essência epistemologicamente diferenciada da abordagem de racionalidade substantiva apresentada por Ramos levou a muitos autores considerarem esse enfoque como uma importante alternativa ao modelo de racionalidade instrumental no campo da teoria das organizações.

A orientação ética da razão substantiva denota um alargamento do escopo de atuação da administração, que, mantendo-se restrita à lógica da eficiência instrumental, não é capaz de atender a todas as exigências dos imperativos da vida social, pelo menos, não de maneira a promover uma relação social emancipadora. A emancipação pode ser entendida como um conceito que busca conciliar adequadamente a esfera coletiva com a esfera individual, tal qual fora pretendido na atividade política descrita pelos filósofos clássicos (Aron, 1999; Giddens, 2000). Por isso, a preocupação de Ramos com a emancipação humana na teoria administrativa visava conciliar num mesmo momento uma abordagem crítica da teoria convencional e as bases para uma nova perspectiva, capaz de promover os indivíduos nos diversos enclaves que constituem os ambientes organizacionais.

Apesar da grande amplitude do projeto de Ramos (1989), devido a morte prematura deste autor no ano seguinte ao lançamento deste texto, não foi possível verificar uma maior maturação de suas ideias por ele mesmo, especialmente quanto a um trabalho de verificação empírica que, segundo o próprio autor, não tinha sido pretendido no seu projeto inicial.

7.4 A RACIONALIDADE NO PENSAMENTO ADMINISTRATIVO

As teorias administrativa e organizacional estendem suas raízes na racionalidade e se nutrem na abordagem cientificista das questões sociais dada pela Sociologia na qualidade de área acadêmica. Como afirma Reed (1999, p. 61) em relação à teoria organizacional:

> as raízes históricas dos estudos organizacionais estão profundamente inseridas em um conjunto de trabalhos que ganhou expressão a partir da segunda metade do século XIX, e que antecipava de forma confiante o triunfo da ciência sobre a política, bem como a vitória da ordem e do progresso coletivos concebidos racionalmente acima da recalcitrância e irracionalidade humanas.

Assim, a racionalidade é um pressuposto fundamental da própria concepção de ciência na área de organizações. Isto parece ser mais evidente se considerarmos as bases positivistas da tradição sociológica da teoria organizacional. De acordo com Santos (1988), a racionalidade do paradigma dominante da ciência social contemporânea se constitui especialmente pelo utilitarismo implícito no determinismo mecanicista haurido com o advento do positivismo oitocentista. Como indica este autor, "o determinismo mecanicista é o horizonte certo de uma forma de conhecimento que se pretende utilitário e funcional, reconhecido menos pela capacidade de compreender profundamente o real do que pela capacidade de o dominar e transformar" (Santos, 1988, p. 51).

Assim sendo, podemos afirmar que a ênfase do pensamento racionalista nas ciências sociais fundamentados nos preceitos positivistas refere-se às vantagens de natureza econômica e operacional relacionados aos atos de controlar e prever eventos no âmbito organizacional, principalmente os que interferem nos interesses econômicos da empresa. Esse destaque econômico veio do desenvolvimento econômico do século XIX, que deu energia ao próprio positivismo, como indicam Padovani e Castagnola (1990, p. 429-430):

> o positivismo é ainda devido ao grande progresso das ciências naturais, particularmente das biológicas e fisiológicas, do século XIX. Tenta-se aplicar os princípios e os métodos daquelas ciências à filosofia, como resolvedora do problema do mundo e da vida, com a esperança de conseguir os mesmos fecundos resultados. Enfim, o positivismo teve impulso, graças ao desenvolvimento dos problemas econômico-sociais, que dominaram o mesmo século XIX. Sendo grandemente valorizada a atividade econômica, produtora de bens materiais, é natural se procure uma base filosófica positivista, naturalista, materialista, para as ideologias econômico-sociais.

Tanto a importância do positivismo quanto a do paradigma tecno-economicista são fundamentais para as teorias administrativa e organizacional, ao contrário do taylorismo, que se aproveita dessa orientação para desenvolver a disciplina administrativa, seja pelos ethos científico que Taylor arrogava para a administração, seja pela eficiência, vantagem organizacional fundamental buscada no taylorismo. Assim, "a administração científica de Taylor é direcionada ao permanente monopólio do conhecimento organizacional por intermédio da racionalização do desempenho do trabalho e do design funcional" (Reed, 1999, p. 67).

Graças à emergente burocracia fabril abordada por Weber e por estudiosos da teoria da organização formal, o âmbito organizacional também recebeu um revestimento tecno-econômico no que diz respeito ao seu repertório teórico. Como afirma Reed (1999, p. 67), o modelo racional "impregnou o núcleo ideológico e teórico dos estudos organizacionais de forma tão abrangente e natural que sua identidade e influência foram virtualmente impossíveis de serem detectados ou questionados". De fato, a visão de Weber tinha do modelo burocrático harmonizava-se com as abordagens taylorista e fayolista do tema: a setorização das atividades, as estruturas hierárquicas e as cadeias de comando etc. Mas foi a análise aprofundada de Weber sobre a administração que deu um aspecto mais robusto à teoria da organização formal.

Para alguns dos mais importantes autores da teoria da organização, nos quais destacamos Blau e Scott (1979), Etzioni (1981) e March e Simon (1967), a burocracia representa o modelo ideal de administração das organizações modernas, no qual seus pressupostos assumem um caráter diretivo na determinação das relações interpessoais, especialmente quanto à situação de comando. Nesse sentido, destaca-se o princípio da autoridade legal, definido em função da natureza da submissão que se estabelece na relação de poder:

> A submissão à autoridade legal baseia-se antes num laço impessoal a um "dever de ofício" funcional e definido de modo geral. O dever de ofício – como o direito correspondente de exercer a autoridade: a "competência de jurisdição" – é fixado por normas estabelecidas racionalmente, através de decretos, leis e regulamentos, de tal modo que a legitimidade da autoridade se torna a legalidade da regra geral, que é conscientemente desenvolvida, promulgada e anunciada com uma correção formal. (Weber, 1974, p. 344)

A submissão à autoridade legal é suportada por uma legitimação de natureza racional. Todavia, essa legitimidade ocorre em bases racionalmente estabelecidas somente no sentido técnico, como indica Kalberg (1980, p. 1158): "De um ponto de vista técnico, o mais racional tipo de dominação é fundado na burocracia simplesmente porque ele permite calcular o mais preciso e eficiente meio para a solução dos problemas pelo ordenamento de regras abstratas e universais".

Na verdade, as principais características do modelo burocrático, ou seja, a formalização do comportamento, a impessoalidade e a profissionalização (Motta; Pereira, 1981), têm sua razão de ser somente como mecanismos técnicos de organização para a produtividade. É nesse sentido que Weber (1974, p. 249) afirma que "a razão decisiva para o progresso da organização burocrática foi sempre a superioridade puramente técnica sobre outra forma de organização".

Já para os autores de tradição marxista, o desenvolvimento da burocracia nas sociedades ocidentais da era moderna é devido à congruência desse tipo organizacional com a dominação ideológica caracterizada pela junção do *ethos* liberal ao positivismo oitocentista, somente possível por fazer valer os interesses dominantes no sistema capitalista de produção. Como afirma Tragtenberg (1992, p. 207):

> O *ethos* liberal surge como Filosofia da razão constituinte e da liberdade. O econômico subordina a totalidade do real, dos seus fins. A soberania da economia tão decantada pelo liberalismo como elemento de libertação do homem das potências irracionais, acaba por submetê-lo à lei férrea da necessidade econômica. A tradução ideológica deste processo se dá no universalismo dos valores liberais (liberdade, igualdade) ao nível instrumental a serviço das classes dominantes. A razão e a liberdade, no *ethos* liberal, são monopolizadas por quem as proclama e leva-as ao triunfo. O que Weber denomina o culto carismático da razão, nada mais é do que a transfiguração dos valores burgueses como valores dominantes na sociedade. O liberalismo como ideologia e prática social contém um dinamismo que ultrapassa suas intenções originárias, levando-o à autossuperação: faz nascer a crítica socialista-marxista e o *ethos* tecnocrático.

> A tecnocracia é decorrência direta do liberalismo: este realiza na Economia [Clássica] as intenções da Sociologia positivista, reduzindo a sociedade a um conjunto objetivo capaz de ser definido por uma legalidade universal em decorrência da aplicação dos métodos das Ciências Naturais.

Na verdade, para muitos autores críticos das teorias administrativa e organizacional ortodoxas, uma das insuficiências da leitura dos escritos de Weber feita por estas correntes reside na não constatação da burocracia como forma de dominação. Assim se expressam Motta e Pereira (1981, p. 224):

> Todavia, a teorização de Weber foi terrivelmente empobrecida pela reinterpretação cultural feita pela teoria administrativa. Todo o esforço foi feito no sentido de concentrar a atenção no 'tipo ideal' de organização burocrática, de perceber se as organizações reais se adaptavam a ela ou não. Com isto, perde-se de vista a problemática central, a saber, a dominação burocrática. Assim, a crítica administrativa, ao afirmar que estamos passando para uma fase de organizações pós-burocráticas, na verdade, legitima ideologicamente a burocracia, enquanto poder e dominação que é. Por esta razão, é preciso não perder de vista o que é mais rico na sociologia política de Weber: a teoria da dominação.

Portanto, a racionalidade da qual as teorias da administração e da organização formal são imbuídas é um valor a ser defendido pelos estudiosos dessas abordagens. Esse valor se materializa mais visivelmente no conceito mesmo de organização racional burocrática, categoria universalmente aceita por ser "social e moralmente legitimada como uma forma indispensável de poder organizado, baseado em funções técnicas e objetivas e necessária para o funcionamento efetivo e eficiente de uma ordem social fundamentada em autoridade racional-legal" (Reed, 1999, p. 67).

7.5 CRÍTICA À RACIONALIDADE ADMINISTRATIVA

A despeito do progresso obtido por esta forma de racionalismo no corpo de conhecimentos das áreas de administração e de organizações, nos últimos anos, vários autores têm criticado a validade desta diretriz racional, justamente por considerar ser tal progresso restrito a esfera econômica. Ramos (1989) a racionalidade da teoria organizacional levando em conta o recorte limitado desta: o da sociedade de mercado. De acordo com o estudioso, essa abordagem não possiblidade uma análise adequada de todos os aspectos relacionados à vida humana associada. Ainda conforme Ramos, esse estreitamento é motivado pelo uso da abordagem racional sob um viés instrumental:

> A teoria da organização, tal como tem prevalecido, é ingênua. Assume esse caráter porque se baseia na racionalidade instrumental inerente à ciência social dominante no Ocidente. Na realidade, até agora essa ingenuidade tem sido o fator fundamental de seu sucesso prático. Todavia, cumpre reconhecer agora que esse sucesso tem sido unidimensional e, [...], exerce um impacto desfigurador sobre a vida humana associada. (Ramos, 1989, p. 1)

A racionalidade instrumental consiste no cálculo de repercussões, uma subdivisão entre tantas que a racionalidade pode assumir. A relevância dessa abordagem racional se deve à emergência da ciência, da economia e do estudo sobre as sociedades empreendido na Modernidade, todas apoiadas por um novo tipo de razão, ou seja, a razão utilitarista-cientificista, como indica Pizza Júnior (1994, p. 9):

> Com Descartes e Hobbes o conceito de razão começa a sofrer um tipo de interpretação bastante peculiar. De centro ordenador da existência, a razão se transforma em instrumento de previsão de consequências [...]. O homem se transforma em um 'animal racional', assim

entendido como capaz de 'prever as consequências'. Desse momento em diante são lançadas as bases da sociedade moderna, já que a preocupação com o entendimento do mundo, de si próprio e da natureza deixa de ser relevante e prioritária, passando a prevalecer o que é útil.

Na verdade, dado ao que até aqui foi exposto, o fato da racionalidade instrumental ter encontrado "campo propício de expansão junto à teoria administrativa convencional [...] é compreensível pelo caráter de agentes de disseminação da economia de mercado assumido pelas organizações formais" (Pizza Júnior, 1994, p. 10). A racionalidade instrumental se coaduna à teoria administrativa pelo fato de se alinhar perfeitamente às pretensões capitalistas: a abordagem científica do capital prometeu a intelectualização e racionalização da administração, agora desprovida de freios éticos e protagonista de uma mudança paradigmática social que deu origem ao desencantamento de mundo weberiano (2000, 2004). Portanto, o viés científico da administração contava com um poderoso componente ideológico que deu sustentação ao recrudescimento do capitalismo da época.

O modelo de empresa capitalista, assim, por se constituir em função da razão instrumental, também serve de meio de desnaturação do humano nas relações sociais, pois condiciona o sentido de comunidade à perspectiva da vantagem econômica, suplantando qualquer outra dimensão do homem à esfera econômica, como sugere Enriquez (1997, p. 8-9):

> A empresa, trazendo ao seu apogeu os valores do capitalismo racional e instrumental, contribuiu enormemente para a primazia da técnica sobre o humano e tentou fazer de cada ser um manipulador perverso que não se interessa pelo outro, a não ser que favoreça a satisfação de seus desejos. [...]. Nesse momento, a empresa (e o modelo que ela institui) parece ter alcançado a vitória, porque ela transformou os seres "humanos" em

seres "técnicos" ou, dito de outro modo, em puros produtores e consumidores, transformando as relações sociais em relações entre mercadorias.

A forte relação entre a ética capitalista e a racionalidade instrumental se explica pela exclusiva função técnica e operacional desta. Em certo sentido, podemos então afirmar que, na razão instrumental, não há consideração dos fins que motivam a ação, ou, melhor dizendo, os fins são considerados na medida em que representam elementos a serem calculados em uma avaliação meramente quantitativa. Daí resulta a definição de Weber (2000, p. 16) sobre a ação racional referente a fins (racionalidade formal instrumental): "Age de maneira racional referente a fins quem orienta sua ação pelos fins, meios e consequências secundárias, ponderando **racionalmente** [grifo nosso] tanto os meios em relação às consequências secundárias, assim como os diferentes fins possíveis entre si". Por outro lado, para denominar o tipo que é condicionado pelos valores normativos do sujeito, ou seja, "pela crença consciente no valor" e de maneira "independentemente do resultado" (Weber, 2000, p. 15), Weber atribui a expressão *racionalidade substantiva*.

A dicotomia constituída por Weber no modelo heurístico de racionalidade instrumental/racionalidade substantiva foi utilizada por muitos autores em construções teóricas que se contrapunham ao modelo organizacional tradicional. Este é o caso da abordagem substantiva da organização de Ramos (1989) e do modelo coletivista de Rothschild-Whitt (1982), tipo ideal regido pela razão substantiva. Em tais construções, a referência à racionalidade substantiva como superação das restrições do racionalismo predominante na organização burocrática se deve ao fato de que no tipo instrumental, não há consideração de valores, ou seja, esta categoria de racionalidade não se refere à dimensão moral da vida humana associada. Sendo a dimensão moral necessária à articulação normativa e ao reconhecimento intersubjetivo, a limitação da racionalidade instrumental também pode ser observada pela unidimensionalidade em que ela atua.

Por fim, o caráter restritivo do conceito de racionalidade instrumental pode ser sentido pelo reducionismo atribuído ao significado da palavra razão com o advento da Modernidade. O esforço de Weber em retratar várias formas de racionalidade (segundo Kalberg [1980], o tipo prático, teorético, substantivo e formal) reside, em parte, na denúncia de tal redução histórica. Ramos (1989, p. 2-3) recupera o sentido aristotélico de razão, ou seja, o sentido no qual "a razão era entendida como força ativa na psique humana que habilita o indivíduo a distinguir entre bem e mal, entre conhecimento falso e verdadeiro e, assim, a ordenar sua vida pessoal e social", e o leva em consideração em relação à redução conceitual da Modernidade. O estudioso chama transavaliação da razão essa apropriação indevida da etimologia do termo, *apropriação* que é o sustentáculo do próprio sistema do capital:

> A transavaliação da razão – levando à conversão do concreto no abstrato, do bom no funcional, e mesmo do ético no não ético – caracteriza o perfil intelectual de escritores que têm tentado legitimar a sociedade moderna exclusivamente em bases utilitárias. [...] quando comparada com outras sociedades, a sociedade moderna tem demonstrado uma alta capacidade de absorver, distorcendo-os, palavras e conceitos cujo significado original se chocaria com o processo de autossustentação dessa sociedade. Uma vez que a palavra razão dificilmente poderia ser posta de lado, por força de seu caráter central na vida humana, a sociedade moderna tornou-a compatível com sua estrutura normativa. Assim, na moderna sociedade centrada no mercado, a linguagem distorcida tornou-se normal, e uma das formas de criticar essa sociedade consiste na descrição de sua astúcia na utilização inapropriada do vocabulário teórico que prevalecia antes de seu aparecimento. (Ramos, 1989, p. 3)

Ramos procura restabelecer o sentido da razão por meio do conceito de racionalidade substantiva, concebido por Weber, um elemento inerente ao ser humano (Ramos, 1989). Essa abordagem do estudioso permite, ao mesmo tempo, dar uma definição mais satisfatória de razão e de propor uma abordagem que iria além da perspectiva de racionalidade e instrumentalidade das organizações.

Nenhum pesquisador da administração irá discordar que a importância de Weber para o pensamento administrativo é indiscutível. Sendo o grande analista do modelo burocrático, esse sociólogo teceu uma leitura sociológica de como esse paradigma pode ser compreendido como um dos pilares do pensamento administrativo. Mais: deu elementos teóricos para o entendimento de outro fator importante para a constituição da administração como uma instituição moderna, ou seja, a racionalidade como um princípio fundamental do *management*. Esse é o fundamento que suportou psicologicamente as transformações econômicas e sociais necessárias ao êxito do capitalismo e à industrialização.

É importante destacarmos que Weber não negou a centralidade do sistema capitalista na configuração das sociedades modernas. Na verdade, para o autor, a racionalização do mundo ocorre especialmente no enclave econômico, já que é a partir da atividade econômica que a racionalização se manifesta de maneira mais intensa (Weber, 1974; Bendix, 1986; Mouzelis, 1969). Como afirmam Motta e Pereira (1981, p. 49), em comentário sobre a obra de Weber, "o sociólogo insere a burocracia na história do capitalismo, na sua necessidade crescente de cálculo e previsão".

E esse argumento não contradiz a origem histórica da burocracia na esfera estatal – em períodos e regiões distintas do contexto moderno e ocidental. Apenas é importante considerarmos que, somente na Era Moderna, a racionalização na esfera política apresentou um conteúdo econômico, tendo em conta que a reorganização do Estado em uma estrutura burocrática visava à melhor apreciação da ordem econômica que se desenvolvia nesse período (Tragtenberg, 1992). É assim que devemos considerar a inserção do sistema burocrático na esfera estatal como um importante indicador para o estabelecimento histórico do Estado moderno, já que a burocracia representa um importante mecanismo para configurar o Estado como um aparelho regulador da relação entre os agentes do capitalismo (Mouzelis, 1969).

Tomado em seu sentido histórico, para muitos estudiosos da administração colocam a obra de Weber em posição distinta da de Marx. Na verdade, no pensamento social, a comparação destes dois grandes nomes tem sido feita a partir de grande polêmica, particularmente, no que diz respeito a tese de Weber (2004) de que o 'espírito do capitalismo' é formado pela transmutação do sentido do trabalho auferido pela interpretação protestante da vocação religiosa. De acordo com Vizeu (2008, p. 59), o idealismo da "determinação histórica se contrapõe especialmente ao suposto determinismo econômico impresso na concepção marxista de materialismo histórico. Apesar disto, alguns interpretes destes autores salientam que esta polêmica ainda é sustentada por culpa de indevidas interpretações" no que diz respeito à visão desses dois pensadores (Hobsbawm, 1998; Bendix, 1986).

Assim sendo, a perspectiva de Weber sobre a orientação racionalizante da sociedade pode ser considerada como complementar à perspectiva histórica de Marx, pois ambas são úteis à compreensão dos princípios que irão fundamentar a administração moderna. Nesse sentido, o que é importante notar no pensamento de Weber sobre o sistema capitalista é o novo paradigma ético proposto para o trabalho. Esse novo fundamento substituiu a visão do trabalho como pena por uma abordagem totalmente contrária, do trabalho como vocação. Essa mudança foi extremamente bem-vinda pelos empresários, bem como pelo novo modelo de gestão das indústrias capitalistas.

SÍNTESE

Neste capítulo, buscamos destacar em termos epistemológicos em que sentido a racionalidade é assumida como pilar central das teorias administrativa e organizacional tradicionais. Neste sentido, os seguintes pontos foram evidenciados:

- A base racionalista das teorias administrativa e da organização formal advém da origem positivista dessas teorias e, por isso mesmo, sujeita-se aos mesmos pressupostos epistemológicos dessa corrente de pensamento, donde se destacam a previsibilidade, o utilitarismo e o objetivismo.
- A principal condição que favoreceu a legitimação da ciência e da técnica como diretrizes ordenadoras da vida humana associada na Modernidade é a mesma que promoveu a redução do conceito clássico de razão à forma racional-instrumental, tipo limitado unicamente às questões econômicas: o desenvolvimento do capitalismo recente, sistema vinculado inicialmente à ideologia liberal e, consequentemente, à esfera econômica, mas transplantado também para a esfera política especialmente por meio do Estado tecnocrata.

Nesse último ponto, verificamos que o racionalismo que se opera nas organizações modernas abrange uma ampla esfera das sociedades ocidentais, tendo em vista que a relação entre racionalidade instrumental e o capitalismo recente denota importantes consequências sociopolíticas. Por conseguinte, podemos verificar de forma mais acurada o caráter de dominação da lógica racional burocrática, considerando a racionalidade instrumental como agente de alienação a serviço do sistema capitalista.

EXERCÍCIOS RESOLVIDOS

1. É correto dizer que Weber é um autor da administração? Qual a sua importância, então, para o pensamento administrativo?

   Não é correto afirmarmos que Weber foi um autor preocupado diretamente com o pensamento administrativo porque sua sociologia compreensiva foi decisiva para todo o pensamento social, não especificamente para a área administrativa. Sua explicação o modelo organizacional burocrático foi a maior contribuição do estudioso para o campo administrativo.

2. De que forma o modelo burocrático é mais adequado para o contexto econômico capitalista do que a forma patrimonialista?

   No sistema patrimonialista, o poder político é obtido com base nas relações de patrimônio, de natureza pessoal e suportado pela autoridade tradicional, centrado especialmente pela lógica familiar, tanto na esfera social e política quanto na esfera produtiva (Weber, 2000). Já na burocracia, o foco se dá na racionalização do aparato administrativo, a fim de torná-lo tecnicamente eficiente em relação ao interesse de controle social.

3. Quais as características da racionalidade burocrática?

   Cálculo utilitário de consequências; demarcada ênfase técnica; eficiência como princípio fundamental das medidas administrativas; estreita relação com um referencial ético.

QUESTÕES PARA DISCUSSÃO EM GRUPO

1. Organize uma pesquisa rápida com seus colegas em textos da rede social ou da internet sobre o termo *burocracia*. Com base em uma síntese dos sentidos verificados no uso popular do vocábulo, compare esse tipo administrativo com a visão sociológica de Weber. O que lhe parece ser equivocado na visão do senso comum?

2. Recupere os princípios de administração apresentados pelos autores clássicos do pensamento administrativo. Divida-os entre os membros de sua equipe para que cada um faça uma análise dos respectivos princípios a luz da sociologia de Weber.

3. Retome a crítica feita por Guerreiro Ramos a racionalidade do pensamento administrativo. Você concorda com essa crítica? Organize um debate em sala de aula dividindo os alunos que concordam dos que não concordam.

PARTE

4

ABORDAGEM SISTÊMICA

8

PETER DRUCKER
E O PENSAMENTO
CLÁSSICO
RENOVADO

CONTEÚDOS DO CAPÍTULO:

- Retorno à teoria clássica da administração.
- Noção de efetividade gerencial desenvolvida por Drucker aplicada à administração.
- Redefinição do processo administrativo.
- Dinamicidade e quatro processos administrativos.

APÓS O ESTUDO DESTE CAPÍTULO, VOCÊ SERÁ CAPAZ DE:

1. relacionar as razões que fazem Peter Drucker ser considerado o grande expoente da administração;
2. identificar as diferenças entre a proposta de Durucker e as que lhe antecederam;
3. explicar o conceito de efetividade, contrapondo-o à ideia de eficiência;
4. identificar a complementariedade da efetividade e da eficácia;
5. delimitar a figura do gestor efetivo;
6. descrever a dinâmica dos processos administrativos.

A partir das décadas de 1950 e 1960, vários autores buscaram retomar a proposta da teoria clássica da administração, que era a de constituir a base da prática administrativa. O principal autor desse movimento foi Peter Drucker, considerado o grande guru da administração, seja pela sua longevidade, seja pelo grande impacto de suas ideias para a prática gerencial das empresas.

Peter Ferdinand Drucker foi um austríaco radicado nos Estados Unidos. Nascido em 19 de novembro de 1909, Drucker conta com uma trajetória acadêmica quase que simultânea aos principais marcos do pensamento administrativo (Lodi, 1968). Assim, seus primeiros escritos são contemporâneos à abordagem de relações humanas. Todavia, Drucker buscou compatibilizar a perspectiva humanística da administração com o pensamento pioneiro da administração científica, pois acreditava que a saída dos problemas de gestão executiva se encontrava no alinhamento entre a análise da dimensão humana da atividade organizacional com os princípios de racionalização e organização apregoados pelos autores do pensamento clássico.

Tendo atuado diretamente na equipe de consultores da secretaria de Defesa dos Estados Unidos durante a Segunda Guerra Mundial, Drucker começou sua produção mais significativa no pós-guerra. Nesse sentido, seu livro *Concept of Corporation* (*Conceito de corporação*, em português), foi publicado em 1946 (a edição consultada aqui é a de Drucker [2017]) e marcou o início de um pensamento único sobre a atividade do administrador. Esse livro é fruto de um estudo minucioso de Drucker sobre a General Motors e seus diferenciais administrativos e de gestão. Por meio dessa obra, Drucker defendia a importância de unir as ideias propostas pela abordagem comportamental e os princípios de administração, especialmente aqueles defendidos pelos autores clássicos.

8.1 PROCESSO ADMINISTRATIVO REDEFINIDO

Drucker defendia que a gestão e a estrutura gerencial deveriam conciliar as premissas do pensamento clássico e da abordagem de relações humanas. Portanto, para que uma gestão pudesse ser efetiva, ela deveria se preocupar com uma estrutura de tarefas e uma organização racionalizada, mas que não perdesse de vista os aspectos humanos relacionados ao bom desempenho, tais como a autonomia, a flexibilidade, a descentralização do poder decisório, a motivação pela consideração do trabalhador etc. (Drucker, 2017). Foi assim que Drucker recuperou os princípios do processo administrativo de Henri Fayol, adaptando dois princípios do engenheiro francês às questões centrais da abordagem humanística da administração. Nesse ponto, a síntese desse modelo pode ser observada no quadro a seguir:

QUADRO 8.1 – ATUALIZAÇÃO DOS PROCESSOS ADMINISTRATIVOS DE FAYOL

Processos administrativos segundo Fayol	Atualização dos processos administrativos
Planejar	Planejamento
Organizar	Organização
Comandar	Direção / Liderança
Coordenar	
Controlar	Controle

Fonte: Elaborado com base em Drucker, 1974.

Desse modo, os processos de planejar, organizar e controlar se mantiveram, sendo alterados os processos de comandar e coordenar para um único processo, o de dirigir. Vale destacarmos aqui que, na palavra original em inglês, o termo *lead* (dirigir, em português) é a base da palavra *leadership* (liderança), o que revela o real sentido da atualização. O grande desafio de comandar e coordenar pessoas para que a organização atinja seus objetivos é justamente o de dar um direcionamento para seus esforços, e isso envolve diretamente a capacidade de liderar. Assim, liderar envolve muito mais do que exercer a autoridade formalmente estabelecida pelo cargo de chefia; ser líder envolve adotar uma postura de influência forte, pautada por habilidades interpessoais e uma visão poderosa sobre o futuro. Além disso, ser líder envolve ser capaz de reconhecer o potencial das pessoas e sua motivação para crescer e ir para frente. E essa é a essência da nova abordagem proposta por Peter Drucker.

Com a renovação dos processos administrativos, Drucker inspirou vários outros autores de sua época a buscarem novos princípios de administração, fundamentados na premissa de que um importante aspecto do ato de administrar envolve a capacidade de lidar com pessoas. Algumas dessas propostas podem ser observadas no quadro a seguir.

QUADRO 8.2 – FUNÇÕES DO ADMINISTRADOR, SEGUNDO AUTORES NEOCLÁSSICOS

Peter Drucker (1974)	Ernest Dale (1965)	William Herman Newman (1963)
Planejamento	Planejamento	Planejamento
Organização	Organização	Organização
Direção	Direção	Liderança
Controle	Controle	Controle

Fonte: Elaborado com base em Drucker, 1974; Dale, 1965; Newman, 1963.

Mesmo com pequenas e sutis diferenças, as propostas dos autores contemporâneos de Peter Drucker são, em essência, a renovação dos processos administrativos de Fayol com a síntese daqueles que correspondem ao desafio de lidar com os esforços das pessoas. Isso contempla a ideia de que os recursos humanos não são simples recursos inertes aos ditames da racionalização imposta pela administração; eles precisam ser considerados em sua natureza psicossocial, em toda a sua complexidade e diferenciação.

Foi assim que, em sua época, Drucker passou a se preocupar com o trabalho do executivo como um fator decisivo para se atingir o resultado da organização. Certamente, Drucker foi influenciado pela sua experiência de trabalho com Alfred Sloan, principal executivo da General Motors e considerado um grande revolucionário do mundo dos negócios.

Foi com base no estilo descentralizado e arrojado de Sloan e do consequente sucesso da General Motors em face de suas principais concorrentes – especialmente a Ford, o ícone do modelo clássico de administração – que Drucker se inspirou para pensar as bases da atividade do gestor executivo. Elas envolvem tanto uma capacidade de lidar com os pontos chave do negócio quanto com a sensibilidade de criar uma estrutura de trabalho flexível e voltada para o futuro. Drucker reconheceu que essa iniciativa implicava uma nova referência de desempenho para a administração, que fosse capaz de substituir as referências até então vigentes. Foi nesse momento que Peter Drucker criou seu conceito mais importante, o de **efetividade gerencial**.

Para que você entenda o que é a efetividade, é necessário antes definirmos os limites do conceito de eficiência como único fator de balizamento da atividade administrativa.

8.2 CONCEITO DE EFICIÊNCIA: POSSIBILIDADES E LIMITAÇÕES

Para os autores do pensamento clássico, o grande critério para medir o sucesso da administração é a ideia de eficiência. De uma maneira geral, podemos afirmar que *eficiência* se refere ao rendimento do processo de trabalho, a ótima relação entre os recursos empregados e o resultado obtido. Ser eficiente é, antes de tudo, maximizar a produtividade, melhorar o processo de tal maneira que se possa diminuir o custo de se fazer algo – seja economizando os recursos utilizados, seja aumentando os resultados produtivos. Na Figura 8.1, apresentamos algumas palavras que devem ser associadas ao conceito de eficiência.

FIGURA 8.1 – IDEIAS ASSOCIADAS À EFICIÊNCIA

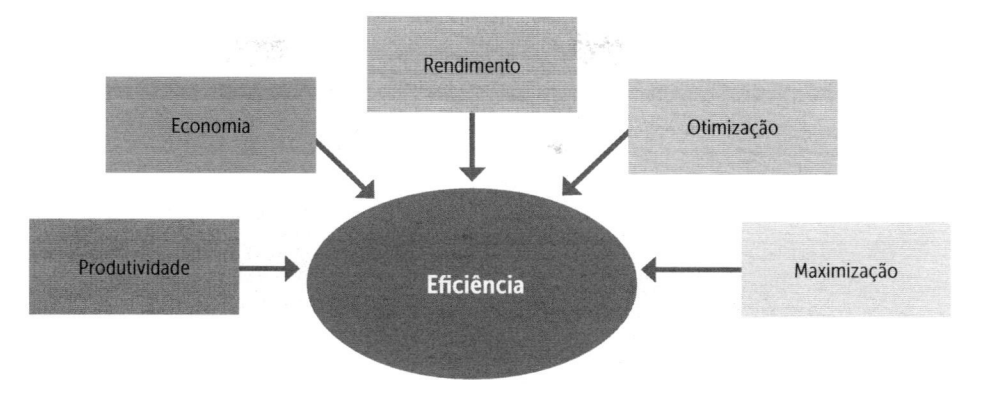

```
            Rendimento
Economia                Otimização
              Eficiência
Produtividade           Maximização
```

Falar de *eficiência* no contexto competitivo do século XIX e início do século XX faz todo o sentido. Como vimos, nesse período, a grande questão econômica era encontrar meios de se produzir bens manufaturados de maneiras mais econômicas, de modo a baratear os custos de produção. Essa foi a essência da mudança da atividade capitalista de sua fase mercantil para sua fase industrial. A própria Revolução Industrial foi uma revolução de eficiência, e a administração moderna foi o reflexo dessa ênfase.

Realmente, os primeiros pensadores da administração moderna – autores clássicos – estavam preocupados especificamente com questões de eficiência. Taylor tratou desse problema diretamente por meio da ideia de desperdício. Conforme o próprio autor menciona na introdução de seu mais famoso livro, o problema do país era a falta de eficiência, manifesta em determinadas formas de desperdício. Também Fayol, Ford, Urwick, Gilbreth, entre outros autores do pensamento clássico, priorizaram a eficiência como único critério para o desenvolvimento da administração.

O desenvolvimento da indústria norte-americana durante a primeira metade do século XX ilustra muito bem o critério de eficiência que predominava no pensamento administrativo da época. Grandes companhias adotavam os princípios de racionalização e organização da produção sistematizados por Taylor e seus seguidores. Outro modelo de organização rapidamente difundido na época foi o modelo fordista de produção, que era, em sua essência, um modelo voltado para a eficiência sistêmica da organização. Por conta dessa ênfase, os Estados Unidos desenvolveram grandes setores produtivos, tornando-se a grande potência industrial do período de entre guerras.

Todavia, com o fim da Segunda Grande Guerra, o cenário competitivo se alterou. Em determinados setores econômicos, as condições de produção eram muito semelhantes, devido ao grande investimento em modelos de gestão e organização eficientes. O modo fordista de produção – pautado na economia de escala, mecanização linha de montagem, padronização do processos e produtos – era a via de regra dos países desenvolvidos, mas não era facilmente incorporado nos países do terceiro mundo (Harvey, 2007). Nesse contexto, muitas companhias norte-americanas cresceram assustadoramente para atender ao mercado da guerra, que tinha no departamento de Defesa dos Estados Unidos o seu principal comprador. Entretanto, com o fim do embate, estabeleceu-se uma capacidade produtiva ociosa, que precisava ser direcionada para um novo mercado.

Da mesma forma que as empresas não eram as mesmas de antes do período das Grandes Guerras, também não era o contexto socioeconômico dos países industrializados. Nos Estados Unidos, por exemplo, vemos uma sociedade predominantemente agrícola no século XIX rapidamente se transformar em uma sociedade industrial, baseada no trabalho fabril e no consumo de bens de necessidade básica (Hobsbawm, 1995; Landes, 1994). Com o amplo incremento tecnológico e a estabilidade econômica advinda do desenvolvimento da Segunda Revolução industrial, rapidamente o mercado interno norte-americano passou a demandar produtos diversificados e fundamentados em novas necessidades (Landes, 1994). Foi esse novo contexto social que deu ensejo ao questionamento do critério de eficiência como principal fator a orientar as atividades administrativas.

Foi por isso que Peter Drucker viu uma grande diferença entre o critério da boa administração na era industrial com o da era atual, denominada pelo autor como *era da informação* (Drucker, 1998). Portanto, a eficiência é um critério importante para a sociedade industrial na medida em que, nesse contexto, muitas das questões que tornaram a gestão de empresas complexa ainda não eram tão desenvolvidas. Para a sociedade industrial, o critério de bom desempenho da organização era simples e absoluto: produzir bens acessíveis economicamente; o contexto competitivo determinado pela ausência de organizações construídas para produzir algo de uma forma barata, e a alta demanda por produtos baratos.

FIGURA 8.2 – EXPANSÃO PARA O OESTE NOS EUA

Se considerarmos, por exemplo, os Estados Unidos do século XIX, vemos que a expansão industrial está associada ao aumento demográfico na costa oeste, tendo em conta que as pessoas que migraram para aquela região necessitavam de produtos industrializados e baratos (Chandler, 1998). A própria expansão da indústria na Primeira Revolução Industrial se deve às condições sociais que favoreceram o consumo de bens de primeira necessidade de baixo custo (Hobsbawm, 2000). Nesses contextos, a organização do processo produtivo por critérios e princípios de eficiência já é, por si só, algo extremamente benéfico.

FIGURA 8.3 – SOCIEDADE INDUSTRIAL

Everett Historical/Shutterstock

Dito de outra maneira, uma empresa ser eficiente em uma sociedade carente por produtos de custo baixo e sem competição é critério mais do que suficiente para garantir o crescimento. Em certo sentido, são essas as condições que explicam o sucesso do modelo fordista e do taylorismo no início do século XX (Harvey, 2007). Contudo, com o desenvolvimento da competitividade na sociedade industrial, no qual todos os concorrentes se fortalecem a partir dos mesmos critérios de eficiência – economia de escala, divisão do trabalho, racionalização de processos, padronização, entre outras práticas de competitividade –, ocorre uma maior dificuldade em sustentar o crescimento. Aliado a essa forte paridade das empresas nas práticas que geram eficiência, temos o aumento da complexidade no contexto de negócios. Novos fatores entram em cena no jogo da competição de negócios, tais como questões tecnológicas, culturais, demográficas, políticas, legais e ambientais. Isso muda a natureza do jogo, tornando-o muito mais complexo e difuso. Chegar ao resultado econômico da empresa não é algo mais tão simples como nos tempos de ouro de Henry Ford. Foi para isso que Drucker quis chamar a atenção quando ele propôs sua ideia de efetividade.

8.3 O GESTOR EFETIVO (*EFFECTIVE EXECUTIVE*)

Para começarmos a falar de *efetividade*, é preciso, antes, apontar um problema de tradução dessa palavra para o português. A palavra que Drucker (1963) utilizou para definir o critério que deveria ser priorizado em vez da eficiência era o termo em inglês *effectiveness*. Este foi traduzido para o português como "eficácia", na primeira edição do livro *Prática de administração de empresa* (Drucker, 1962), cujo título original em inglês era *The Practice of Management* (Drucker, 1954). Contudo, nos parece que essa tradução apresenta problemas, já que, se considerarmos os dicionários da época (e muitos dicionários editados hoje), os verbetes "eficácia" e "eficiência" eram considerados sinônimos ou verbetes muito parecidos. Isso significa que os editores e tradutores não se preocuparam em verificar esse problema semântico ao determinar a tradução do termo, gerando muita confusão para o estudante brasileiro de Administração.

Realmente há uma grande dificuldade do estudante era compreender a diferença entre dois conceitos que o senso comum prega serem idênticos. Além disso, observando o sentido do verbete *efetividade* nos dicionários, vemos que esse termo é mais adequado para representar o conceito tratado por Drucker como *effectiveness*. Assim sendo, parece-nos mesmo ter sido um erro de tradução.

> *Effectiveness*: eficácia ou efetividade?

Mesmo assim, é importante ressaltarmos esse problema terminológico aqui. O motivo é que, desde a primeira tradução do livro de Drucker, esse termo tem sido traduzido como "eficácia" em publicações especializadas em administração (livros, artigos, reportagens, cursos etc.), gerando muita confusão. Além disso, tais publicações raramente contextualizam a proposição original de Peter Drucker, destacando que o princípio proposto por esse autor representa a necessidade de um novo tempo. Por conta disso, o Quadro 8.4 apresenta os principais aspectos de comparação.

Se considerarmos a palavra *efetividade* como a mais próxima do original em inglês proposto por Peter Drucker, podemos afirmar que esse termo representa a capacidade de produzir um efeito real. Portanto, ser eficaz na atividade gerencial é atingir o objetivo que se espera da administração.

Considerando que a proposta de Drucker sobre a falta de efetividade dos gerentes reside justamente no seu foco excessivo em questões de eficiência, temos nesses termos uma relação de distintividade. Assim sendo, enquanto *eficiência* diz respeito à forma como os processos são feitos, *efetividade* diz respeito aos resultados que se espera. Dito de outra maneira, ser eficiente é se preocupar com o processo – ou seja, em como ele deve ser feito, em como este será feito da melhor maneira; e isso não garante a efetividade; Ser efetivo é, por outro lado, responder as expectativas de resultados, independentemente dos critérios de bom rendimento e produtividade.

QUADRO 8.4 – COMPARAÇÃO ENTRE EFICIÊNCIA E EFETIVIDADE

Efetividade	Eficiência
• Referência para a Era do Conhecimento.	• Referência para a sociedade industrial.
• Preocupação com os objetivos.	• Preocupação com os recursos.
• Obtida com o atingimento do resultado organizacional esperado.	• Obtida com a otimização econômica do processo produtivo.
• Medida gerencial de como o gestor é capaz de, por sua ação, garantir o resultado da organização.	• Medida gerencial de controle de processos.

Para ilustrar essa distinção do critério de efetividade e do critério de eficiência, Peter Drucker proferiu uma frase que ficou muito conhecida na literatura de administração. "Eficiência é fazer certo as coisas; Efetividade é fazer as coisas certas" (*Efficiency is doing things right; effectiveness is doing the right things*) (Van Vliet, 2010). Apesar de forte, devemos destacar que esse trocadilho proposto pelo autor às vezes mais atrapalha do que ajuda a compreender a essência de cada um dos conceitos. Na verdade, afirmar que eficiência é fazer algo corretamente demonstra que a ênfase da eficiência é o processo e sua otimização. Mais uma vez, destacamos aqui que o ponto ótimo da eficiência é o maior rendimento dos recursos aplicados no processo produtivo. Todavia, esse foco no processo não é garantia de que os resultados obtidos no processo produtivo serão aqueles esperados para garantir a efetividade organizacional. Na verdade, para Peter Drucker, o problema da falta de efetividade está associado à preocupação demasiada com o processo:

> A grande maioria dos gerentes tende a focalizar sua atenção para baixo. Eles estão ocupados com esforços mais do que com resultados. Preocupam-se com o que a organização e seus superiores lhe "devem" e têm de fazer por ele. E são cônscios, acima de tudo, da autoridade que deveriam ter. O resultado é que se tornam não efetivos.
> (Drucker, 1974, p. 62)

Assim, a grande preocupação do gerente na sociedade da informação é verificar se seu trabalho efetivamente promove os resultados organizacionais esperados. E isso não necessariamente significa busca o máximo de esforço, se este for empreendido para se atingir o objetivo errado.

Esse ponto é destacado por Drucker em sua conhecida crítica à incapacidade da Ford na década de 1920 em manter-se líder no setor. Drucker lembra que, na primeira metade do século XX, Henri Ford ainda enfatizava sua gestão na eficiência do processo produtivo, sem questionar se o seu produto atendia aos interesses de mercado. Portanto, mesmo sendo o processo produtivo do famoso Modelo T mais eficiente do que de seus concorrentes, suas vendas caiam cada vez mais, o que culminou com o encerramento de sua produção no ano de 1927.

PENSE A RESPEITO

Por que isso ocorreu? Por que a maior eficiência não garantiu que as vendas do modelo T da Ford aumentassem, mesmo com o menor preço de venda resultante do baixo custo de produção? Segundo Drucker, isso ocorreu porque Henri Ford não foi capaz de perceber que as vendas de carro, naquele momento, estavam associadas a fatores como conforto e *design*, e o seu popular Modelo T já estava ultrapassado nesses quesitos. Se Henri Ford tivesse se preocupado em olhar para as transformações do mercado, para as mudanças na sociedade que seu próprio sistema ajudou a construir ao longo das primeiras décadas do século XX, ele teria percebido que os fatores de efetividade no setor de veículos haviam se alterado. Como destaca Drucker (2017), esses fatores foram percebidos por Alfred Sloan, e isso foi um dos motivos pelos quais a General Motors superou a Ford a partir daquele momento.

Todavia, resta uma outra questão: seria correto afirmar que a efetividade é apenas uma questão de maior visão sobre os objetivos organizacionais? Mais uma vez, o caso relatado por Drucker (2017) sobre o sucesso da gestão de Sloan na General Motors revela que existem princípios que devem acompanhar um modelo de de gestão baseado na efetividade. Como sugere Lodi (1968), os dois pressupostos da gestão efetiva de Alfred Sloan diante da General Motors que impressionaram Drucker foram a descentralização e a simplicidade.

Assim, para Drucker (1974), o gerente efetivo é aquele que consegue desenvolver o negócio por meio de uma estrutura descentralizada, na qual cada membro da organização sabe qual sua contribuição para o desempenho da organização no atingimento dos seus objetivos gerais. Assim, na gestão efetiva, faz-se necessário que se desenvolva uma capacidade contínua de avaliação do ambiente. Como sugere o próprio autor:

> O foco na contribuição é a chave da efetividade: no próprio trabalho de uma pessoa – seu conteúdo, seu nível, seus padrões e seus impactos; em suas relações com os outros – seus superiores, seus parceiros, seus subordinados; em seu uso dos instrumentos do gerente, tais como reuniões e relatórios. [...] O foco na contribuição transfere a atenção do gerente de sua própria especialização, de suas habilidades limitadas, de seu próprio departamento, para o desempenho da empresa como um todo. Sua atenção é voltada para o exterior, o único lugar onde há resultados. (Drucker, 1974, p. 51, 62)

O que Drucker chama de *contribuição* representa a chave para o autoconhecimento necessário para a própria atividade gerencial. Da mesma forma, representa a capacidade de se enxergar como parte importante para o todo organizacional. Essa consciência sistêmica pressupõe dois aspectos. Primeiro, que o gerente eficaz percebe os objetivos gerais e sua relação com seu próprio trabalho; segundo, que somente é possível reconhecer sua contribuição efetiva para o resultado organizacional se percebermos as relações com todos os outros trabalhadores que compõe o corpo social da organização.

8.4 COMPLEMENTARIEDADE DA EFICIÊNCIA E EFETIVIDADE

Quando se apresenta o critério da efetividade como o principal balizador da atividade gerencial, não se pretende eliminar o critério da eficiência. Na verdade, ambos não devem ser vistos como excludentes, mas sim, como complementares. A boa administração é aquela que promove tanto a efetividade quanto a eficiência. O cuidado que se deve ter é o de, ao tratar da eficiência, não se comprometer a efetividade. Essa é a grande mensagem de Peter Drucker ao apresentar esse conceito: as empresas de seu tempo estavam sendo eficientes sem serem efetivas. Como vimos no relato sobre os últimos momentos da linha de produção do modelo T da Ford, um erro típico de muitas empresas é o dedicar-se exclusivamente a eficiência e esquecer-se da efetividade.

Mas como pensar, com base na proposta de Drucker do critério da efetividade, o lugar da eficiência na atividade administrativa? Na verdade, a eficiência é um critério que deve ser observado a partir da efetividade. Dito de maneira simples, a relação entre efetividade e eficiência é determinada pelo critério mais importante, o da efetividade. Assim, somente pensamos em aspectos de eficiência – análises de processos visando aumento de rendimento e produtividade – quando já temos definido o critério de efetividade da organização ou departamento que pretendemos gerenciar. Isso exigirá do administrador uma postura analítica voltada para o ambiente e para o futuro, considerado especialmente no longo prazo.

Como critério para o administrador reconhecer de forma objetiva e prática a sua medida de efetividade, Drucker sugere o seguinte questionamento: "o que realmente determina a performance econômica e os resultados neste negócio particular no qual eu trabalho?"[1] (Drucker, 1963, p. 53, tradução nossa). Nessa ideia, vemos que a medida apontada pelo autor é o desempenho econômico, por um lado, e a dinâmica

---

1 "What really determines economic performance and results in this particular business that I work for?".

de um setor ou negócio, por outro. Portanto, para Drucker, a efetividade é demonstrada pelo retorno econômico do negócio – tendo em conta que este é o principal objetivo de um negócio – mas é obtida com o adequado entendimento de como esse negócio funciona dentro de determinado contexto competitivo.

Por esse motivo, a proposta da administração por objetivos – APO (*management by objectives*), sistema gerencial criado por Drucker em 1950 para promover a efetividade organizacional (Drucker, 1954), indica que a definição e reflexão sobre o conjunto de objetivos é acompanhada de um diagnóstico do ambiente, do negócio e da participação de todos os membros da organização nesse processo. Por isso mesmo é importante entender o modelo de administração por objetivos de Drucker como o precursor da **administração estratégica**, um modelo baseado na análise do ambiente competitivo e lógica do negócio, que será mais detalhado no capítulo seguinte.

Um outro aspecto importante no modelo de APO de Drucker é a **busca por prioridades**. Definir claramente os objetivos é definir prioridades. Sobre esse aspecto, a ideia de dois autores do tema *estratégia* é muito esclarecedora: mais importante do que saber o que fazer, é decidir o que não fazer (Kaplan; Norton, 1997). Assim, a delimitação dos objetivos e a revisão dos objetivos da APO garante a efetividade na medida que mantém a organização no rumo certo dos resultados esperados.

Finalmente, um importante aspecto no contexto da APO diz respeito ao perfil do trabalhador. Drucker denomina a condição essencial do trabalhador contemporâneo lidar intensamente com o conhecimento. Assim, o trabalhador centrado na eficiência e em sua capacidade física foi um tipo social comum à era industrial. Na Contemporaneidade, o trabalhador qualifica-se como "do conhecimento" e torna-se peça fundamental do sucesso organizacional. Autônomo e conscientemente conectado com a estrutura da organização, esse trabalhador do conhecimento substitui o modelo de trabalhador passivo apregoado pela doutrina de Taylor. É nesse aspecto que Drucker retoma a discussão do grupo de Hawthorne e seus discípulos, reconhecendo como legítimos os interesses de natureza não econômica e dando ênfase às habilidades interpessoais na busca da efetividade; destas, destacam-se algumas, consideradas fundamentais para promover sinergia e dinamismo com o ambiente: a capacidade de autonomia analítica e decisória; a habilidade da liderança, tão necessária para direcionar os esforços de todos na mesma direção; e a capacidade de aprender, tendo em conta que, no ambiente organizacional, nos deparamos com inúmeras situações inesperadas e novas, que testam nossa visão de futuro.

8.5 O PROCESSO ADMINISTRATIVO COMO UM SISTEMA DINÂMICO

Finalmente, precisamos fazer uma ressalva ao processo administrativo observado pela perspectiva da efetividade. Em se tratando de um princípio dependente do contexto, o critério de efetividade deve ser constantemente testado pela análise do ambiente externo. Essa atividade, por sua vez, não deve ser feita somente no curto prazo, mas sim no longo prazo. Para tanto, devemos saber como o administrador, em suas atividades regulares, conseguirá impingir uma postura de constante análise e atualização.

Uma saída para esse problema é considerar os quatro processos administrativos – planejar, organizar, dirigir e controlar – como um único grande sistema, que é dinâmico e em constante construção. A Figura 8.4 ilustra esse caráter processual, envolvendo as atividades em um fluxo contínuo e multilateral, simultaneamente.

Sob a perspectiva da continuidade, os processos administrativos estão relacionados em uma sequência determinada: 1º) planejamento; 2º) organização; 3º) direção; e 4º) controle. Considerando que a preocupação central da efetividade é o resultado organizacional, temos a seguinte explicação para essa sequência.

O **planejamento** vem em primeiro lugar, pois representa a atividade na qual se irá analisar o contexto organizacional e se definir os objetivos e metas a serem perseguidos. É nesse momento que se estabelecem as métricas gerais da efetividade, com base em uma análise criteriosa do ambiente competitivo e das tendências futuras que irão impactar no resultado da organização. É a partir desse ponto que verificamos aonde queremos chegar como organização e quais condições precisamos construir para ter êxito nesta empreitada.

O segundo processo a ser observado no fluxo da administração eficaz é a **organização**. Essa função corresponde à sistematização de uma estrutura racional de relações e tarefas para que se possa cumprir os objetivos e resultados previamente estabelecidos no planejamento. Nesse momento, entra em cena o critério de eficiência, já que ele está diretamente relacionado com a maneira de fazer as coisas. Nesse sentido, duas perguntas são importantes para determinar a efetividade no processo de organização:

1. Quais serão as tarefas e procedimentos necessários para cumprir o plano?
2. Como será a estrutura funcional para executar tais tarefas?

Após definida a estrutura organizacional, temos o processo de **direção**. Nesse momento, entram em cena as questões relacionadas às pessoas e em como ativá-las para o cumprimento do plano. Questões como processos de comunicação, políticas e incentivo, estilos de liderança, entre outras questões associadas a pessoas, são importantes critérios para bem definir o processo de direção.

Finalmente, temos o processo de **controle**. Após o adequado estabelecimento dos três primeiros processos, faz-se necessário monitorar o desempenho das pessoas e verificar em que medida ação realizada corresponde a planejada. Aqui, é importante o monitoramento para a correção de desvios no curso previamente determinado. Entretanto, o controle não representa somente isso. Ele é um importante mecanismo de checagem e verificação da viabilidade do plano, pois, muitas vezes, o resultado esperado não é obtido por problemas de planejamento, organização ou direção. Assim, o controle é um poderoso mecanismo de retroalimentação (*feedback*) para os outros processos administrativos, e isso é representado na Figura 8.4, pela seta de cor cinza.

Essa característica do controle visto como processo de retroalimentação também pode ser observada como um fator que gera uma relação multilateral entre os quatro processos. Assim, da mesma forma que há uma lógica sequencial de execução dos processos administrativos, também é importante a retroalimentação não sequencial. Assim, quando se observa, no processo de controle, que algo foi mal dimensionado no processo de direção (por exemplo, a forma de comunicar os objetivos), volta-se para este último imediatamente sem ter que passar por todo o ciclo. Essa dinâmica também ocorre na relação com os outros processos, como é representado pelas setas azuis.

FIGURA 8.4 – DINÂMICA CONTÍNUA E MULTILATERAL DOS PROCESSOS ADMINISTRATIVOS

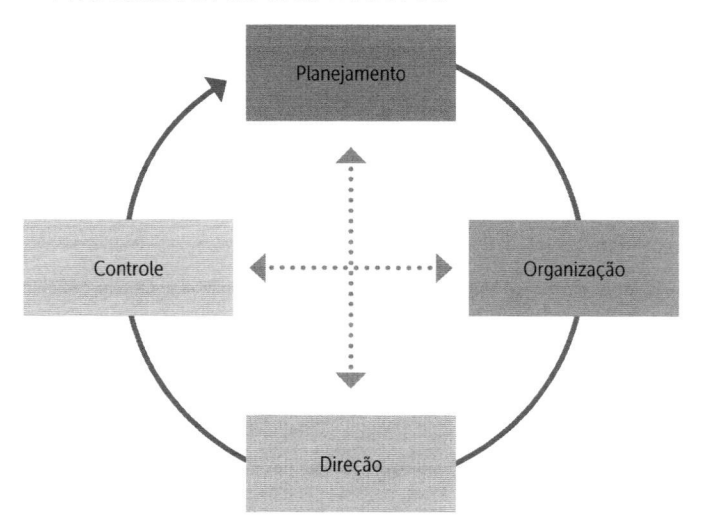

SÍNTESE

Os quatro processos administrativos como uma revisão dos processos de Fayol e a ideia de efetividade apresentada por Peter Drucker como uma contraposição à ênfase exclusiva na eficiência são fundamentos centrais para a prática administrativa até os dias atuais. Representam uma essência que deve ser observada em qualquer situação ou dimensão da atividade gerencial, mas também na prática de pesquisa e análise da realidade organizacional. Somente entenderemos bem os modelos e ferramentas administrativas se sempre os avaliarmos tendo por referência os critérios de efetividade e os quatro processos administrativos.

Da mesma forma, esses dois tópicos devem ser observados conjuntamente. A revisão feita pelos autores neoclássicos dos cinco processos de Fayol deve ser situada com base na proposta de Peter Drucker sobre a complementariedade da ideia de efetividade e eficiência. Nesse sentido, também é importante verificar que efetividade e eficiência são conceitos dependentes, sendo que o primeiro prepondera sobre o segundo.

EXERCÍCIOS RESOLVIDOS

1. O que muda na definição dos processos administrativos a partir de quatro categorias em vez das cinco propostas por Fayol?

   Os processos de comando e coordenação tornam-se um só. Isso contempla a ideia de que os recursos humanos não são simples recursos inertes aos ditames da racionalização imposta pela administração; eles precisam ser considerados em sua natureza psicossocial, em toda a sua complexidade e diferenciação.

2. Qual o contexto histórico de emergência do critério da eficiência, e em que momento este critério tornou-se insuficiente para orientar a atividade gerencial?

Falar de eficiência no contexto competitivo do século XIX e início do século XX faz todo o sentido. Como vimos, nesse período, a grande questão econômica era encontrar meios de se produzir bens manufaturados de maneiras mais econômicas, de modo a baratear os custos de produção. Essa foi a essência da mudança da atividade capitalista de sua fase mercantil para sua fase industrial. A própria Revolução Industrial foi uma revolução de eficiência, e a administração moderna foi o reflexo dessa ênfase.

Com o amplo incremento tecnológico e a estabilidade econômica advinda do desenvolvimento da Segunda Revolução industrial, rapidamente o mercado interno norte-americano passou a demandar produtos diversificados e fundamentados em novas necessidades (Landes, 1994). Foi esse novo contexto social que deu ensejo ao questionamento do critério de eficiência como principal fator a orientar as atividades administrativas.

Contudo, com o desenvolvimento da competitividade na sociedade industrial, no qual todos os concorrentes se fortalecem a partir dos mesmos critérios de eficiência – economia de escala, divisão do trabalho, racionalização de processos, padronização, entre outras práticas de competitividade –, ocorre uma maior dificuldade em sustentar

o crescimento. Aliado a essa forte paridade das empresas nas práticas que geram eficiência, temos o aumento da complexidade no contexto de negócios. Novos fatores entram em cena no jogo da competição de negócios, tais como questões tecnológicas, culturais, demográficas, políticas, legais e ambientais. Isso muda a natureza do jogo, tornando-o muito mais complexo e difuso. Chegar ao resultado econômico da empresa não é algo mais tão simples como nos tempos de ouro de Henry Ford.

3. Por que existe um problema de tradução do conceito de efetividade?

Se considerarmos os dicionários da época (e muitos dicionários editados hoje), os verbetes "eficácia" e "eficiência" eram considerados sinônimos ou verbetes muito parecidos. Isso significa que os editores e tradutores não se preocuparam em verificar esse problema semântico ao determinar a tradução do termo, gerando muita confusão para o estudante brasileiro de Administração.

QUESTÕES PARA DISCUSSÃO EM GRUPO

1. Avalie se os principais aspectos associados a ideia de efetividade proposta por Peter Drucker ainda se fazem presentes nos arranjos organizacionais da atualidade e justifique sua resposta.

2. Cite um exemplo organizacional que ilustre a relação de dependência entre o critério da efetividade e da eficiência.

9

TEORIAS SISTÊMICAS NA ADMINISTRAÇÃO

CONTEÚDOS DO CAPÍTULO

- Teoria geral de sistemas, desenvolvida pelo biólogo Bertalanfly.
- Pós-guerra como contexto histórico da emergência da proposta de Bertalanfly.
- Teoria contingencial.

APÓS O ESTUDO DESTE CAPÍTULO, VOCÊ SERÁ CAPAZ DE:

1. descrever como a teoria geral dos sistemas é aplicada à administração;
2. relacionar o contexto histórico e econômico do pós-guerra à proposta da teoria geral dos sistemas;
3. listar os conceitos e princípios da teoria geral dos sistemas;
4. relatar como a teoria geral dos sistemas, emanada no pós-guerra, se aplica aos processos administrativos no contexto atual de globalização;
5. explicar a teoria contingencial, descrevendo as pesquisas de Burns e Stalker, de Lawrence e Lorsch, de Woodward, e de Chandler.

Apesar de não ter sido desenvolvida para a área de administração, a teoria geral de sistemas, proposta pelo biólogo Ludwig Von Bertalanffy, exerceu uma enorme influência no pensamento administrativo, especialmente na redefinição do conceito de *organização* (Motta, 1971; Pizza Junior, 1986; Burrell; Morgan, 1979), o que acarretou em um terceiro grande marco histórico da administração moderna. Com base na ideia de *sistemas*, o conhecimento administrativo assumiu um novo olhar sobre o fenômeno organizacional, visto de uma forma mais abrangente e sofisticada.

Bertalanffy foi um biólogo austríaco radicado nos Estados Unidos que se interessou pela questão do crescimento dos organismos e seu impacto no ambiente. Contudo, sua contribuição para o pensamento contemporâneo foi muito além do campo da biologia, tendo em vista que suas ideias eram endereçadas a todas as ciências (Weckowicz, 1988). Propôs uma doutrina baseada na ideia de sistemas abertos e da interdependência entre diferentes sistemas e campos disciplinares (Bertalanffy, 1975). Com base em sua proposta desenvolveu-se um pensamento centrado na interdisciplinaridade, algo que evoluiu para as perspectivas da transdisciplinaridade e do pensamento complexo, duas abordagens também presentes na área da administração (Giovannini, 2002).

Para dimensionar esse impacto, muitos autores chamam a atenção para uma denominada *abordagem sistêmica da administração*, que corresponde ao conjunto de proposições diretamente baseadas no pensamento sistêmico advindo no campo das ciências de forma geral. Neste capítulo, iremos tratar desses aspectos e suas implicações para o pensamento administrativo.

Nesse sentido, além de retratar o contexto histórico de estabelecimento deste e seus princípios – retratados particularmente na proposta teórica de Bertalanffy – apresentaremos algumas das perspectivas teóricas do pensamento administrativo que foram influenciadas diretamente pelo sistemismo. Entre elas, destacam-se os estudos da denominada *abordagem contingencial*, que se valeram diretamente das premissas da teoria sistêmica, tal como o conceito de *entropia* (Araújo; Sanches Júnior; Gomes, 2015).

Contudo, é importante também demarcarmos a presença do pensamento sistêmico em outras articulações teóricas. Nesse sentido, destacamos o relativismo do pensamento japonês da administração e a visão para a mudança da administração estratégica. A literatura da área defende que essas perspectivas nem sempre abarcam os fundamentos da concepção sistêmica da realidade organizacional, algo que buscamos evidenciar no presente livro.

9.1 O CONTEXTO SOCIAL NO PÓS-GUERRA

A demarcação do pensamento sistêmico na sociedade contemporânea está diretamente relacionada ao contexto histórico que se estabeleceu com o fim da Segunda Guerra Mundial. Esse cenário abarca múltiplas dimensões, de natureza bélica, política, social, cultural e ideológica (Hobsbawm, 1995), mas também econômica e empresarial (Harvey, 2007). Contudo, é preciso entender que essas diferentes dimensões estão diretamente relacionadas.

9.1.1 CONTEXTO POLÍTICO: A GUERRA FRIA

Após a Segunda Grande Guerra, o contexto econômico, social e político mundial alterou-se significativamente. É correto afirmarmos que o impacto desse evento histórico foi decisivo para definir as incertezas do mundo que predominaram até o final do século XX (Hobsbawm, 1995). Na esfera política, emergiu uma disputa ideológica entre os dois blocos militares mais poderosos, que dividiram o planeta entre aliados de seus regimes e interesses estratégicos. A chamada "Guerra Fria" representou uma disputa entre as duas grandes nações vitoriosas do conflito contra o eixo liderado pelos nazistas, os Estados Unidos e a União Soviética, e foi peculiar devido a seu constante perigo iminente de ataque nuclear. Esse quadro fez com que ambos os lados buscassem estratégias de influência geopolítica ao redor do mundo, influenciando ditaduras, patrocinando golpes de Estado e fornecendo recursos bélicos e financeiros para diferentes nações. Contudo, as potências nucleares que encabeçavam essa disputa evitavam ao máximo um confronto direto, pois compreendiam o risco para todo o planeta do uso de seu arsenal atômico.

Assim, paradoxalmente, a Guerra Fria representou um período de estabilidade econômica e política, no qual a disputa se estabeleceu nos bastidores e em um cenário de conformação em dois blocos políticos, mais de natureza ideológica do que qualquer outra. Sobre esse aspecto, Hobsbawm salienta:

> Até a década de 1970, esse acordo tácito de tratar a Guerra Fria como uma Paz Fria se manteve. A URSS sabia (ou melhor, percebera), já em 1953, quando não houve reação aos tanques soviéticos que estabeleceram o controle diante de uma séria revolta operária na Alemanha Oriental, que os apelos americanos para "fazer retroceder" o comunismo não passavam de histrionismo radiofônico. Daí em diante, como confirmou a revolução húngara de 1956, o Ocidente se manteria fora da região de domínio soviético. A Guerra Fria que de fato tentou corresponder à sua retórica de luta pela supremacia ou aniquilação não era aquela em que decisões fundamentais eram tomadas pelos governos, mas a nebulosa disputa entre seus vários serviços secretos reconhecido e não reconhecidos, que no Ocidente produziu esse tão característico subproduto da tensão internacional, a ficção de espionagem e assassinato clandestino. Nesse gênero, os britânicos, com o James Bond de Ian Fleming e os heróis agridoces de John le Carré – ambos tinham trabalhado nos serviços secretos britânicos – mantiveram uma firme superioridade, compensando assim o declínio de seu país no mundo do poder real. Contudo, a não ser em alguns casos dos países mais fracos do

> Terceiro Mundo, as operações da KGB e da CIA e órgãos semelhantes eram triviais em termos de verdadeira política de poder, embora muitas vezes dramáticas. (Hobsbawm, 1995, p. 180)

Como o trecho do historiador revela, a dimensão bélica da Guerra Fria é permeada por vários outros aspectos, tornando esse importante evento do século XX muito mais complexo do que pode parecer: a questão ideológica, a questão cultural (expressa nas artes, particularmente no cinema), a questão diplomática, e até mesmo a espionagem. De fato, um aspecto fundamental desse processo histórico foi justamente a dimensão ideológica, na qual até mesmo o *management* a aparece como um subproduto de exportação para balancear a hegemonia de ambas as superpotências (Alcadipani; Bertero, 2012). Tudo isso relacionado com o fato de que, no final da Segunda Guerra Mundial, a tecnologia da bomba atômica trouxe uma nova visão sobre o mundo e sua conectividade como um sistema social. Isso também acarretou um questionamento sobre o papel da ciência responsável por tal tecnologia, que era fundada sob a égide de um pensamento cartesiano da realidade (Santos, 1988).

Contudo, a complexa rede de aspectos que transformaram o mundo no pós-guerra também pode ser observada no contexto das organizações. A reorganização produtiva causada com o fim da Segunda Grande Guerra – contextualizada pela polarização entre as ideologias comunista e capitalista – condicionou as organizações a repensarem seus modelos de gestão. Esse cenário foi particularmente determinado pela crise causada com a inviabilidade do modelo industrial fordista, tal qual pensado pelo sistema industrial do início do século (Harvey, 2007).

9.1.2 CONTEXTO ECONÔMICO: O DESENVOLVIMENTO INDUSTRIAL NO PÓS-GUERRA

Outra importante dimensão a ser considerada no período pós-guerra foi o novo contexto econômico advindo das grandes corporações. Ele se estabeleceu em um cenário de grande capacidade produtiva da grande empresa norte-americana, especialmente nos setores diretamente ligados ao esforço de guerra. Foi assim com os diversos subsetores da indústria química, de veículos e de telecomunicações (Landes, 1994; Harvey, 2007).

Durante a Segunda Guerra Mundial, as empresas norte-americanas contaram com um impulso particular na sua produção. Com a Europa em constante destruição, surgiu a demanda por produtos e trabalhos de reconstrução. O esforço de guerra também alavancou a produção de insumos diretos para as disputas bélicas, como armas e veículos e outros equipamentos (Harvey, 2007). Os grandes fornecedores do governo norte-americano e seus aliados foram chamados de *"defense contracts"* (contratos da defesa, em português, em alusão à relação de contratado do Ministério da Defesa dos Estados Unidos). Esses contratos não somente garantiram a demanda em um patamar nunca antes visto, mas também o rápido desenvolvimento de tecnologias para o esforço de guerra (Landes, 1994; Vizeu; Gonçalves, 2010).

Todavia, com o fim da guerra, o cenário dos grandes grupos empresariais nos Estados Unidos se alterou. A disputa agora se dirigia para o cenário da Guerra Fria: a Europa rapidamente se reconstruiu e restabeleceu suas atividades empresariais, e o mercado interno dos Estados Unidos se estabilizou por um período de longa prosperidade, sendo lembrado como anos dourados (Hobsbawm, 1995). No pensamento vigente à época, esse cenário de intensa prosperidade era devido ao modelo econômico e social trazido pelo sistema fordista de produção, por um lado, e à estabilidade institucional fornecida pela política econômica keynesiana, de um Estado intervencionista dos fatores econômicos (Harvey, 2007).

Foi assim que o mundo – especialmente no bloco ocidental – testemunhou uma explosão de prosperidade no período de 1945 a 1973. Harvey (2007) lembra que tais corporações emergiram no período entre guerras com a adoção da racionalidade da produção, amadureceram com o suporte da demanda dos governos durante os anos de conflito e expandiram suas atividades em termos globais suportados por uma nova doutrina de influência geopolítica, um novo imperialismo liderado pelos Estados Unidos e acompanhado pelos outros países ricos do Ocidente industrializado.

Mas tudo se transformou com a primeira grande crise econômica do período pós-guerra, causada pela resposta dos países produtores de petróleo às pressões dos países industrializados no contexto global. Por meio do órgão constituído para atender aos interesses dos produtores, a Organização dos Países Exportadores de Petróleo (Opep), os países decidiram aumentar subitamente os preços do barril (em 400%), causando um grande impacto no contexto econômico global. Esse evento foi singular porque não somente afetou os setores envolvidos com a produção de derivados do petróleo, mas todo o sistema econômico mundial (Hobsbawm, 1995).

Nessa chamada *crise do petróleo*, o mundo inteiro percebeu que o modelo econômico de produção exponencial das grandes corporações não era sustentável. Não por coincidência, também foi na década de 1970 que surgiu a preocupação com o modelo desenvolvimentista do período pós-guerra (Vizeu; Meneghetti; Seifert, 2012). Sob o ponto de vista empresarial, tal crise revela a insustentabilidade dos modelos de gestão vigentes, incapazes de promover o crescimento sustentável dos negócios (Vizeu; Gonçalves, 2010).

Foi esse conturbado contexto que permitiu que uma concepção integradora das ciências emergisse, tornando-se uma importante referência para diversos campos de conhecimento disciplinas. Assim, o pensamento sistêmico impregnou tanto o campo das ciências da natureza quanto as ciências sociais. Nestas últimas, podemos ver sua influência em diferentes proposições teóricas que emergiram nesse período, inclusive, a administração.

Contudo, antes de tratarmos do pensamento sistêmico na administração, vejamos os seus fundamentos tal qual expressos pelo seu mais célebre difusor, Ludwig Von Bertalanffy.

9.2 FUNDAMENTOS DO PENSAMENTO SISTÊMICO

Conforme já mencionamos, a teoria geral de sistemas foi proposta por Bertalanffy, e seus pressupostos foram difundidos por volta da década de 1950. Contudo, esse corpo teórico refletia o incômodo do teórico para com o paradigma científico cartesiano, especialmente aquele que Bertalanffy testemunhou em Viena, o berço do positivismo lógico contemporâneo (Weckowicz, 1988; Burrell; Morgan, 1979).

Com formação em biologia, Bertalanffy era inconformado com a concepção atomista da ciência, que adotava a divisão disciplinar como fundamento organizativo e que assuma uma visão estreita e reducionista da realidade, tomada particularmente como consequência da especialização científica (Weckowicz, 1988). Interessado pela natureza dos organismos, o estudioso buscou uma nova via explicativa desse fenômeno biológico na filosofia da natureza e na perspectiva histórica de Oswald Spengler, na qual encontrou o arcabouço teórico para construir sua célebre teoria. Esse contato despertou nele o interesse em aproximar novamente as ciências naturais das humanidades. Outra importante influência sobre Bertalanffy foi o filósofo idealista Hans Vaihinger, quem inspirou o biólogo alemão com suas ideias sobre o relativismo da verdade e das normas sociais.

Após seu doutoramento, Bertalanffy se dedicou ao ensino da Biologia Teórica, período em que pôde questionar as perspectivas mecanicistas do processo da vida biológica com a visão organicista. Essa também se encontra nas bases da sua teoria geral dos sistemas – TGS (Weckowicz, 1988).

Em maior ou menor grau, o pensamento sistêmico está presente em diferentes construções teóricas do século XX, nos mais diversos campos de conhecimento (Weckowicz, 1988). Pode ser reconhecido por uma nova mentalidade que se estabeleceu no meio acadêmico-científico, que desafiou as premissas do pensamento cartesiano vigentes a séculos (Giovannini, 2002; Bertalanffy, 1975).

Esse novo espírito na atividade acadêmica pode ser ilustrado pela constatação de um texto de Motta sobre o impacto da teoria geral de sistemas, escrito no início da década de 1970:

> Estamos presenciando um movimento *sui generis* no desenvolvimento científico. Parece que, repentinamente, todos os ramos do conhecimento, tornados estranhos uns aos outros pela especialização extremada, começaram a ressentir-se do isolamento em que se encontravam, passando a buscar mais e mais suas bases comuns. Talvez pela necessidade crescente de estudos interdisciplinares, capazes de analisar a realidade de ângulos diversos e complementares, talvez pela comunicação muito mais rápida e fácil entre especialistas em campos diferentes, começou-se a tomar consciência de que uma série de princípios desenvolvidos nos diversos ramos do conhecimento científico não passavam de mera duplicação de esforços, pois outras ciências já os haviam desenvolvido. (Motta, 1971, p. 17)

Essa constatação de Motta dá a noção exata de como o pensamento sistêmico representou uma revolução nos diferentes campos científicos. Não por menos, essa abordagem é reconhecida como uma perspectiva que conversa com tantos outros movimentos de crítica aos cânones científicos, tais como a abordagem da complexidade, a cibernética e a teoria do caos (Giovannini, 2002).

Contudo, é correto afirmarmos que o conceito de sistema não é novo, nem mesmo no campo da administração.

Conforme lembra Pizza Júnior (1986), se considerarmos a própria definição de sistema, veremos o quanto já estamos familiarizados com a ideia: "um sistema, assim, é tudo aquilo que possui mais de uma parte, desde que elas dependam umas das outras, e que essa dependência entre conduza a algum resultado qualquer, preestabelecido" (Pizza Junior, 1986, p. 77). É assim que encontramos diferentes sistemas no cotidiano: organismos, máquinas e equipamentos, estruturas sociais, organizações.

Na verdade, há uma concepção sistêmica no próprio método cartesiano, tendo em conta o movimento analítico proposto por René Descartes em se decantar as partes do todo, indo do complexo ao simples. É assim que todas as disciplinas científicas são fundamentadas em alguma forma de sistema: nas ciências da natureza, os sistemas macro e microscópicos que serviram de base para o conhecimento teórico fundamental para a revolução tecnológica de nosso tempo (o átomo, a molécula, a célula, o sistema solar etc.). Nas ciências aplicadas, como a medicina, a especialidades são organizadas a partir dos diferentes sistemas fisiológicos do corpo humano (digestivo, nervoso, vascular, respiratório etc.).

Com o *management* isso não é diferente, tendo-se em conta a influência do pensamento cartesiano desde a origem desse campo de saber. Nesse sentido, o mais importante sistema objeto de investigação do pensamento administrativo tem sido a organização. Como já foi observado nos capítulos anteriores, esse sistema se apresentou ao longo do desenvolvimento da área por várias formas e abarcando diferentes enfoques: como um sistema mecânico, como um sistema racionalizado, como um conjunto de subsistemas, como um sistema social.

Apesar disso, a perspectiva sistêmica que se apresenta na metade do século XX é de natureza distinta à que vigorava até então. Essa assumia pressupostos antes não pensados, que acabaram por questionar a própria maneira cartesiana de se pensar a realidade. Por conta disso, iremos apresentar uma breve apreciação da TGS e de alguns de seus fundamentos.

9.3 CONCEITOS CENTRAIS DA TGS

A TGS parte da ideia de que a dinâmica dos sistemas é o aspecto mais importante da compreensão dessas estruturas. Essa teoria se estabelece pela interação entre os elementos, não na morfologia deles. Portanto, mais importante do que compreender a natureza de cada elemento que compõe o sistema é entender as relações que se estabelecem entre essas partes. É assim que é possível compreender o sistema como algo maior do que a soma de suas partes, algo que produz um efeito maior do que se pode conceber com a análise dos seus elementos.

Com esse pressuposto, Bertalanffy propôs que a maneira como o conhecimento estava organizado em uma lógica cartesiana de análise não condizia com a natureza dos fenômenos naturais e sociais. Dito de outra forma, não é possível compreender uma realidade na qual sua natureza não pode ser apreciada por uma lógica causal e mecânica, que busca separar as partes para compreender o todo. Por conta disso, Bertalanffy propôs que as ciências deveriam se integrar com base na visão do todo dos fenômenos, sem a tradicional separação disciplinar e redução atomística.

Suas proposições em relação a essa nova agenda da ciência podem ser expressas da seguinte maneira (com base em Bertalanffy, 1975):

- Existe a tendência à integração entre as ciências naturais e sociais.
- Essa integração reflete uma teoria dos sistemas.
- Essa teoria de sistemas permite que se retome o objetivo da unidade da ciência.
- Essa teoria de sistemas representa uma nova forma de estudar os campos não físicos do conhecimento científico, especialmente as ciências sociais, bem como a integração da educação científica.

Por conta desse propósito, a TGS é particularmente endereçada ao campo de humanidades, mas de forma integrada às outras áreas do conhecimento científico. Por exemplo: seguindo a lógica da TGS, os problemas ambientais atuais somente são devidamente tratados a partir da integração de diferentes campos, como a biologia, a física, a sociologia, a economia e a ciência política; da mesma forma, as questões aplicadas à saúde humana também são mais bem observadas quando se aproximam diferentes saberes, como a psicologia, a fisiologia e a economia. Essa integração é a premissa daquilo que se convencionou chamar de *interdisciplinaridade* (Giovannini, 2002; Weckowicz, 1988; Bertalanffy, 1975).

Mas a TGS também considera alguns conceitos centrais, capazes de indicar a guinada analítica que ela se propõe. Seguimos com a discussão da ideia de sistemas abertos, o conceito de entropia e a ideia de não linearidade dos sistemas.

9.3.1 SISTEMAS ABERTOS

A natureza dos sistemas, a partir da TGS, é significativamente diferente da concepção sistêmica vigente na tradição cartesiana das ciências. Para que você entenda a nova perspectiva, é preciso que reconheça que visão atomística do pensamento cientifico tradicional implica uma concepção de sistema fechado da realidade investigada. Isso significa afirmar que, por conta de uma visão baseada em atributos funcionais dos elementos de um sistema, as explicações científicas tendem a circunscrever os sistemas em determinados arranjos de relações causais, evitando observar aspectos exteriores a tais relações. A essa forma de análise, podemos inferir a ideia de sistema fechado.

Para tornarmos mais clara essa forma de pensamento, vamos a um exemplo. Tradicionalmente, as disciplinas científicas tendem a analisar seus fenômenos com base em determinado conjunto de relações causa e efeito. A Figura 9.1 ilustra essa máxima com a suposição da teoria econômica clássica sobre o equilíbrio entre os fatores que compõem o sistema macroeconômico.

> Representação do sistema macroeconômico
> $Y = C + I$
> $S = Y - C$
> $S = I$
> Y = Renda;
> C = Consumo;
> I = Investimento;
> S = Poupança.

O raciocínio do equilíbrio macroeconômico sugere que, caso um dos elementos do sistema se alterar, os outros irão variar proporcionalmente. Por exemplo: se a renda aumentar e o consumo permanecer o mesmo, o investimento irá aumentar. Durante o período entre as grandes guerras, essa premissa foi tão vigorosa que determinou todo um conjunto de políticas econômicas, associadas ao modelo keynesiano e ao chamado *pacto fordista* – o sistema fordista promovia o aumento no consumo; este, por sua vez, aumentava a renda quando parte dos lucros voltava ao trabalhador (Harvey, 2007).

Contudo, com a crise mundial ocasionada pelas diferenças sociais e econômicas dos países de primeiro e terceiro mundo, o pacto fordista não se concretizou. Dito de outra forma, a fé que se teve no modelo econômico do pacto fordista desconsiderou que o sistema econômico é um sistema aberto e integrado com outros sistemas, seja na esfera geopolítica mundial, seja em relação a outras dimensões da vida social – política, tecnológica e ideológica.

Diferentemente dessa concepção, a pressuposição da perspectiva da TGS é a de que os sistemas são abertos. Isso implica abandonar a visão atomística de equilíbrio interno para observar possíveis relações externas. Seria reconhecer que os sistemas não são limitados aos seus elementos; eles interagem com um ambiente, repleto de outros fatores dinâmicos, que influenciam os efeitos do sistema em análise e são influenciados por eles. A Figura 9.1 apresenta uma representação simples da lógica de sistemas abertos, a partir das denominações de entradas (*inputs*), saídas (*outputs*) e retroalimentação (*feedback*).

FIGURA 9.1 – REPRESENTAÇÃO DE UM SISTEMA ABERTO

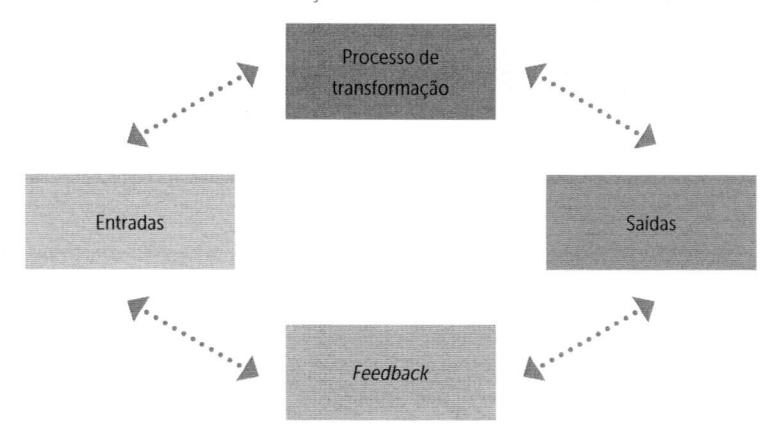

Observado em sua perspectiva ambiental, todo sistema é um conjunto de elementos que processa "entradas", transformando-as em "saídas". Contudo, como esses elementos se encontram em um ambiente dinâmico, no qual outros sistemas e fatores também lhes impingem alguma forma de influência, afirmamos que as saídas retroalimentam o sistema, causando novamente um impacto no sistema. Esse ciclo, mesmo parecendo ser simples, indica uma importante mudança sobre o olhar dos sistemas: eles estão em contínua dinâmica com seu ambiente, e qualquer alteração pode afetar sua estrutura. A esse tipo de condição, a TGS denomina como *entropia do sistema*.

9.3.2 ENTROPIA E NÃO LINEARIDADE

O conceito de entropia tem origem na termodinâmica, e, apesar das diferentes concepções nos diferentes campos de conhecimento, significa em essência a tendência de um sistema se degradar pelo contínuo processo de troca com o ambiente (Araújo; Sanches Júnior; Gomes, 2015). Na TGS, está associado à propensão ao desequilíbrio dos sistemas, causado pela constante instabilidade da interação entre o sistema e o ambiente. A entropia é algo inevitável, mas que pode revelar o que deve ser observado para se compreender a dinâmica dos sistemas.

Encontramos a entropia em todos os tipos de sistemas: nos sistemas físicos, é a perda de energia; nos sistemas vivos, é a tendência à morte. As organizações também são entrópicas, sendo sistemas que constantemente são desafiados em sua aparente estabilidade. Esse fato é particularmente interessante, pois questiona um fundamento importante da visão burocrática da teoria das organizações – aquela que entende as organizações como entidades perenes. Na verdade, essa suposição persiste na maioria dos sistemas, quando observados sob sua aparente estabilidade e equilíbrio.

Um exemplo de entropia é a visão atual sobre a crise climática do planeta. O sistema econômico do capitalismo criou uma dinâmica baseada na acumulação primitiva e na produção de mercadoria (Marx, 2002). Contudo, a dinâmica do sistema com o contexto global tem determinado uma série de crises, causados especialmente pelo colapso ambiental e pela finitude de recursos. Essa dinâmica tem gerado diversos problemas de natureza social, política e mesmo de ordem econômica (Vizeu; Meneghetti; Seifert, 2012). A contradição desse processo faz com que exista uma série de iniciativas que tentam minimizar os efeitos entrópicos no sistema capitalista, tais como as pressões da legislação ambiental, as inovações de economia circular, entre outras iniciativas.

Mais uma vez, precisamos reconhecer o papel da dinâmica de trocas que se estabelece entre os sistemas e o mundo a sua volta. A interação do sistema com seu meio é intensa e por vezes imprevisível. Dada a complexidade do universo e as infinitas possibilidades de consequências da relação entre sistemas, a tendência à instabilidade e à desagregação é sempre presente.

Finalmente, a TGS aponta para a busca da não linearidade dos sistemas, reconhecendo fatores como o caos, a incerteza e a ambiguidade (Giovannini, 2002). Esse aspecto se opõe diretamente ao pressuposto cartesiano da causualidade.

Afirmar que a relação entre o sistema e seu ambiente ou com outros sistemas não é linear implica assumir certa dose de imprevisibilidade nos acontecimentos. Apesar de essa perspectiva não estar muito clara na proposta orginal de Bertalanffy (1975), a perspectiva mais atual do pensamento sistêmico assume essa premissa de forma mais contundente, especialmente em sua aproximação com a visão transdisciplinar e a teoria da complexidade (Giovannini, 2002).

9.4 PENSAMENTO SISTÊMICO NA ADMINISTRAÇÃO: AS ORGANIZAÇÕES E SEU AMBIENTE

Conforme já sinalizamos, uma das mais importantes contribuições do pensamento sistêmico para a análise organizacional é o conceito de sistema aberto. Nesse sentido, as organizações, antes consideradas como sistemas autossuficientes e fechados em si mesmos, passam a ser considerados sistemas abertos, em constante interação com seu meio e outros sistemas externos a ela relacionados.

Uma importante forma de evidenciar essa mudança de perspectiva consiste em reconhecer como as abordagens clássica e comportamentalista do pensamento administrativo pressupunham a organização como um sistema fechado (Morgan, 1996).

As propostas da abordagem clássica da administração – especialmente o taylorismo – assumem que a organização chega a seu resultado ótimo por meio do ajuste de seus aspectos internos. Isso não significa atestar que os autores da época desconsideravam fatores externos; apenas representa a concepção de que o funcionamento da organização era prioritariamente determinado por fatores internos. A organização atinge seu resultado ótimo na medida em que precisam ajustar seus processos internos. Para Fayol, a função administrativa é o aspecto central para esse resultado ótimo; para Taylor, os processos internos e as tarefas devem ser devidamente analisadas, até que se descubra o jeito ótimo (*the best way*) de se realizar tais tarefas e de se desenhar os processos. Por isso, Morgan (1996) utiliza da metáfora da máquina para retratar essa lógica.

Apesar de ser uma proposta que se opõe à perspectiva clássica da administração, o movimento de relações humanas permanece enfatizando a visão de sistema fechado. Mesmo considerando que a essência da organização é a sua dimensão social, as relações humanas e a consequente abordagem comportamental ainda partem de uma premissa de que os fatores para se chegar ao ponto ótimo são internos – as características do indivíduos e dos grupos, a organização informal, o estilo da liderança, os aspectos motivacionais expressos no enriquecimento do conteúdo do cargo etc. Especialmente no movimento de relações humanas, ainda presume-se um melhor jeito, universal para todas as organizações: o estilo mais participativo de liderança, o ajuste entre a organização informal e a formal, as recompensas não pecuniárias.

A visão de que a organização é um sistema aberto muda essa perspectiva. Isso porque os fatores de sucesso passam a ser relativizados às questões contextuais e situacionais. Cada situação, cada contexto, pode ter um melhor jeito. E isso acaba por se tornar mais evidente quando se assume, de forma contundente, a ideia de *ambiente organizacional*.

Etimologicamente, a palavra *ambiente* vem do latim *ambiens*, que significa "aquilo que cerca" (Cunha, 2010). É assim que vemos o termo retratando espaços físicos, sistemas ecológicos, e mesmo representando ideias abstratas. No contexto da administração, a palavra tem sido utilizada para retratar a organização como um espaço ou local de trabalho; nesse sentido, é correto pensarmos que a organização é o ambiente de trabalho dos seus membros. Entretanto, o vocábulo assume um novo patamar quando elevamos seu significado para retratar o meio que circunda a organização em si mesma.

Entende-se que o ambiente circunda algo; sempre se tem em mente uma unidade de análise para se pensar na dinâmica sistêmica associada a esse termo. Assim sendo, o ecossistema é um ambiente para os seres vivos que habitam e interagem nesse meio. Quando nos referimos a uma fábrica como um ambiente de trabalho, a unidade de análise é o trabalhador, e o local de trabalho é o espaço no qual os trabalhadores interagem e se influenciam mutuamente.

Em um contexto mais amplo, temos representações de ambiente com fatores mais complexos. Assim, o mercado é um termo que representa fatores concretos – meios produtivos, mercadorias, pessoas – e aspectos mais abstratos, tais como processos e fluxos macro dimensionados (balança comercial, inflação, variação cambial etc.). Mesmo assim, aqui a lógica de análise do ambiente é a mesma: se considerarmos o mercado como o ambiente econômico, sua unidade de análise são os agentes econômicos e suas respectivas interações.

Desse modo, a melhor forma de representar o ambiente organizacional é tomar a organização como a unidade de análise e reconhecer seu amplo fluxo de interação com seu meio, composto por diferentes fatores. A Figura 9.2 exemplifica uma possível representação do ambiente organizacional.

FIGURA 9.2 – AMBIENTE ORGANIZACIONAL

Fonte: Elaborado com base em Certo; Peter, 2005.

Na Figura 9.2, o ambiente operacional representa a esfera que circunda a organização de forma mais imediata, onde se encontram os agentes e as forças que atuam diretamente nas atividades operacionais da organização. Se considerarmos uma empresa, por exemplo, o ambiente operacional seria composto por diferentes agentes, empresas concorrentes e fornecedores, distribuidores, compradores (individuais e coletivos), potenciais trabalhadores, concorrentes indiretos que fornecem produtos substitutos etc. O ambiente geral, por sua vez, representa uma estrutura de relações mais ampla, abarcando agentes e forças que existem na sociedade como um todo e afetam em maior e menor grau a todos os setores produtivos: agentes econômicos, forças sociais, agentes políticos, instituições legais, fatores culturais e tecnológicos.

Sob a perspectiva de sistemas abertos, a ideia de que a organização interage com seu ambiente sugere que seus fatores internos estão constantemente se ajustando em virtude da influência ambiental. É assim que os modelos de gestão podem ser mais ou menos efetivos, dependendo da configuração do contexto ambiental. No pensamento administrativo, essa premissa foi apresentada pelas abordagens contingenciais.

9.5 TEORIA CONTINGENCIAL

Sendo a mais conhecida abordagem sistêmica do pensamento administrativo, o contingencialismo se notabilizou por sua poderosa premissa de relativizar o critério de bom desempenho por meio da mediação entre a estrutura organizacional e seu ambiente. A máxima contingencial é "tudo depende" (Hall, 1984). Na verdade, a teoria da contingência relativiza a visão vigente das perspectivas anteriores do pensamento administrativo a partir da interdependência entre os fatores da estrutura organizacional - modelos de gestão, sistemas de controle, recursos humanos, tecnologias etc. – com os fatores do ambiente. Conforme indica um autor contingencialista:

> A teoria da contingência estabelece que não há uma estrutura organizacional única que seja altamente efetiva para todas as organizações. A otimização da estrutura variará de acordo com determinados fatores, tais como a estratégia da organização ou seu tamanho. Assim, a organização ótima é contingente a esses fatores, que são denominados fatores contingenciais. (Donaldson, 1999, p. 105)

Como vemos no trecho, o ponto ótimo da estrutura organizacional varia de acordo com diferentes contextos e situações. Isso por conta de que certos fatores afetam o ambiente de diferente maneiras, provocando diferentes respostas ambientais. "Também temos diferentes contextos ambientais: ambientes mais complexos *versus* ambientes simples; ambientes turbulentos e agressivos *versus* estáveis e amigáveis. Ou seja, a organização, nessa perspectiva, é vista como adaptando-se a seu ambiente" (Donaldson, 1999, p. 106).

As ideias do contingencialismo foram surgindo com estudos empíricos específicos. Nesse sentido, alguns trabalhos se destacam como seminais para a consolidação dessa proposta. Seguimos com a apresentação desses estudos.

9.5.1 A PESQUISA DE BURNS E STALKER SOBRE ORGANIZAÇÕES MECANICISTAS ORGÂNICAS

Como marco inicial da teoria da contingência da administração, temos o estudo de dois autores britânicos sobre organizações mecanicistas e orgânicas. Em uma ampla investigação entre empresas britânicas de diferentes setores e características, Burns e Stalker (1961) descobriram que empresas de alto desempenho competitivo apresentavam distintas formas de estrutura organizacional. Os autores buscaram reconhecer as características dessas organizações líderes e reconheceram que havia dois diferentes padrões de sistemas de administração.

O primeiro padrão foi denominado *forma mecanicista*. Essas são as organizações que se tornaram bem-sucedidas atuando em um ambiente estável, previsível e com baixa mudança. Suas características são aquelas mesmas prescritas pelo pensamento clássico da administração (Morgan, 1996), tais como o alto grau de formalização da estrutura hierárquica e do sistema de normas, a divisão do trabalho bem delimitada e especializada e a centralização do processo decisório na cúpula da organização. Nesse sistema, a competitividade é obtida pela intensa eficiência operacional da administração, dada pela racionalização dos recursos e do controle pela intensa padronização de tarefas e processos.

No outro extremo, em contextos ambientais turbulentos, ambíguos e de grande volatilidade – logo, em contextos incertos e de grande mudança –, a forma organizacional predominante entre as organizações mais bem-sucedidas é a orgânica. Esta é representada pela imagem do organismo (Morgan, 1996), e corresponde a uma estrutura funcional flexível e pouco formalizada. Os processos são fluídos, as tarefas são pouco predeterminadas, a tomada de decisão é descentralizada. A grande vantagem desse modelo, que acaba por ser mais oneroso em termos de eficiência administrativa e complexo em termos de coordenação, é justamente o ganho pela flexibilidade de ação, permitindo que a organização rapidamente se adapte às mudanças no cenário competitivo. Em organizações orgânicas, é possível mudar processos, adaptar produtos e rapidamente atender a uma nova demanda do mercado.

Apesar de parecer simples por apresentar-se de forma dicotômica, o modelo de Burns e Stalker (1961) foi extremamente original em sua época porque rompeu com a premissa da busca pela melhor forma de organização. A partir desse *insight* original, outras pesquisas passaram a considerar diferentes formas de estrutura como modelos efetivos para diferentes contextos.

9.5.2 A PESQUISA DE LAWRENCE E LORSCH SOBRE O AMBIENTE ORGANIZACIONAL

Outro estudo seminal para a abordagem contingencial foi desenvolvido pelos pesquisadores norte-americanos Paul R. Lawrence e Jay W. Lorsch. Seguindo a premissa apresentada no texto seminal de Burns e Stalker (1961), esses dois pesquisadores obtiveram o mesmo resultado ao comprovar que o desempenho de organizações em contextos ambientais distintos dependia da adoção de diferentes modelos estruturais. Na verdade, um dos grandes méritos de Lawrence e Lorsch (1973) foi o de ter cunhado pela primeira vez a denominação *teoria da contingência* (Donaldson, 1999).

A grande diferença da pesquisa de Lawrence e Lorsch (1973) foi a de verificar as demandas contingentes do ambiente a departamentos na mesma empresa. Assim, os autores identificaram que as incertezas do ambiente acabam por afetar de formas distinta diferentes departamentos. Por exemplo: os setores de desenvolvimento de novos produtos (pesquisa e desenvolvimento – P&D) podem ser mais sensíveis às incertezas de ambientes turbulentos que setores mais estáveis, com o de contabilidade e produção. Essa dinâmica demanda que uma mesma organização possa apresentar departamentos mais orgânicos e outros mais mecanicistas.

> **PENSE A RESPEITO**
>
> O problema da contingência afetando mais um departamento do que outro leva a outra questão, que é a coordenação desses diferentes setores da organização. É assim que surgem novos tipos de coordenação, como a estrutura matricial e a integração por projetos, fazendo com que se adote níveis distintos de flexibilidade e centralização.

9.5.3 A PESQUISA DE JOAN WOODWARD SOBRE SISTEMAS TECNOLÓGICOS

Também podemos considerar outro texto como seminal para a abordagem contingencial o estudo da pesquisadora britânica Joan Woodward sobre a estrutura organizacional de mais de 100 companhias do seu país. Seu foco contingencial era a tecnologia de operações necessária em determinado setor de atividade. Portanto, Woodward verificou empiricamente a máxima de que sistemas tecnológicos distintos exigem estruturas distintas. Esses diferentes sistemas de tecnologia de produção variam de acordo com o tipo de atividade industrial exercida e refletem demandas particulares para garantir a sua efetividade.

Woodward (1965) propôs uma tipologia de sistema de tecnologia para ilustrar as diferentes situações contingenciais. Em sistemas técnicos simples e de fabricação de pequenos lotes, a estrutura também era simples e informal. Em sistemas técnicos de produção em larga escala de produtos padronizados, a estrutura era mais mecanicista e formalizada, contando, da mesma forma, com um alto grau de centralização. Em sistemas técnicos complexos de produção contínua e que necessitavam de maior automação e regulação constante, voltava-se à necessidade de uma estrutura mais orgânica.

9.5.4 A HISTÓRIA DE NEGÓCIOS DE CHANDLER E A IDEIA DE QUE A "ESTRUTURA SEGUE A ESTRATÉGIA"

Apesar de não poder ser considerado um autor da administração, o historiador Alfred Chandler Jr. certamente exerceu grande influência na teoria contingencial (Vizeu; Costa, 2010). Nesse intento, seu texto considerado seminal foi *Strategy and Structure*, publicado no início da década de 1960 (Chandler, 1962). Nesse livro, Chandler apresenta um ensaio historiográfico sobre importantes corporações dos Estados Unidos, retratando como esses grupos empresariais se transformaram drasticamente a partir das demandas dos ambientes em que atuavam.

Foi nesse estudo que Chandler cunhou a famosa frase "structure follows strategy" (a estrutura segue a estratégia, em português), em uma menção à ideia de que, nos grupos empresariais investigados por ele, a estrutura organizacional e as correspondentes variáveis de gestão (centralização/descentralização, formalização, tecnologias, divisão de departamentos etc.) foram alteradas à medida que a estratégia das corporações se alterava. O ponto alto do ensaio de Chandler é sugerir – pela profunda análise de dados de história de negócios – que a estratégia dos quatro casos corporativos retratados foi definida por expressivas mudanças no contexto econômico e social norte-americano. Se, para Chandler, a estrutura segue a estratégia, esta última é definida pelas demandas do ambiente.

Outros estudos importantes foram:

- os trabalhos de Perrow (1972) sobre a relação entre a contingência e estrutura, verificada na análise do tipo de conhecimento necessário e instabilidade nos processos (medida pelo grau de exceções verificadas na tarefa);
- o estudo de Thompson (1967) sobre organizações de sistema fechado e de sistema aberto, ilustrando contextos onde havia maior ou menor intensidade nas trocas com o ambiente;

- o estudo do grupo de Aston, onde se procurou determinar diferentes elementos da estrutura organizacional que variavam a partir de diferentes fatores ambientais (Donaldson, 1999).

Os estudos da teoria da contingência aqui apresentados revelam um ponto importante dessa abordagem, que é a relação entre incerteza e os elementos que condicionam a estrutura de relações na organização. A relação entre incerteza e estrutura pode ser observada na medida que tarefas e processos que implicam menor incerteza (por conta da estabilidade, do tipo de tecnologia, ou das relações de competição do ambiente) são mais eficientes se estruturados com base em princípios de formalização e centralização de comando. Esses fatores irão garantir maior economia e simplicidade na coordenação, o que torna a empresa mais competitiva.

Por outro lado, tarefas e processos envoltos, em incerteza são mais complexos e exigem maior grau de flexibilidade das relações internas; exigem, assim, maior grau de autonomia dos funcionários, maior descentralização na tomada de decisão, bem como fluxos de comunicação e interação mais amplos e intensos. Obviamente, a estrutura organizacional com esses elementos delineadores é mais cara e complexa para coordenar. Entretanto, essas desvantagens são compensadas pela maior efetividade na competição ambiental, especialmente no que se refere à capacidade de inovação necessária em ambientes turbulentos (Donaldson, 1999).

9.6 CONSEQUÊNCIAS DA TEORIA CONTINGENCIAL

Além dos pontos já mencionados, podemos salientar algumas consequências da perspectiva contingencial. De certo modo, esses aspectos representam novas abordagens para lidar com o contexto organizacional, presentes em maior ou menor intensidade em todos os modelos atuais. Contudo, podemos melhor observar esses aspectos com base em duas abordagens em particular: a perspectiva das configurações e a perspectiva da estratégia organizacional.

9.6.1 ABORDAGEM DAS CONFIGURAÇÕES

A abordagem das configurações surgiu em um grupo de pesquisadores da administração na universidade canadense de McGill, liderado pelo conhecido autor Henry Mintzberg (Mintzberg; Ahlstrand; Lampel, 2000; Mintzberg; Quinn, 2001). Considerada como uma renovação do contingencialismo (Ferreira; Gimenez; Grave, 2003), a ideia central dessa abordagem é que existe uma tendência imposta pelos fatores situacionais em aspectos desenho da estrutura organizacional, levando as organizações efetivas a adotarem um tipo particular de configuração. Nesse sentido, as configurações são tipos de estruturas organizacionais determinados pela convergência de características a partir de um contexto particular de ambiente e outros aspectos situacionais. A convergência se dá pela interdependência mútua de aspectos, seja no contexto, seja nas contingências internas da organização.

Por isso, a apresentação dos fatores configuracionais é retratada por Mintzberg como trações ou forças, para melhor representar a questão da interdependência desses fatores (Mintzberg, 1995; Mintzberg; Quinn, 2001; Mintzberg; Lampel; Ahlstrand, 2000). O autor retrata sete forças, ilustradas por aspectos prioritários no respectivo contexto situacional a induzir a adoção da estrutura configuracional (Ferreira; Gimenez; Grave, 2003, p. 263):

1. **Direção**: Determinada pela necessidade por uma maior integração dos esforços para o mesmo objetivo, no que diz respeito à formação de um senso comum e quando não existem outros meios que garantam coordenação que não a supervisão direta.
2. **Eficiência**: Contexto voltado para a maximização do uso de recursos, quando a grande vantagem competitiva é o ganho com o controle de custos, e quando

não há dificuldades em se desenvolver produção massificada.

3. **Proficiência**: Tendência condicionada pela exigência de habilidades altamente especializadas.
4. **Concentração**: Contexto voltado para a competitividade na especialização de nicho de mercado, ou na adoção de diferentes estratégias para diferentes nichos.
5. **Inovação**: Tendência à atuação em contextos nos quais exigem alto grau de inovação e criatividade, além da necessidade por perícia na concretização de resultados inovadores.
6. **Cooperação**: Contexto no qual existe grande necessidade por uma integração em torno de uma missão maior ou por um conjunto de valores moralmente relevantes.
7. **Competição**: Tendência para um contexto de intensa articulação política, por conta de disputas e interesses divergentes.

Com base nessas forças e na minuciosa descrição dos mecanismos de *design* da estrutura organizacional – na qual se destacam os mecanismos de coordenação, de centralização, de formalização, de departamentalização, entre outros – a abordagem das configurações apresenta sete tipos de estruturas organizacionais, relacionadas na Figura 9.3.

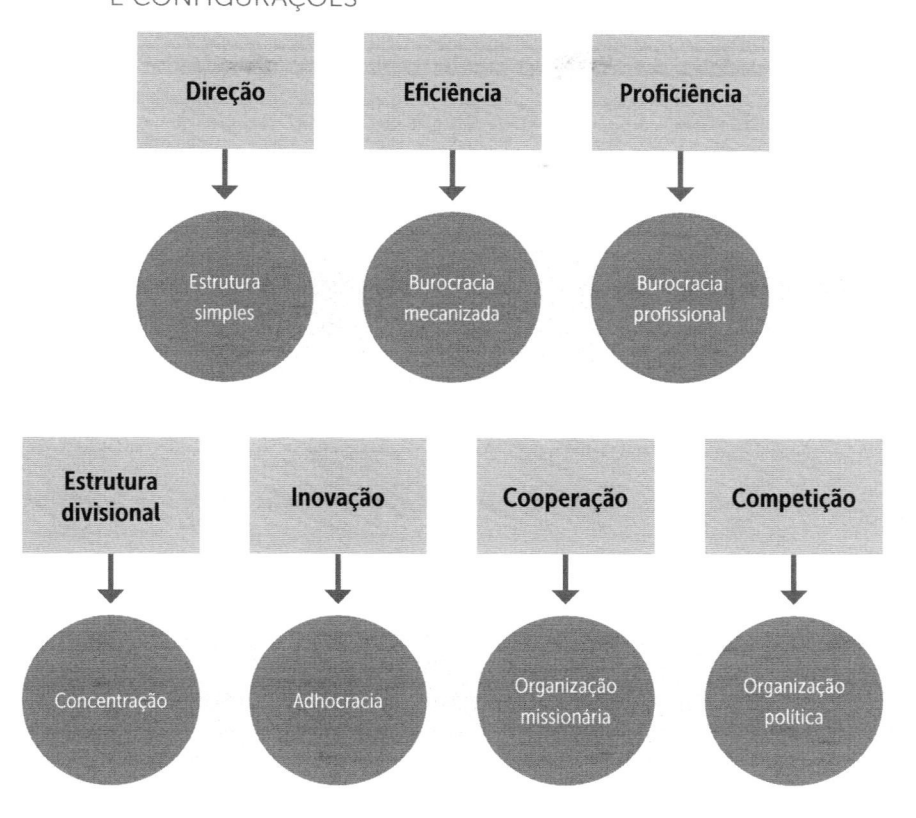

FIGURA 9.3 – RELAÇÃO ENTRE FORÇAS CONTEXTUAIS E CONFIGURAÇÕES

Direção	Eficiência	Proficiência
Estrutura simples	Burocracia mecanizada	Burocracia profissional

Estrutura divisional	Inovação	Cooperação	Competição
Concentração	Adhocracia	Organização missionária	Organização política

A estrutura simples, como o nome já indica, é a forma menos elaborada de estrutura organizacional. Se caracteriza pela baixa ou ausência da verticalização, grande grau de informalidade, mas também a alta centralização do processo decisório. Como o próprio Mintzberg (1995) salienta, a coordenação ocorre pela supervisão direta do dirigente da organização, e a estratégia – que existe de maneira mais intuitiva do formalizada –, está na cabeça do dirigente. Esse tipo de organização tem por grande princípio a definição do seu rumo futuro pelo dirigente e a flexibilidade necessária para esse intento.

A burocracia mecanizada, por sua vez, é o modelo mais convergente com a estrutura formalizada e coordenada por um rígido sistema de normas. Sua grande referência são os princípios estruturais do pensamento clássico, tais como a intensiva especialização, a separação entre a concepção e a execução, a padronização e o controle burocrático. O contexto desse tipo de organização são ambientes estáveis, porém centrados da competição baseada na economia de escala, como a indústria de alimentos ou de outros produtos sem grande complexidade tecnológica.

A burocracia profissional difere da configuração anterior por conta do seu sistema técnico. São tipos nos quais a especialização na atividade fim é dada por atividades de alta complexidade. Hospitais e universidades são bons exemplos dessa configuração. Por conta da necessidade de autonomia, o fluxo de autoridade acaba assumindo uma lógica de pirâmide invertida, onde quem define o fluxo das atividades são os operadores. Assim, têm-se a administração seguindo as determinações dos profissionais que atuam nas atividades-fim.

A estrutura divisional ou divisionalizada é aquela caracterizada pelas grandes corporações, que atuam em muitos nichos de mercados ou com variado portfólio de produtos. Seu elemento estrutural fundamental é a descentralização da decisão – derivando da cúpula da corporação para as divisões ou subsidiárias – e a departamentalização – nas quais as atividades-meio são centralizadas para atender a todas as divisões de nicho de mercado.

A adhocracia é o tipo mais flexível de todas as configurações, pois está associada aos contextos de intensa necessidade por inovação. Assim como a burocracia profissional, esse tipo também depende de profissionais altamente especializados, que por isso, trabalham com um alto grau de autonomia. Também prescinde de uma forma de coordenação *ad hoc* (por projeto), daí derivando sua denominação. Bons exemplos desse tipo de configuração são as empresas de tecnologia do vale do silício.

A organização missionária corresponde à configuração influenciada por um contexto de valores sociais muito grande. São determinadas por uma forte demanda por convergência a causas específicas, como ocorre nas organizações do terceiro setor. Por conta disso, a coordenação é extremamente informal, centrada na comunhão dos membros pelos mesmos ideais.

A última configuração, a organização política, assume um contexto oposto da missionária, na qual os fatores situacionais induzem a um intenso contexto de disputas de natureza política. Esse tipo também abarca alto grau de informalidade, contando com as fontes de poder como insumos fundamentais para o seu funcionamento. Devido ao seu alto grau de instabilidade, é a configuração que mais corre o risco de deixar de existir ou de falhar em seus propósitos.

A tipologia de configurações, mesmo apresentando algumas limitações – a pouca evidência empírica é um dos aspectos mencionados por Ferreira, Gimenez e Grave (2003) – é um interessante modelo para entender o relativismo vigente na perspectiva sistêmica da administração. A ideia de que existem diferentes tipos organizacionais que podem ser efetivos em diferentes contextos e situações inspira a que se tenha sempre em mente a análise do ambiente e dos aspectos internos como norte para a boa arquitetura organizacional. Nesse sentido, a abordagem mais notória da Administração – a estratégia – assume como nenhuma outra essa premissa.

9.6.2 ABORDAGEM DA ESTRATÉGIA ORGANIZACIONAL

A questão do planejamento estratégico tem se tornado cada vez mais relevante para as organizações. Seus preceitos remontam à origem do pensamento administrativo, já que corresponde a um dos processos administrativos fundamentais. Por isso, uma das grandes marcas do pensamento estratégico é a sua incorporação na função administrativa do planejamento. Em outras palavras, uma das maneiras de se pensar estrategicamente a atividade organizacional é incorporar as diretrizes e princípios da análise estratégica ao processo de planejamento em todas as suas possíveis expressões.

O planejamento estratégico deve ser entendido como uma poderosa ferramenta para a tomada de decisão. Nesse sentido, o pensamento estratégico corresponde a uma das maiores forças da atividade gerencial nos dias atuais. Apesar de fortemente associado à cúpula diretiva da organização, esse pensamento não se resume a esse âmbito organizacional, pois deve permear toda a empresa (Vizeu; Gonçalves, 2010).

Existem diferentes perspectivas referentes ao termo *estratégia*, mas não há consenso entre os autores sobre uma definição geral (Mintzberg; Ahlstrand; Lampel, 2000; Certo; Peter, 2005). Contudo, sua essência pode ser compreendida retomando-se sua origem. Na verdade, ela abarca certa relação com duas outras perspectivas tratadas neste livro: a abordagem da administração por objetivos, de Peter Drucker, e a perspectiva contingencial.

A ideia de efetividade, lançada por Drucker para retratar um novo referencial para a atividade dos dirigentes das grandes corporações, ilustra o que pretende ser a estratégia. Isso porque o planejamento estratégico representa o caminho para se chegar a efetividade (Vizeu; Gonçalves, 2010). Para isso, o fundamento da estratégia de negócios consiste na análise do ambiente. Não por menos, a maioria das ferramentas de gestão estratégica consistem de instrumentos e modelos para a análise do ambiente (Certo; Peter, 2005; Mintzberg; Quinn, 2001).

O modelo original do processo estratégico, representado na Figura 9.4, foi desenvolvido na Escola de Negócios de Harvard, o mesmo centro acadêmico que popularizou a obra de Chandler. Esse fato não é mera coincidência, tendo-se em conta a grande influência desse autor na emergência da abordagem da estratégia de negócios (Vizeu; Costa, 2010; Mintzberg; Ahlstrand; Lampel, 2000; Vizeu; Gonçalves, 2010); sua proposição sobre a relação entre a estratégia e a estrutura foram em grande medida incorporada na área. Assim sendo, é correto afirmarmos que a estratégia é o processo de gestão para a mudança, visando à efetividade em relação à competição. Nesse processo, Mintzberg lembra cinco pontos que simbolizam o conceito de estratégia: planejamento, padrão, posicionamento, perspectiva e artimanha (Mintzberg; Ahlstrand; Lampel, 2000).

FIGURA 9.4 – MODELO DE HARVARD DE FORMULAÇÃO DA ESTRATÉGIA

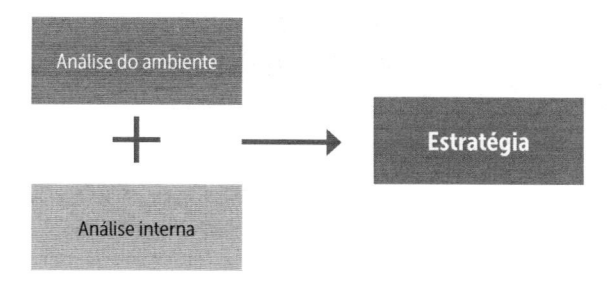

Análise do ambiente + Análise interna → Estratégia

Fonte: Elaborado com base em Vizeu; Gonçalves, 2010.

A partir da integração entre a análise do ambiente (dimensão externa do diagnóstico estratégico) e a análise dos fatores internos da organização (dimensão interna do diagnóstico estratégico), tem-se o substrato essencial para a formulação do planejamento estratégico. Este terá por essência a adaptação da organização às condições ambientais, especificamente em relação às tendências de longo prazo. Contudo, para operacionalizar esse tipo de planejamento, é necessário dividi-lo em três níveis: o estratégico, o tático e o operacional.

Os três diferentes níveis de planejamento são importantes na organização das atribuições e responsabilidades para os diferentes níveis hierárquicos. Estão diretamente relacionados com o escopo e a amplitude da visão estratégica, seja em relação ao tempo, seja em relação à especificidade e abrangência na organização. Assim sendo, o planejamento em nível estratégico abarca o longo prazo e o amplo escopo da organização e do ambiente; o planejamento em nível tático, por sua vez, se relaciona a aspectos de médio prazo e amplitude departamental ou de áreas funcionais específicas; o planejamento operacional se refere ao curto prazo, e diz respeito a questões de amplitude direta com tarefas e processos relacionados aos executores da atividade-fim e de outras de apoio.

Outra importante distinção no processo de planejamento estratégico é seu caráter formal ou informal (Mintzberg; Ahlstrand; Lampel, 2000). Considerando os limites do planejamento estratégico formal em responder a dinâmica ambiental atual (Vizeu; Gonçalves, 2010), uma perspectiva mais informal é aquela que toma o planejamento estratégico como diretriz e guia de ação. Nesse modelo, a estratégia deve ser pensada em todas as suas formas, assim como os mecanismos de tradução e desenvolvimento da ação. Uma interessante ferramenta de desenvolvimento e implementação do planejamento estratégico é o *Balanced Scorecard* (BSC), e seu pressuposto fundamental é a possibilidade de ajustes empreendidos durante sua implementação.

SÍNTESE

A visão sistêmica representa uma importante guinada na forma como o pensamento administrativo é concebido, pois o fator *ambiente* na análise organizacional tornou-se fundamental desde a introdução da visão sistêmica no pensamento administrativo. Este passou a ser um conceito cada vez mais concreto para a prática da gestão, especialmente se considerarmos o atual contexto de competição globalizada.

Quando tratamos da administração na contemporaneidade, é necessário situarmos o pensamento administrativo no contexto competitivo globalizado. Na verdade, o processo de globalização tem se intensificado nos últimos anos, tornando imprescindível que organizações de todos os tipos e tamanhos se ajustem aos critérios da competição global.

O conceito de globalização remonta a um processo histórico que se iniciou na Antiguidade, mas que teve um efeito mais impactante no mundo ocidental no início da Era

Moderna com as grandes navegações. A expansão provocada por essas primeiras empresas globais – como foi o caso da Companhia da Índias Portuguesa – está diretamente associada com a própria construção do capitalismo mercantil e industrial (Hobsbawm, 2000). Contudo, o processo de globalização assumiu uma característica peculiar no século XX, com a expansão das corporações no mercado internacional, culminando com a atual configuração de blocos econômicos e cadeias transnacionais (Goulart; Arruda; Brasil, 1994).

Diante do contexto competitivo globalizado, os papéis do administrador tornaram-se mais diversificados e depurados. O cenário de intensa competição e o ritmo acelerado das mudanças fizeram com que as organizações passassem a necessitar de corpos gerenciais capazes de lidar com uma realidade complexa e instável. Nessas condições, as habilidades a serem desenvolvidas pelos administradores se ampliam para campos de competência antes não explorados.

O novo contexto de competição global implica uma verdadeira integração entre clientes, fornecedores e comunidade, viabilizada pelo compromisso mútuo com qualidade, confiabilidade, e durabilidade dos produtos, preocupação com o bem-estar social e sustentabilidade ambiental. Também exige investimento em inovações tecnológicas para a melhoria contínua de produtos e processos de maneira a garantir os objetivos anteriores.

EXERCÍCIOS RESOLVIDOS

1. Quais são os fundamentos da crítica feita a partir da teoria geral de sistemas às premissas do pensamento clássico da administração?

    Desafio e desconstrução do pensamento cartesiano; maior integração entre os campos do conhecimento; interdisciplinaridade; diálogo com movimentos de crítica ao cânone científico; a dinâmica dos sistemas é o aspecto mais importante da compreensão dessas estruturas; as ciências devem se integrar com base na visão do todo dos fenômenos, sem a tradicional separação disciplinar e redução atomística.

2. O que significa dizer que a teoria da contingência relativizou a perspectiva do *the best way*?

A teoria da contingência relativiza a visão vigente das perspectivas anteriores do pensamento administrativo a partir da interdependência entre os fatores da estrutura organizacional – modelos de gestão, sistemas de controle, recursos humanos, tecnologias etc. – com os fatores do ambiente.

3. Explique por que as configurações representam uma tipologia baseada nos princípios do contingencialismo.

Porque a ideia central dessa abordagem é que existe uma tendência imposta pelos fatores situacionais em aspectos desenho da estrutura organizacional, levando as organizações efetivas a adotarem um tipo particular de configuração. Nesse sentido, as configurações são tipos de estruturas organizacionais determinados pela convergência de características a partir de um contexto particular de ambiente e outros aspectos situacionais. A convergência se dá pela interdependência mútua de aspectos, seja no contexto, seja nas contingências internas da organização.

QUESTÕES PARA DISCUSSÃO EM GRUPO

1. Visitando os websites institucionais de grandes corporações, levante aspectos das atividades ligadas a estratégia que revelem a perspectiva sistêmica na prática concreta das organizações atuais. Discuta com seu grupo quais seriam os elementos contingenciais que influenciaram as escolhas tomadas pelas organizações.

2. Discuta com seu grupo a ideia da abordagem contingencial de que existem diferentes tipos de contextos ambientais,

uns mais turbulentos e incertos, outros mais estáveis e previsíveis. No atual contexto globalizado, vocês concordam com essa premissa?

CONSIDERAÇÕES FINAIS

Ao longo deste livro, buscamos retratar uma trajetória do pensamento administrativo e de seus fundamentos, destacando os principais aspectos desse amplo campo de conhecimento. Constituída de forma sistemática há um pouco mais de um século, a administração moderna se revela como uma ciência multifacetada, que recebe influências de distintos campos de conhecimento e que evolui à medida que a realidade social e histórica muda. Nesse sentido, está sempre em desenvolvimento, e seu dinamismo se apresenta vigoroso tanto no campo acadêmico quanto na esfera da prática profissional.

Dois foram os eixos de construção desta obra. Primeiramente, apresentamos a trajetória histórica do pensamento administrativo, na qual se destaca seu caráter progressivo e intrinsecamente conjugado com as transformações da realidade social. Nesse ponto, destacamos três grandes marcos históricos que demarcaram a evolução do conhecimento sobre a administração: o primeiro diz respeito à emergência no pensamento cartesiano de engenheiros, configurando a ênfase na racionalidade econômica e na eficiência; o segundo refere-se ao pensamento administrativo, que se volta para a questão social e humanística da realidade organizacional, em contraposição à visão mecanicista da abordagem clássica da administração; o terceiro marco corresponde à incorporação de premissas do pensamento sistêmico por parte da administração e de seu olhar para o todo e sua dinâmica relativista, na qual o ambiente assume papel central na determinação da efetividade organizacional.

Um segundo eixo de reflexão apresentado no livro foi a sistematização de fundamentos da atividade administrativa. De caráter mais prescritivista, esses princípios se revelam como importantes referências para a boa prática profissional. É assim que buscamos sistematizar esquemas analíticos, modelos de avaliação e ação, princípios gerais e diretrizes norteadoras da ação do administrador na organização.

Por fim, ressaltamos que esta obra está longe de ser definitiva. Como ressaltamos anteriormente, a administração é uma ciência em constante evolução, e ingênuos seríamos se intentássemos esgotar todas as possibilidades que esse instigante campo da atividade humana tem a nos oferecer.

Um ponto digno de menção foi o fato de que, nesta obra, valorizamos artigos acadêmicos de periódicos nacionais e internacionais como referências. Isso é importante por conta do atual momento que vivemos, de maior integração entre o mundo acadêmico-cientifico e o mundo dos praticantes da administração.

REFERÊNCIAS

ABRAHAMSON, E. Managerial Fads and Fashions: the Diffusion and Rejection of Innovations. **Academy of Management Review**, v. 16, n. 3, p. 486-512, 1991.

ALCADIPANI, R.; BERTERO, C. O. Guerra Fria e ensino do management no Brasil: o caso da FGV-EAESP. **Revista de Administração de Empresas**, v. 52, n. 3, p. 284-299, 2012.

ARAÚJO, U. P.; SANCHES JÚNIOR, P. F.; GOMES, A. F. Desafiando a interdisciplinaridade na ciência administrativa: o caso da entropia. **Cadernos EBAPE.BR**, v. 13, n. 4, p. 664-686, 2015.

ARON, R. **Etapas do pensamento sociológico**. 5. ed. São Paulo: M. Fontes, 1999.

BARNES, R. M. **Estudo de movimentos e de tempos**: projeto e medida do trabalho. 6. ed. São Paulo: Edgard Beucher, 1977.

BARNARD, C. **As funções do executivo**. São Paulo: Atlas, 1971.

BAUMGARTEL, H. Review of 'The Human Side of Enterprise', by Douglas McGregor. **Administrative Science Quarterly**, v. 5, n. 3, p. 464-467, Dec. 1960.

BEHLING, O.; LABOVITZ, G.; KOSMO, R. The Herzberg Controversy: a Critical Reappraisal. **Academy of Management Journal**, v. 11, n. 1, p. 99-108, 1968.

BENDIX, R. **Max Weber**: um perfil intelectual. Brasília: Ed. da UnB, 1986.

_____. **Work and Authority in Industry**. Berkeley: University California Press, 1974.

BERGAMINI, C. W. **Liderança**: administração do sentido. São Paulo: Atlas, 1994.

BERTALANFFY, L. V. **Teoria geral dos sistemas**. 2. ed. Petrópolis: Vozes, 1975.

BERTERO, C. O. Algumas observações sobre a obra de G. Elton Mayo. **Revista de Administração de Empresas**, v. 8, n. 27, p. 73-95, 1968.

BLAU, P.; SCOTT, W. R. **Organizações formais**: uma abordagem comparativa. São Paulo: Atlas, 1979.

BOOTH, C.; ROWLINSON, M. Management and Organizational History: Prospects. **Management & Organizational History**, v. 1, n. 1, p. 5-30, 2006.

BRAVERMAN, H. **Trabalho e capital monopolista**. 3. ed. Rio de Janeiro: Zahar, 1981.

BRUCE, K.; NYLAND, C. Scientific Management, Institutionalism, and Business Stabilization: 1903-1923. **Journal of Economic Issues**, v. 35, n. 4, p. 955-978, Dec. 2001.

BURNS, T.; STALKER, G. M. **The Management of Innovation**. London: Tavistock Publications, 1961.

BURRELL, G.; MORGAN, G. **Sociological Paradigms and Organizational Analysis**. London: Heinemann, 1979.

CERTO, S.; PETER, J. P. **Administração estratégica**: planejamento e implantação da estratégia. São Paulo: Pearson Education do Brasil, 2005.

CHANDLER, A. D. Estradas de ferro: pioneiras da moderna administração de empresas. In: MCCRAW, T. K. (Org.). **Alfred Chandler**: ensaios para uma teoria histórica da grande empresa. Rio de Janeiro: FGV, 1998. p. 142-168.

____. **Scale and Scope**: the Dynamics of Industrial Capitalism. Cambridge: Harvard University Press, 1990.

____. **Strategy and Structure**: Chapters in the History of the American Industrial Enterprise. Cambridge: MIT Press, 1962.

____. **The Visible Hand**: the Managerial Revolution in American Business. Cambridge: Harvard University Press, 1977.

CLEGG, S.; CARTER, C.; KOMBERGER, M. A "máquina estratégica": fundamentos epistemológicos e desenvolvimentos em curso. **Revista de Administração de Empresas**, v. 44, n. 4, p. 21-31, 2004.

CUNHA, A. G. da. **Dicionário etimológico da língua portuguesa**. 4. ed. Rio de Janeiro: Lexikon, 2010.

DALE, E. **Readings in Management**: Landmarks and New Frontiers. New York: McGraw-Hill, 1965.

DOBB, M. **A evolução do capitalismo**. 7. ed. Rio de Janeiro: Zahar, 1980.

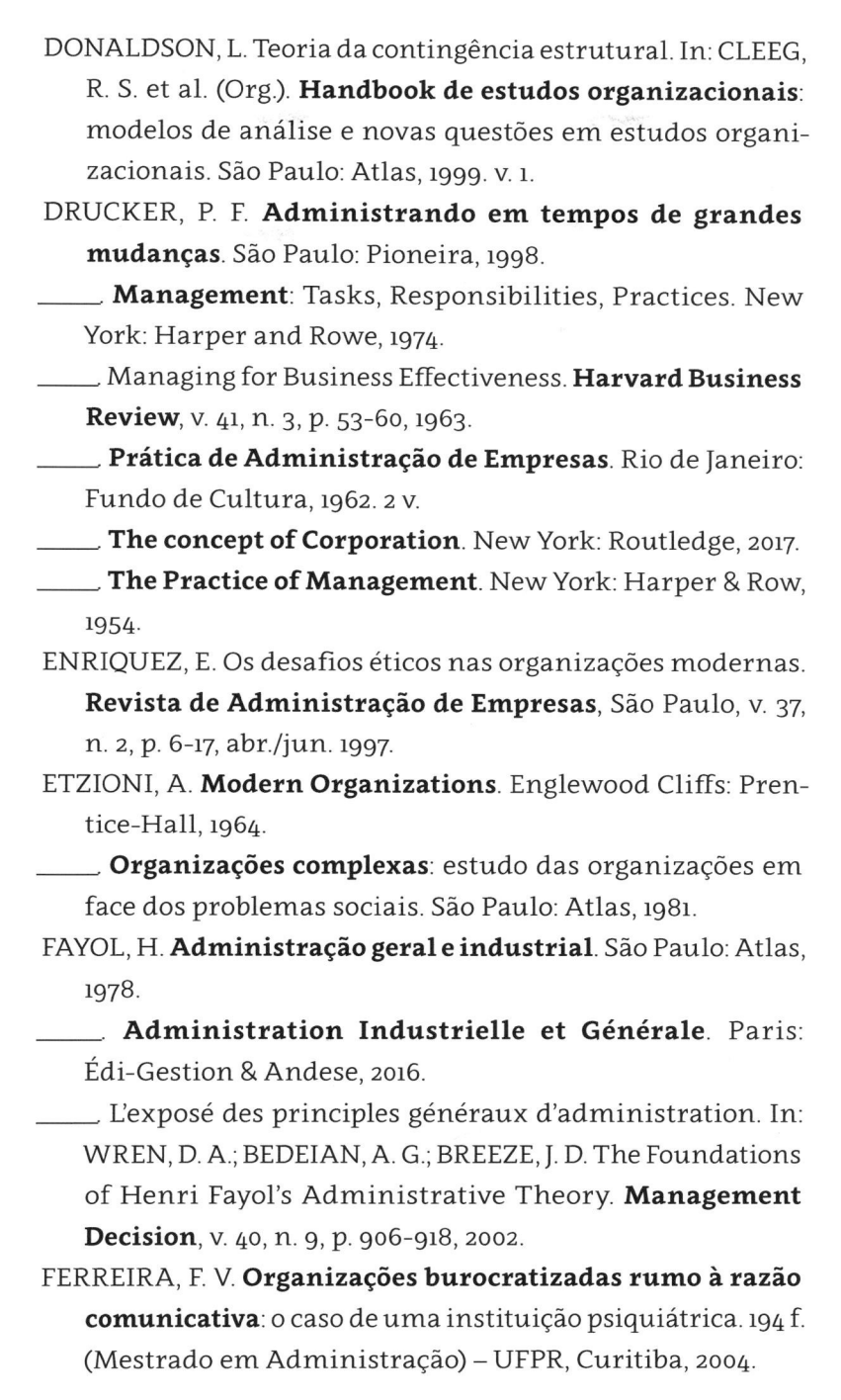

DONALDSON, L. Teoria da contingência estrutural. In: CLEEG, R. S. et al. (Org.). **Handbook de estudos organizacionais**: modelos de análise e novas questões em estudos organizacionais. São Paulo: Atlas, 1999. v. 1.

DRUCKER, P. F. **Administrando em tempos de grandes mudanças**. São Paulo: Pioneira, 1998.

_____. **Management**: Tasks, Responsibilities, Practices. New York: Harper and Rowe, 1974.

_____. Managing for Business Effectiveness. **Harvard Business Review**, v. 41, n. 3, p. 53-60, 1963.

_____. **Prática de Administração de Empresas**. Rio de Janeiro: Fundo de Cultura, 1962. 2 v.

_____. **The concept of Corporation**. New York: Routledge, 2017.

_____. **The Practice of Management**. New York: Harper & Row, 1954.

ENRIQUEZ, E. Os desafios éticos nas organizações modernas. **Revista de Administração de Empresas**, São Paulo, v. 37, n. 2, p. 6-17, abr./jun. 1997.

ETZIONI, A. **Modern Organizations**. Englewood Cliffs: Prentice-Hall, 1964.

_____. **Organizações complexas**: estudo das organizações em face dos problemas sociais. São Paulo: Atlas, 1981.

FAYOL, H. **Administração geral e industrial**. São Paulo: Atlas, 1978.

_____. **Administration Industrielle et Générale**. Paris: Édi-Gestion & Andese, 2016.

_____. L'exposé des principes généraux d'administration. In: WREN, D. A.; BEDEIAN, A. G.; BREEZE, J. D. The Foundations of Henri Fayol's Administrative Theory. **Management Decision**, v. 40, n. 9, p. 906-918, 2002.

FERREIRA, F. V. **Organizações burocratizadas rumo à razão comunicativa**: o caso de uma instituição psiquiátrica. 194 f. (Mestrado em Administração) – UFPR, Curitiba, 2004.

FERREIRA, F. V.; GIMENEZ, F. A. P.; GRAVE, P. S. Modelo de configurações: verificações empíricas da teoria de estrutura organizacional de Mintzberg. **Revista Alcance**, v. 10, n. 2, p. 258-283, 2003.

GAZELL, J. A. Authority-Flow Theory and the Impact of Chester Barnard. **California Management Review**, v. 13, n. 1, p. 68-74, 1970.

GIDDENS, A. **Capitalismo e moderna teoria social**. 5. ed. Lisboa: Presença, 2000.

_____. **As consequências da modernidade**. São Paulo: Unesp, 1991.

GIOVANNINI, F. A complexidade e o estudo das organizações: explorando possibilidades. **Revista de Administração**, v. 37, n. 3, p. 56-66, 2002.

GOODMAN, R. A. On the Operationality of the Maslow Need Hierarchy. **British Journal of Industrial Relations**, v. 6, n. 1, p. 51-57, 1968.

GORZ, A. O despotismo de fábrica e suas consequências. In: GORZ, A. (Org.). **Crítica da divisão do trabalho**. São Paulo: M. Fontes, 1980. p. 81-89.

GOULART, L., ARRUDA, C. A., BRASIL, H. V. A evolução da dinâmica de internacionalização. **Revista Brasileira de Comércio Exterior**, n.41, p.31-41, out./dez. 1994.

GRAHAM, P. (Org.). **Mary Parker Follett**: profeta do gerenciamento. Rio de Janeiro: Qualitymark, 1997.

GREENWOOD, R. G.; WREGE, C. D. The Hawthorne Studies. **Academy of Management Best Papers Proceedings**, p. 24-35, 1986.

HABERMAS, J. **O discurso filosófico da modernidade**: doze lições. São Paulo: M. Fontes, 2000.

HALL, R. **Organizações**: estrutura e processos. Rio de Janeiro: Prentice Hall do Brasil, 1984.

HARVEY, D. **Condição pós-moderna**: uma pesquisa sobre as origens da mudança cultural. 16. ed. São Paulo: Loyola, 2007.

HERZBERG, F. The Motivation to Work among Finnish Supervisors. **Personnel Psychology**, v. 18, n. 4, p. 393-402, 1965a.

____. The New Industrial Psychology. **ILR Review**, v, 18, n. 3, p. 364-376, Apr. 1965b.

HOBSBAWM, E. J. **A era do capital**. Rio de Janeiro: Paz e Terra, 1996.

____. **A era dos extremos**. 2. ed. São Paulo: Companhia das Letras, 1995.

____. **Da revolução industrial inglesa ao imperialismo**. 5. ed. Rio de Janeiro: Forense Universitária, 2000.

____. O que os historiadores devem a Karl Marx? In: **Sobre História**. São Paulo: Companhia das Letras, 1998.

HOUAISS, A.; VILLAR, M. De S. **Dicionário Houaiss de língua portuguesa**. Rio de Janeiro: Objetiva, 2009.

JACQUES, R. S. History, Historiography and Organization Studies: the Challenge and the Potential. **Management & Organizational History**, v. 1, n. 1, p. 31-49, 2006.

JACQUES, R. S. **Manufacturing the Employee**: Management Knowledge from the 19th to 21st Centuries. London: Sage, 1996.

JENKS, L. H. Early Phases of the Management Movement. **Administrative Science Quarterly**, v. 5, n. 3, p. 421-447, Dec. 1960.

KALBERG, S. Max Weber's Types of Rationality: Cornerstones for the Analysis of Rationalization Process in History. **American Journal of Sociology**, Chicago, v. 85, p. 1145-1179, 1980.

KAPLAN, R. S.; NORTON, D. P. **A estratégia em ação**: Balanced Scorecard. Rio de Janeiro: Campus, 1997.

KERMALLY, S. Chapter Four: Abraham Maslow (1908-1970). In: ____. **Gurus on People Management**. London: Thorogood Publishing, 2005. p. 25-34.

KIESER, A. Organizational, Institutional, and Societal Evolution: Medieval Craft Guilds and the Genesis of Formal Organizations. **Administrative Science Quarterly**, v. 34, n. 4, p. 540-564, 1989.

_____. Why Organization Theory Needs Historical Analyses. **Organization Science**, v. 5, p. 608-620, 1994.

KIPPING, M. Consultancies, Institutions and the Diffusion of Taylorism in Britain, Germany and France, 1920s to 1950s. **Business History**, v. 39 n. 4, p. 67-83, 1997.

_____. Trapped in their Wave: the Evolution of Management Consultancies. In: CLARK, T.; FINCHAM, R. (Ed.). **Critical Consulting**: New Perspectives on the Management Advice Industry. Oxford: Blackwell, 2002. p. 28-49.

LANDES, D. S. **Prometeu desacorrentado**: transformação tecnológica e desenvolvimento industrial na Europa Ocidental, desde 1750 até a nossa época. Rio de Janeiro: Nova Fronteira, 1994.

LAWRENCE, P. R.; LORSCH, J. W. **As empresas e o ambiente**: diferenciação administrativa. Petrópolis: Vozes, 1973.

_____. **Organization and Environment**: Managing Differentiation and Integration. Boston: Harvard University Press, 1967.

LODI, J. B. Introdução a obra de Peter F. Drucker. **Revista de Administração de Empresas**, n. 29, p. 80-137, 1968.

MARCH, J. G.; SIMON. H. A. **Teoria das organizações**. Rio de Janeiro: FGV, 1967.

MARTINS, F. R. Controle: perspectivas de análise na teoria das organizações. **Cadernos EBAPE.BR**, v. 11, n. 3, p. 475-490, 2013.

MARX, K. **O capital**. 20. ed. Rio de Janeiro: Civilização Brasileira, 2002.

MASLOW, A. H. **Maslow no gerenciamento**. Rio de Janeiro: Qualitymark, 2001.

MATITZ; Q. R. S.; VIZEU, F. Construção e uso de conceitos em estudos organizacionais: por uma perspectiva social e histórica. **Revista de Administração Pública**, v. 46, n. 2, p. 577-598, mar./abr. 2012.

MATTOS, P. L. "Administração é ciência ou arte?" O que podemos aprender com este mal-entendido? **Revista de Administração de Empresas**, v. 49, n. 3, p. 349-360, 2009.

MAYO, E. **The Political Problem of Industrial Civilization**. Cambrigde: Harvard University Press, 1947.

MCCAIN, K. "Nothing as practical as a good theory" Does Lewin's Maxim still have salience in the applied social sciences? **Proceedings of the Association for Information Science and Technology**, 2015.

MCCRAW, T. K. Introdução: a odisseia intelectual de Alfred D. Chandler Jr. In: CHANDLER, A. D. **Alfred Chandler**: ensaios para uma teoria histórica da grande empresa. Rio de Janeiro: FGV, 1998. p. 7-32.

MCGREGOR, D. **O lado humano da empresa**. São Paulo: M. Fontes, 1992.

MCKINLAY, A.; ZEITLIN, J. The Meanings of Managerial Prerogative: Industrial Relations and the Organisation of Work in British Engineering, 1880-1939. **Business History**, v. 31, n. 2, p. 32-47, Apr. 1989.

MINTZBERG, H. **Criando organizações eficazes**: estruturas em cinco configurações. São Paulo: Atlas, 1995.

____. **The Nature of Managerial Work**. New York: Harper & Row, 1973.

MINTZBERG, H.; AHLSTRAND, B.; LAMPEL, J. **Safári de estratégia**: um roteiro pela selva do planejamento estratégico. Porto Alegre: Bookman, 2000.

MINTZBERG, H.; QUINN, J. **O processo da estratégia**. Porto Alegre: Bookman, 2001.

MORGAN, G. **Imagens da organização**. São Paulo: Atlas, 1996.

MOTTA, F. C. P. A teoria geral dos sistemas na teoria das organizações. **Revista de Administração de Empresas**, v. 11, n. 1, p. 17-33, 1971.

____. **Teoria geral da administração**: uma introdução. São Paulo: Pioneira, 1976.

MOTTA, F. C. P.; PEREIRA, L. C. B. **Introdução à organização burocrática**. São Paulo: Brasiliense, 1981.

MOTTA, P. R. **Gestão contemporânea**: a ciência e a arte de ser dirigente. Rio de Janeiro: Record, 1996.

MOUZELIS, N. P. **Organisation and Bureaucracy**: an Analysis of Modern Theories. Chicago: Aldine, 1969.

NASCIMENTO JUNIOR, A. F. Fragmentos da construção histórica do pensamento neo-empirista. **Revista Ciência e Educação**, v. 5, n. 1, p. 37-54, 1998.

NEWMAN, W. H. **Administrative Action**: the Techniques of Organization and Management. Michigan: Prentice-Hall, 1963.

OLIVEIRA, D. de P. R. de. **Excelência na administração estratégica**. São Paulo: Atlas, 1993.

PADOVANI, U.; CASTAGNOLA, L. **História da filosofia**. São Paulo, Melhoramentos, 1990.

PERROW, C. **Análise organizacional**: um enfoque sociológico. São Paulo: Atlas, 1972.

PIZZA JÚNIOR, W. Considerações sobre a teoria geral de sistemas. **Revista de Administração Pública**, v. 20, n. 2, p. 71-89, 1986.

____. Razão substantiva. **Revista de Administração Pública**, Rio de Janeiro, v. 28, n. 2, p. 7-14, abr./jun. 1994.

POLLARD, S. **The Genesis of Modern Management**: a Study of the Industrial Revolution in Great Britain. Cambridge: Harvard University Press, 1965.

PRESTHUS, R. **The Organizational Society**: an Analysis and a Theory. New York: Vintage, 1965.

QUINTANEIRO, T.; BARBOSA, M. L. O.; OLIVEIRA, M. G. M. **Um toque de clássicos**: Marx, Durkheim e Weber. 2. ed., rev. e ampl. Belo Horizonte: Ed. da UFMG, 2002.

RAMOS, A. G. **A nova ciência das organizações**: uma reconceituação da riqueza das nações. 2. ed. Rio de Janeiro: FGV, 1989.

REED, M. Teorização Organizacional: um campo historicamente contestado. In: CLEGG, S. R.; HARDY, C.; NORD, W. R. (org.). **Handbook de estudos organizacionais**: modelos de análise e novas questões em estudos organizacionais. vol. 1. São Paulo: Atlas, 1999, p. 61-98.

RITCHIE, W. et al. The Ancient Hebrew Culture: Illustrations of Modern Strategic Management Concepts in Action. **Business History**, v. 54, n. 7, p. 1099-1117, dez. 2012.

ROTHSCHILD-WHITT, J. The Collectivist Organization: an Alternative to Bureaucratic Models. In: ROTHSCHILD-WHITT, J.; LINDENFELD, F. (Org.). **Workplace Democracy and Social Change**. Boston, Porter Sargent Publishers, 1982. p. 1-49.

SANTOS, B. S. Um discurso sobre as ciências na transição para uma ciência pós-moderna. **Estudos Avançados**, São Paulo, v. 2, n. 2, p. 46-71, maio/ago. 1988.

SARACHEK, B. Elton Mayo's Social Psychology and Human Relations. **Academy of Management Journal**, v. 11, n. 2, p. 189-197, 1968.

SASAKI, S. The Introduction of Scientific Management by the Mitsubishi Electric Engineering Co. and the Formation of an Organised Scientific Management Movement in Japan in the 1920s and 1930s. **Business History**, v. 34, n. 2, p. 12-27, 1992.

SCHULTZ, D. P.; SCHULTZ, S. E. **História da psicologia moderna**. 10. ed. São Paulo: Cengage Learning, 2016.

SILVA, B. **Taylor e Fayol**. Rio de Janeiro: FGV, 1960.

SMITH, I.; BOYNS, T. British Management Theory and Practice: the Impact of Fayol. **Management Decision**, v. 43, n. 10, p. 1317-1334, 2005.

SMITH, J. H. Elton Mayo Revisited. **British Journal of Industrial Relations**, v. 12, n. 2, p. 282-291, 1974.

SONNENFIELD, J. A. Shedding Light on the Hawthorne Studies. **Journal of Occupational Behaviour**, v. 6, p. 111-130, 1985.

SOUZA, E. M.; AGUIAR, A. C. Publicações póstumas de Henri Fayol: revisitando sua teoria administrativa. **Revista de Administração Mackenzie**, v. 12, n. 1, p. 204-227, 2011.

STEFANI, D.; VIZEU, F. Contribuições da análise sócio-histórica à pesquisa organizacional e da administração. **Perspectivas Contemporâneas**, v. 9, p. 187-209, 2014.

STERBA, R. The Organization and Management of the Temple Corporations in Ancient Mesopotamia. **Academy of Management Review**, v. 1, n. 3, p. 16-26, 1976.

STONER, J. A. F.; FREEMAN, R. E. **Administração**. Rio de Janeiro: PHB, 1999.

TAYLOR, F. W. **The Principles of Scientific Management**. Harper & Row, 1911.

TRAGTENBERG, M. **Administração, poder e Ideologia** 2. ed. São Paulo: Cortez, 1989.

____. **Burocracia e Ideologia**. 2. ed. São Paulo: Ática, 1992.

VAN VLIET, V. **Peter Drucker**. (2010). Consultado em 18 de Agosto de 2019 de ToolsHero: https://www.toolshero.com/toolsheroes/peter-drucker/

VIZEU, F. Da racionalidade instrumental à racionalidade comunicativa: o caso de uma instituição psiquiátrica. **Organização & Sociedade**, v. 13, n. 36, 2006.

____. Idort e difusão do Management no Brasil na década de 1930. **Revista de Administração de Empresas**, v. 58, n. 2, p. 163-173, 2018.

____. **Management no Brasil em perspectiva histórica**: o projeto do Idort nas décadas de 1930 e 1940. 254 f. Tese (Doutorado em Administração) – Fundação Getulio Vargas, São Paulo, 2008.

____. (Re)contando a velha história: reflexões sobre a gênese do management. **Revista de Administração Contemporânea**, v. 14, n. 5, p. 780-797, 2010a.

____. Potencialidades da análise histórica nos estudos organizacionais brasileiros. **Revista de Administração de Empresas**, v. 50, n. 1, p. 36-46, 2010b.

VIZEU, F.; COSTA, C. D. Historiador, teórico organizacional ou estrategista? A recepção da obra de Alfred D. Chandler na área de administração. In: ENCONTRO DA ASSOCIAÇÃO NACIONAL DE PÓS-GRADUAÇÃO E PESQUISA EM ADMINISTRAÇÃO, **Anais...** 34., 2010, Rio de Janeiro.

VIZEU, F.; GONÇALVES, S. A. **Pensamento estratégico**: origens, princípios e perspectivas. São Paulo: Atlas, 2010.

VIZEU, F.; MATITZ, Q. R. S. Anacronismo conceitual e construção social do conhecimento em estudos organizacionais: uma análise a partir da história conceitual. **Organizações & Sociedade**, v. 25, n. 86, p. 413-433, 2018.

VIZEU, F.; MENEGHETTI, F. K.; SEIFERT, R. E. Por uma crítica ao conceito de desenvolvimento sustentável. **Cadernos EBAPE.BR**, v. 10, n. 3, p. 569-583, 2012.

VOXTED, S. 100 Years of Henri Fayol. **Management Revue**, v. 28, n. 2, p. 256-274, 2017.

WAHRLICH, B. M. de S. **Uma análise das teorias de organização**. Rio de Janeiro: FGV, 1977.

WEBER, M. **A ética protestante e o espírito do capitalismo**. São Paulo: Companhia das Letras, 2004.

_____. **Economia e sociedade**: fundamentos da sociologia compreensiva. 4. ed. Brasília: Ed. da UnB, 2000.

_____. **Ensaios de sociologia**. 3. ed. Rio de Janeiro: Zahar, 1974.

WECKOWICZ, T. E. Ludwig von Bertalanffy (1901-1972): Pioneer of General Systems Theory. **CSR Working Paper n. 89-2.** Edmonton: Center for Systems Research/University of Alberta, 1988.

WESOLOWSKI, Z. The Polish Contribution to the Development of Scientific Management. **Academy of Management Proceddings**, p. 12-16, 1978.

WHETTEN, D. A.; FELIN, T.; KING, B. G. The Practice of Theory Borrowing in Organizational Studies: Current Issues and Future Directions. **Journal of Management**, v. 35, n. 3, p. 537-563, 2009.

WOOD JR., T.; PAULA, A. P. P. de. Pop-management Literature: Popular Business Press and Management Culture in Brazil. **Canadian Journal of Administrative Sciences**, v. 25, n. 3, p. 185-200, 2008.

WOODWARD, J. **Industrial Organization**: Theory and Practice. London: Oxford University Press, 1965.

WREGE, C. D.; GREENWOOD, R. G. **Frederick W. Taylor**: the Father of Scientific Management, Myth and Reality. Romewood: Business One Irwin, 1991.

WREGE, Charles D.; HODGETTS, Richard M. Frederick W. Taylor's 1899 pig iron observations: examining fact, fiction, and lessons for the new millennium. **Academy of Management Journal**, vol. 43, n. 06, p. 1283-1291, 2000.

WREN, D. A. **The History of the Management Thought**. Danvers: John Wiley and Sons, 2005.

WREN, D. A.; BEDAIN, A. G.; BREEZE, J. D. The Foundations of Henri Fayol's Administrative Theory. **Management Decision**, v. 40, n. 9, p. 906-918, 2002.

ZAHRA, S. A. "The Practice of Management": Reflections on Peter F. Drucker's Landmark Book. **The Academy of Management Executive**, v. 17, n. 3, p. 16-23, 2003.

Impressão:
Setembro/2019